KB077872

최고의 교수법

최고의 교수법

2017년 2월 28일 초판 1쇄 | 2022년 5월 18일 10쇄 발행

지은이 박남기
펴낸이 박시형, 최세현

마케팅 양근모, 권금숙, 양봉호, 이주형 **온라인마케팅** 신하은, 현나래
디지털콘텐츠 김명래, 최은정, 김혜정, 서유정 **해외기획** 우정민, 배혜림
경영지원 홍성택, 김현우, 강신우 **제작** 이진영
펴낸곳 (주)쌤앤파커스 **출판신고** 2006년 9월 25일 제406-2006-000210호
주소 서울시 마포구 월드컵북로 396 누리꿈스퀘어 비즈니스타워 18층
전화 02-6712-9800 **팩스** 02-6712-9810 **이메일** info@smpk.kr

ⓒ 박남기(저작권자와 맺은 특약에 따라 검인을 생략합니다)
ISBN 978-89-6570-424-9 (03370)

· 이 책은 저작권법에 따라 보호받는 저작물이므로 무단전재와 무단복제를 금지하며,
· 이 책 내용의 전부 또는 일부를 이용하려면 반드시 저작권자와 (주)쌤앤파커스의 서면동의를 받아야 합니다.
· 이 책의 국립중앙도서관 출판시도서목록은 서지정보유통지원시스템 홈페이지(http://seoji.nl.go.kr)와 국가
  자료공동목록시스템(http://www.nl.go.kr/kolisnet)에서 이용하실 수 있습니다.
  (CIP제어번호:CIP 2017004452)
· 잘못된 책은 구입하신 서점에서 바꿔드립니다.
· 책값은 뒤표지에 있습니다.

쌤앤파커스(Sam&Parkers)는 독자 여러분의 책에 관한 아이디어와 원고 투고를 설레는 마음으로 기다리고 있습니다. 책으로 엮기를 원하는 아이디어가 있으신 분은 이메일 book@smpk.kr로 간단한 개요와 취지, 연락처 등을 보내주세요. 머뭇거리지 말고 문을 두드리세요. 길이 열립니다.

최고의
교수법

가르치는 사람이 반드시 배우고 익혀야 할 것

박남기 지음

쌤앤
파커스

가르침의 본질을 찾아가는
여정을 시작하며

가르침의 길목을 지키고 있는 사람에게 영원한 화두는 과연 가르친다는 것이 무엇인가, 어떻게 하는 것이 가르치는 일인가 하는 본질적인 물음이다. 가르침의 기법에 대한 책은 시중에 많지만, 가르침의 본질에 대한 답은 많지 않다. 가르침의 본질과 기법에 대해서도 철학적인 방식이나 딱딱한 이론 중심으로 소개되어 있다. 이 책은 가르침의 본질을 고민하는 데 많은 지면을 할애하면서도, 읽는 사람이 어렵지 않게 자신만의 깨달음에 이를 수 있도록 다양한 비유를 들어가며 생각을 나누는 방식을 취했다. 아울러 내 체험을 토대로 한 스토리텔링 방식을 적용해 쉽게 읽히는 책이 되게끔 노력했다.

가르침의 본질과 관련해 내가 얻은 결론 가운데 하나는 가르침은 만남이고 나눔이라는 것이다. 스쳐 지나가는 만남이 아니라, 서로의 세계가 이어져 새로운 세계를 만들어내는 만남이다. 한 사람이 일방적으로 나누어주는 만남이 아니라, 가르치는 사람과 배우는 사람이 각자 가진 것을 서로 나누는 만남이다. 가르침을 통해 학생과 함께 성장해가는 교사가 되지 않으면, 일방적으로 주기만 하는 홀사랑을 하는 사람처럼 결국 지치게 마련이다. 그러한 만남과 나눔이 되게 하려면 가르치는 사람이 무엇을 어떻게 해야 할 것인가에 대한 답을 찾아보았다.

사람들은 가르치는 기법을 배우면 잘 가르칠 수 있을 것이라고 착각한다. 그러나 가르치는 기법을 아는 것은 잘 가르치기 위한 필요조건의 하나에 해당한다. 가장 중요한 필요조건이 아니라 그중 하나에 지나지 않는다. 가르침과 배움의 본질을 이해하고 가르치는 기법을 터득하는 것과 더불어 학생에 대한 이해, 세상에 대한 넓고 깊은 기초 지식, 가르치는 과목에 대한 전문성, 학급경영 역량, 그리고 교과 교육학적 지식 등이 필요하다.

그리고 이러한 필요조건보다 더 중요한 충분조건이 있다. 설령 여러 필요조건 중 갖추지 못한 것이 있다고 하더라도 이를 극복하며 잘 가르치게 하는 충분조건은 가르침에 대한 열정과 의욕, 근원적으로는 가르치는 대상을 향한 사랑이다. 그중 가장 중요한 것은 가르침에 대한 열정이다. 가르치는 사람의 열정만큼 중요한 것은 배우는 사람의 배움에 대한 열정이다. 그러므로 가르치는 사람의 핵심 역할은 배움에 대한 열정을 불러일으키는 것이 되어야 한다. 이 책이 가르침의 열정을 유지해가는 에너지원에 관심을 갖는 이유이다.

다양한 교수법은 각각의 강점과 한계가 있는 하나의 기법일 뿐 만능 교수법이란 존재하지 않는다. 어떤 교수법을 사용해야 좋은가 하는 것은 상황에 따라 달라진다. 이에 영향을 미치는 요인으로는 교육 내용, 교사 특성, 학생 특성, 환경 특성 등의 네 가지가 있다. 다양한 교수법을 알고 있어야 그때그때 상황에 적합한 교수법을 활용할 수 있을 것이다. 이 책에서는 구체적인 사례를 통해 다양한 적용 예도 함께 소개한다.

이 책은 크게 네 부분으로 나뉜다. 1부 '말이 목마르게 하라', 2부 '학생을 사로잡는 교수법', 3부 '성공적인 수업을 위한 첫걸음', 4부 '가르침의 기술(art)을 향하여'로 구성되어 있다.

나의 경험과 깨달음을 짧은 칼럼 형식으로 엮었던 초판과 달리, 이번에는 각각의 글에 살을 붙여 더 깊이 있는 글이 되게 했다. (이 책의 초판은 2010년에 같은 제목으로 출간되었다. 이번 책은 초판의 내용을 바탕으로 하되 전면 보완하여 고쳐 쓰고 새로운 내용들을 추가했다.)

1부는 가르침의 본질을 찾아가는 데 유용한 길잡이가 되어줄 글들을 모았다. 2부에서는 학생들의 특성을 고려한 가르침의 방향에 더 초점을 맞추었다. 빠르게 변하고 있는 교육 환경에서 참고할 만한 새로운 주제의 글들을 추가했다.

강연을 다니면서 초중등 교사와 대학교수들이 더 관심을 가졌으면 하고 바라던 '강의 경영'에 관한 내용은 3부에 따로 추가했다. 한 시간의 수업, 그리고 이를 토대로 만들어지는 한 학기의 수업이 성공적으로 진행되도록 하려면 강의 기법을 넘어서는 강의 경영 역량을 갖춰야 한다. 이를 위해 강의에 필요한 규칙과 수칙, 출석 점검법, 과제 수준 등 구체적인 경영 기법을 내가 사용한 기법을 토대로 소개했다.

마지막 4부는 앞의 글들보다는 길고 이론적인 이야기도 함께 곁들여 이루어져 있다. 교육계에는 그동안 다양한 교수법들이 유행처럼 나타났다가 사라지곤 했다. 최근에는 거꾸로학습(flipped learning)과 하브루타 교육법 등이 유행이다. 이러한 교수법들 또한 시간이 흐르면 과거의 완전학습이나 열린교육 등 한 시절을 풍미하던 교수법들처럼 역사의 뒤안길로 사라질 것이다. 열린교육 열풍이 우리나라 초중등학교를 휩쓸던 시절, 전국에 강연을 다니면서 열린교육은 5년 안에 막을 내리게 될 테니 교실 벽을 허무는 무모한 짓은 하지 말라는 이야기도 덧붙였다. 우리 대학 옆의 한 초등학교는 열린교육이 유행하던 시절 리모델링을 하면서 벽을 없앴다가 훗날 다시 벽을 쌓느라고 애먹었다.

어떤 교수법이 유행을 타게 되면 기존에 해오던 교수법들이 잠시 관심에서 멀어지거나 나쁜 것처럼 매도되는 경우도 있다. 한 예로 학생주도, 학생중심 교수학습법이 유행하면서 교사 중심 설명식 강의법이 주입식으로 매도되고 있다. 학교에서 이루어지는 가르침 활동은 교사의 총지휘 아래 교사와 학생들이 함께 한 편의 드라마를 만들어가는 일이라고 본다. 학생 중심 혹은 학생 주도의 드라마가 되게 하려면 학생들에게 감독, 연출, 핵심 배우 등의 다양한 역할을 부여하되 이 모든 역할을 이끄는 총감독 역할은 교사가 맡아야한다. 4부에서 교수 중심의 '강의법'이 갖는 의미를 재해석하고 개선방향을 새롭게 소개하는 이유이기도 하다.

최고의 교수법이란 '어떤 특정 기법이 아니라 가르침의 본질에 대한 끝없는 성찰과 자신에게 적합한 교수법을 찾아 쉼 없이 노력하는 자세, 그리고 열정 그 자체'라는 나의 정의에 따라 가르침의 본질을 찾아가는 나의 여행은 지속될 것이다. 이 책을 통해 나의 고민과 여러분의 고민, 그리고 나의 설렘과 여러분의 설렘이 어우러져 우리 모두가 행복한 선생님, 행복한 학생이 되기를 소망한다.

개정판을 내는 과정에 도움을 준 강세진 선생, 서자영 박사, 그리고 임수진 박사, 그리고 박효원 선생에게 고마움을 전한다.

2017년 2월 무등산 군왕봉 자락에서

박남기

차례

PART 2

학생을 사로잡는 교수법

PART 3
성공적인 수업 첫걸음

PART 4

가르침의 기술(art)을 향하여

PART 1

말이
목마르게 하라

●

목마른 말은 굳이 물가로 끌고 가지 않고 냇가로 가는 길만 가르쳐주어도 즐거워하며 달려가
물을 마신다. 수업을 할 때는 내용을 제공하기 전에 먼저 배울 내용에 대해 학생들이
지적 갈증이나 호기심을 느끼도록 해야 한다. 이것은 교사만이 할 수 있는 일이다.

●

·01·

말이
목마르게 하라

그동안 국내외 교수와 교사를 대상으로 수백 번 실시한 '최고의 교수법' 강의에서 가장 많이 받은 질문 가운데 하나는, 어떻게 하면 수업 중 공부에 관심 없는 학생들을 이끌어 공부를 하도록 만들 것인가 하는 질문이었다. 교사는 성공적인 수업을 위해서 수업 경영 능력을 갖춰야 한다. 수업 경영 능력이란 수업 시간에 학생들이 배워야 할 내용을 배우고 싶어 하도록 유도하는 능력, 의욕을 가진 학생들에게 필요한 도움을 주는 능력, 한 발 더 나아가 이들이 배움의 길을 스스로 걸어가도록 이끄는 능력 등을 일컫는다. 구체적으로는 주어진 수업에서 학생들이 실제로 학습에 전념하는 시간의 비중을 높이는 능력을 의미한다. 여기서는 그중 배워야 할 내용을 배우고 싶어 하도록 유도하는 능력에 대한 이야기를 하고자 한다.

가르침과 관련하여 우리가 널리 알고 있는 비유로 "말을 물가로 끌고 갈 수는 있으나 물을 먹일 수는 없다."는 말이 있다. 보통 이 비유는 학생을 배움의 문턱으로 끌고 가는 것은 가르치는 사람의 몫이지만 배움 활동은 학생의 몫이라는 의미로 해석된다. 과거의 기억을 떠올려보면, 학생들이 수업에 집중하지 않을 때 자신의 수업이 재미없다는 것은 깨닫지 못하고 그 평계를 학생들에게 돌리면서 이 비유를 들곤 하던 선생님들이 있었다. 하지만 이 비유는 말에게 물을 억지로 먹일 수 없다는 데 초점을 맞추고 '말에게 물고문을 하지 말라', 긍정적 진술로 바꾸면 '말이 목마르게 하라'는 의미로 해석하는 편이 더 타당할 것이다. 목마르지 않은 말을 억지로 물가로 끌고 간 뒤에 말 머리를 물속에 처박으면서 물을 먹으라고 강요하는 것은 물고문이다.

수업이 물고문 수준일 때도 있다. 수업 중에 학생들이 몸을 비틀고 몽상에 빠지는 등 집중하지 못하거나, 옆 사람과 떠들거나 딴짓을 하면서 수업을 방해하는 경우는 물고문을 고통스러워하는 몸짓으로 봐야 한다. 아예 잠을 청하는 경우는 물고문의 고통을 잊으려는 학생 나름의 생존 전략이라고 봐도 될 것이다. 따라서 일부 교사(또는 교수)는 강의료가 아닌 고문료를 매달 받고 있는 셈이다.

그럼 물고문이 아닌 강의를 하려면 어떻게 해야 할까? 말이 목마르게 해야 한다. 목마른 말은 굳이 물가로 끌고 가지 않고 냇가로 가는 길만 가르쳐주어도 즐거워하며 달려가 물을 마실 것이다. 다시 말해 수업을 할 때는 내용을 제공하기 전에 먼저 배울 내용에 대해 학생들이 지적 갈증이나 호기심을 느끼도록 하는 과정을 밟아야 한다. 물론 이미 지적 갈증을 느끼고 있는 학생들에게는 이러한 작업을 할 필요가 없다.

학생들이 호기심을 갖고 접근하도록 하려면 왜 그 내용을 배워야 하는지, 배우는 내용이 학문 체계에서 갖는 의미는 무엇이고 향후 배울 내용과 어떤 관계가 있는지, 현실 세계 또는 학생들이 추구하는 직업 세계와 무슨 관계가 있고 어떻게 응용될 수 있는지 등등 유용성에 대한 설명이 선행되어야 한다. 제품을 판매할 때 소비자의 구매욕을 불러일으키는 활동이 선행되어야 하는 것과 마찬가지다. 물론 제품 판매에 성공하려면 판매자가 그 제품의 가치를 확신하고 있어야 하듯이, 지적 호기심을 불러일으키려면 가르치는 사람이 학생들에게 그 내용이 꼭 필요하다는 확신을 갖고 있어야 한다. 이러한 작업은 강의 첫 시간뿐만 아니라 학기 중에도 주제가 크게 바뀔 때마다 수행되어야 한다.

스마트 교육 시대가 되면서 각종 교수 매체가 발달했지만, 그러한 교수 매체가 가르치는 일과 관련하여 아직 할 수 없는 일이 하나 있다. 그것은 바로 배우는 사람의 지적 호기심을 유발하는 일이다. 아무리 다양한 교수 매체를 제공해도 배울 마음이 없는 학생들은 그것을 열어보지도 않는다. 이들을 불러 모아 배우려는 욕구를 불러일으키는 것은 바이오컴, 즉 인간 교사만이 할 수 있는 일이다. 이러한 역할을 하라고 국가는 교사에게 다른 교수 매체보다 더 높은 비용을 지불하는 것이다. 저급의 컴퓨터는 할 수 없고 바이오컴만이 할 수 있는 수업이 바로 말이 목마르게 하는 수업이다.

말이 목마르게 한 다음에는 말이 재미있고 되도록 쉬운 방법으로 원하는 물을 찾을 수 있게 안내하고, 더 나아가 말이 스스로 물을 찾을 수 있는 능력을 길러주어야 한다. 이에 대해서는 다른 비유를 통해 하나씩 설명해가겠다.

말이 목마르게
하는 방법

대부분은 말이 목마르게 하는 일이 가르치는 사람으로서 해야 할 매우 핵심적인 활동이라는 데 공감할 것이다. 학생이 지적 갈증을 느끼도록 하려면 인간 학습자를 이해해야 한다. 먼저 널리 알려진 '맹모삼천지교'의 비유, 칩 히스Chip Heath와 댄 히스Dan Heath의 책 《스위치Switch》에 나온 '정체성 모델 수립'에 근거하여 방법을 찾아보자.

얼마 전 공익광고협의회가 내보낸 광고를 하나 소개한다. 왜 공부해야 하는지 묻는 자녀에게 부모가 "출세하기 위해서란다."라고 답을 하자, 자녀는 왜 공부해야 하는가를 다시 묻는다. 이에 대해 부모가 '더 많은 수입을 얻기 위해서'라고 답을 해주고, 아이는 똑같은 질문을 다시 한다. 그러자 답답한 부모가 '다 널 위해서'라는 답변을 하고, 아이는 또다시 "그러니까 왜 공부를 해야 하냐고요?"라고 되묻는다.

'少年易老學難成 一寸光陰不可輕소년이로학난성 일촌광음불가경'은 주자朱子의 《주문공문집朱文公文集》권학문勸學文에 나오는 시의 첫 구절로, "소년은 늙기 쉽고 학문은 이루기 어려우니, 아주 짧은 시간이라도 가벼이 여기지 말라."는 뜻이다. 동서고금을 막론하고 나이 든 사람들은 대부분 과거를 회상하며 젊었을 때 좀 더 열심히 공부할걸 하고 후회하는 경우가 많고, 그래서 자녀와 후학에게 일분일초를 아껴가며 열심히 공부하라고 충고한다. 아마 부모는 자녀가 자신과 같은 실수를 되풀이하지 않기를 바라는 절박감에서 공부를 강권했을 것이다. 그런데도 아이가 계속 되묻는 이유는 무엇일까? 부모가 억지로 공부하라고 이야기하는 데 대한 반항심으로 그러지는 않았을 테고, 공부를 하긴 해야겠는데 하기가 싫은 것이다. 아이의 반항적인 질문은 자기가 공부를 해야 하는 충분한 이유를 알려주고 열심히 할 수 있도록 이끌어달라는 절규로 해석할 수도 있다.

이 공익광고는 원래 의도가 무엇이었든 간에, 아이에게 자신을 위해 공부해야 한다고 이야기하는 것은 동기부여가 될 만한 충분한 이유가 아니라는 것도 보여준다. 그렇다면 어떻게 해야 아이가 공부하고 싶은 마음이 들어 열심히 하게 될까?

동양 치맛바람 1호
맹자 어머니

가르침과 관련하여 널리 알려진 일화 가운데 맹모삼천지교가 있다. 우리는 자칫 이 일화가 교육 환경의 중요성을 강조하고 있다고 착각하기 쉽다. 하지만 맹자 어머니가 단순히 더 좋은 환경을 찾아서 세 번이나 이사를 다니지는 않았을 것이다. 처음에 아들을 무덤 근처로 데려가서 살았더니 장례 놀이만 하며 놀고, 아니다 싶어서 시장통으로 이사를 갔더니 장사하는 흉내만 내며 놀기에, 그것도 아니다 싶어서 서당 옆으로 이사를 갔다는 해석은 맹자 어머니가 현명하지 못한 여인이라는 것을 전제로 한다. 아이가 주변 환경의 영향을 받으며 배워가는 것은 누구나 잘 아는데, 맹자 어머니가 두 번씩이나 시행착오를 거쳤다고 가정하기 때문이다.

그렇다면 맹자 어머니는 왜 군이 아들을 공동묘지 근처로, 다음에는 시장 근처로, 그러다가 마지막에야 서당 근처로 데려갔을까? 나는 장회익 선생의 《공부도둑》이라는 책에서 우연히 맹모삼천지교에 대한 새로운 해석을 접하게 되었는데, 참으로 참신하게 다가오는 내용이었다.

맹자 어머니는 동양 치맛바람 1호라고 할 만큼 자녀 교육에 적극적인 여성이었다. 서당 근처로 가서 살 때 어린 맹자가 청하자 서당에 보냈다. 그런데 학업에 힘쓰던 맹자가 한번은 공부하다 말고 밖에 나가 놀다가 그만 어머니에게 들키고 말았다. 아이로서 할 수 있는 매우 자연스러운 행동이었지만, 이 세상 누구보다도 엄했던 맹자어머니는 그냥 지나치지 않았다. 아들을 불러놓고 아들이 보는 앞에서 베틀에 짜고 있던 베를 칼로 과감히 잘라버렸다. 맹자가 깜짝 놀라 이유를 묻자 어머니는 다음과 같이 대답했다. "베는 실 한 올 한 올이 연결되어야 한다. 학문도 마찬가지로 한 방울 한 방울 쌓여야한다. 네가 공부하다 말고 나가 논 것은 잘려 나간 이 베와 마찬가지로 쓸모없어진다는 것이니라."(김영수, 《현자들의 평생 공부법》)

우리가 쓰는 단어 가운데 '결정적인 판단을 하거나 단정을 내린다'라는 뜻의 '결단決斷'은 바로 이 고사에서 유래한 말이다.(이 일화에서 '베틀을 끊어 가르친다'는 '단기지교斷機之教' 또는 '단직교자斷織教子'라는 고사성어가 탄생했고, 여기서 '결단'이라는 단어가 파생되었다. 《현자들의 평생 공부법》 참고.) 그러한 맹자 어머니가 교육 환경의 중요성 하나제대로 알지 못해 시간을 허비하며 이사 다녔을 리 만무하다.

그렇다면 맹자 어머니는 어떤 의도로 맹자를 데리고 세 번씩이나이사를 다녔을까? 맹자 어머니는 일부러 아이를 데리고 공동묘지 옆으로 가서 살았을 것이다. 무덤가는 매일같이 죽음을 만나는 곳이다. 죽음의 의미를 깨닫는 것, 그것은 삶의 본질을 이해하기 위한 하나의 전제조건이다. 어린 맹자가 슬퍼하는 사람들을 보면서 삶과 죽음의 본질에 대해 어느 정도 궁금증이 커졌다고 판단되었을 때, 어머니는 시장 옆으로 아이를 데려갔다. 그 치열한 삶의 현장에서 벌어지는 인간 만상을 보며 인간과 삶의 의미에 대한 질문이 더욱 커졌다고 생각되자, 어머니는 그제야 서당 근처로 이사를 갔다.

현명한 맹자 어머니는 거기서도 곧바로 아이를 서당에 들여보내지 않았을 것이다. 아마도 아들이 공부하는 학생들을 지켜보며 자기도 서당에 다니고 싶다고 했을 때에야 비로소 보냈을 것이다. 배우고 싶은 강한 욕구가 생겼을 때, 그리고 무엇을 왜 배워야 하는지 나름대로 어느 정도 목표를 세우고 나서 서당에 간 아이와 그냥 처음부터 서당에 보내진 아이는 지적 호기심과 배움에 대한 동기에서 커다란 차이가 있을 것이다.

오늘날 우리는 처음부터 좋은 학원이나 유치원 근처로 이사 가서 아이들을 등록시킨다. 적응을 잘하는 아이도 물론 있지만, 그러지 못하는 아이를 억지로 다니게 하는 것은 말에게 물고문을 하는 것과 비슷하다. 그 결과로 아이들은 종종 극심한 스트레스로 원형탈모증이나 실어증에 걸리기도 하고, 극단의 행동을 취하기도 한다.

맹모삼천지교는 어리석은 우리에게 지혜로운 교육자가 되는 법을 가르쳐주는 일화였다. 우리가 재촉한다고 해서 말이 갑자기 목마르겠는가? 몇 시간은 열심히 일을 하도록 시켜야 말도 목이 마를 테고, 목이 말라야 샘을 찾아가지 않겠는가?

서울대학교 경영대학의 조동성 교수는 창조를 다루는 과목을 개설하여, 기아자동차의 디자인 담당 피터 슈라이어 부사장과 공동으로 강의를 진행했다. "수강생 100명이 10명씩 10개 조로 나뉘어 기아자동차에서 파견된 디자이너들과 함께 자동차 관련 주제를 가지고 직접 디자인 작업에 참여 했다." 그는 고정관념을 깨기 위해 "학생들이 직접 극본을 쓰고, 배경음악과 주인공의 아리아를 직접 작곡하고, 무대장치와 의상도 직접 준비하고, 기획·연출 그리고 직접 연기까지 모두 담당해서 10분짜리 연극을 준비"하도록 했다. 디자인과 상관없는 연극을 해야 한다는 데 회의적이던 학생들은 연극을 준비하면서 바뀌어가기 시작했다. 그러더니 "학생들은 누가 가르쳐주지 않아도 연극에 필요한 것들을 여기저기서 수집하고 습득해서 창조, 즉 원하는 결과를 만들어냈다." 대학로의 한 극장에서 열린 학생들의 공연은 뜨거웠고, "연극이 끝난 후 학생들은 강의에서보다 훨씬 많은 배움과 깨달음을 얻었다고 했다." 이를 토대로 조동성 교수는 다음과 같은 말을 남겼다.

> 그동안 나는 노자에 나오는 "사람에게 물고기를 주는 것은 그에게 물고기 잡는 방법을 가르쳐주는 것만 못하니라(授人以魚, 不如授人以漁)."는 말씀의 신봉자였다. 그러나 이번 학생들의 연극 공연을 계기로 "사람에게 물고기 잡는 방법을 가르쳐주는 것은 굶겨서 바닷가로 보내는 것만 못하다."는 것을 깨달았다.
>
> — 〈연극 이용 수업으로 고정관념 깨뜨리기〉, 《조선일보》, 2011. 02. 15.

두뇌는 두 뇌(두 마음)로
구성되어 있다

우리 인간에게는 이성적 측면과 감성적(본능적) 측면이 있다. 즉 우리의 두뇌는 한마음으로 구성되어 있지 않다.(칩 히스·댄 히스,《스위치》) 감성적 측면은 본능 시스템으로 고통과 즐거움을 느끼는 부분이고, 이성적 측면은 의식 시스템으로 심사숙고하고 분석하며 미래를 들여다보는 부분이다. 이들 두 측면은 긴장 관계에 있다. 버지니아대학의 심리학자 조너선 하이트Jonathan Haidt는 저서《행복의 가설The Happiness Hypothesis》에서, 우리의 감성적 측면이 코끼리라면 우리의 이성적 측면은 거기에 올라탄 기수라고 표현한다. 코끼리에 올라탄 기수가 고삐를 쥐고 있기 때문에 리더로 보이지만, 실은 진행 방향에 대해 코끼리와 기수의 의견이 불일치할 때면 언제나 코끼리가 이긴다는 것이다.

그렇다면 혹시 기수(이성)와 코끼리(감성)를 동시에 움직이게 하는 방법이 있을까? 그중 하나가 '정체성 모델 수립'이다. 인간을 움직이게 하는 원동력은 그 활동이 스스로에게 이익이나 손해가 되는가 하는 점이다. 그런데 인간을 움직이게 하는 더 큰 원동력이 있다. 그것은 바로 어떤 활동이 자기를 넘어선 더 큰 무엇, 이를테면 자신의 가정, 지역, 나라, 나아가 인류의 발전에 도움이 된다는 확신이다.

나는 초등학교 1학년 때 도시로 유학 와서 중학생이던 형과 같이 자취를 했다. 돌이켜보건대 나는 초등학교 저학년 때도 공부를 열심히 했는데, 그렇게 열심히 하게 만든 원동력은 고향에 계신 부모님이었다. 주말이나 방학 때 집에 가면, 거의 날마다 새벽 일찍 일어나 밤

늦게까지 하루 종일 힘든 농사일을 하고도 저녁 식사 후에는 다시 자정이 넘는 시간까지 길쌈을 하는 어머니와 할머니의 모습을 볼 수 있었다. 할머니는 늘 나에게 "네 가는 팔목을 봐라. 그 팔목으로는 농사일을 제대로 할 수가 없단다. 그러니 열심히 공부해라."라고 말씀하셨다. 나는 도시에서 생활하며 아이들이 놀자고 해도 뙤약볕에서 일하고 계실 부모님 생각에 같이 놀기가 어려웠다. 밤에 졸릴 때는 아직도 호롱불을 밝히고 길쌈을 하고 계실 어머니를 생각하면 차마 자리에 들 수가 없었다. 그러면서 늘 드는 생각은 열심히 공부해서 나중에는 부모님을 편히 모셔야겠다는 것이었다. 만일 나 혼자 잘살자는 생각이었으면 중도에 포기했을 것이다. 그러나 내가 잘되어야 고생하시는 부모님이 노후에 편하실 수 있다는 생각, 즉 나한테 집안의 미래가 달려 있다는 생각을 했기에 힘든 시간을 버틸 수 있었다.

1970년대 초반 광주고등학교에서 수학 교사를 하셨던 분의 이야기다. 어느 여름날 선풍기 바람으로 더위를 쫓으며 미적분 수업을 하고 있는데, 한 학생이 손을 들고 질문했다. "선생님, 우리가 이 더운 여름날 무엇 때문에 미적분을 배워야 하나요? 저는 일반 사람들이 미적분을 사용하는 것을 본 적이 없습니다." 교사는 이 질문을 받고 갑자기 말문이 막혔다고 한다. 그래서 잠시 학생들에게 책을 덮으라 하고, 생각을 정리한 뒤 이렇게 이야기했다. "여러분이 왜 미적분을 열심히 배워야 하는지 설명하겠다. 우리는 휴전 상태에 있고, 미국의 힘을 빌리고 있다. 미적분을 제대로 하지 못하면 정확한 무기를 생산할 수 없고, 잘못하면 적진으로 쏘아 보낸 포탄이 아군 기지에 떨어져 아군이 죽을 수도 있다. 여러분도 잘 알다시피 자주국방이 우리의 최대 과제이다. 미적분은 자주국방의 초석이다." 그러자 그 학생이 다시 말했다. "선생님, 진작 그 이야기를 해주셨더라면 수학 공부를 더 열심히 했을 텐데, 왜 이제야 말씀해주시나요." 당시는 독재정권을 연장하기 위해 북한을 이용하던 시기로, 나 또한 애국 조회 때마다 조국을 위해 전쟁터에서 장렬히 전사하는 내 모습을 상상하곤 했다.

애국심을 빙자한 독선과 그 부작용을 들어 이러한 이야기를 부정적으로 바라보는 시각도 있다. 그렇지만 가짜 애국심에 따른 부작용을 우려하여 아예 애국심을 길러주지 않는다면 우리 아이들이 미래를 향해 나아가도록 이끄는 커다란 원동력 하나를 놓치게 된다. 그리고 우리나라의 미래도 불안해질 것이다. 국민안전처가 발표한 '2015 국민 안보의식 조사' 결과에 따르면, 19세 이상 일반 국민 10명 중 8명 이상은 우리나라에서 전쟁이 발발하면 참전(남성)하거나 전쟁 지원(여성)을 하겠다고 응답했다. 20대도 79%가 전쟁에 동참하겠다고 답했는데, 대학생 조사에서는 참전 의사를 밝힌 응답률이 56%로 상대적으로 낮게 나타났다.('2016 국민 안보의식 조사'에서는 대학생의 참전 의사 비율이 63.2%로 높아졌다.) 조국 발전을 삶의 목표로 삼았던 50대가 91%로 가장 높게 나타났으며, 40대와 60대에서도 80% 이상이었다.

2010년 대구교육청의 요청으로 강연을 하러 간 적이 있다. 학교장과 교육청 전체 직원, 그리고 학부모까지 2000명 가까운 사람이 대극장 1, 2층을 가득 메우고 있었다. 당시 교육감 직무대행은 나를 소개하면서, "우리가 광주보다 못한 것이 별로 없는데, 딱 한 가지 뒤지는 것이 있습니다. 광주 학생들의 수능 성적이 대구 학생들보다 월등히 좋다는 것입니다. 그래서 오늘 광주교대 총장님을 모시고 광주 학생들이 열심히 공부하도록 이끄는 비결을 배워볼까 합니다."라고 이야기했다. 갑작스런 말에 잠시 당황했지만, 평소의 생각을 정리하여 이야기를 풀어갔다. 내가 총장으로 근무하던 시절 당시 기획재정부에 근무하던 내 고등학교 후배들을 만났을 때 들은 이야기도 했다.

나보다 서너 살에서 열 살 가까이 어린 후배들에게, 뭐가 그들을 그렇게 열심히 공부하도록 만들었느냐고 물었더니, 대부분 비슷한 답을 했다. 고등학교 때 많은 선생님이 수업 때면 늘 하시던 말씀이 있었다고 한다. "광주가 가진 것이라곤 머리밖에 없다. 시내를 둘러보아라. 보이는 것은 식당, 술집, 모텔 같은 것뿐이지 않느냐. 너희들이 열심히 하지 않으면 이 땅은 영원히 버려진 땅이 될 것이다. 너희들이 열심히 해서 실력을 쌓을 때, 이 땅은 아껴둔 땅이 될 것이다. 네 부모님이 살고 계시고, 네 사랑하는 사람들이 살아갈 이 땅의 미래는 너희들의 어깨에 달려 있다."

5·18의 아픔을 간직한 광주의 젊은 고등학생들은 선생님들의 이 말씀에 자극을 받아 정말 열심히 공부했노라고 이야기했다. 그러면서 자기들뿐만 아니라 광주의 다른 고등학교 출신 친구들과도 대화를 나눠보면 거의 비슷한 이야기를 하더라고 했다.

만일 열심히 공부하면 배우자의 얼굴이 바뀐다거나 더 잘 먹고 잘 살 수 있을 것이라고 했다면 그렇게 열심히 하기가 어려웠을 텐데, 광주의 아들임을 각인시키면서 광주의 아들로서 부끄럽지 않게 오늘을 살며 내일을 밝혀가라는 선생님들의 말씀이 젊은 학생들의 피를 끓게 하고 열정을 불태우도록 이끌었던 것이다. 많은 기록이 보여주듯이, 1960년대와 1970년대 대한민국의 산업 근대화를 이끌던 사람들이 그렇게 열심히 했던 이유 중 하나는, 물론 자기 개인의 부귀영화에 대한 욕심도 있었겠지만 그보다는 조국의 미래가 자신에게 달렸다는 소명 의식이 있었기 때문이다. 사랑하는 가족과 고향, 그리고 조국의 밝은 미래에 기여한다는 더 큰 목표와 사명 의식은 젊은 학생들의 피를 끓게 하고 열정을 불태우도록 이끌 수 있다.

이처럼 감정에 호소하는 것도 코끼리에게 동기를 부여하는 방법 중 하나이다. 히스는 이를 '정체성 모델 수립하기'라고 부른다. 인종적·윤리적·지역적 정체성이 그 대표적인 예이다. 이와 함께 효도하는 자녀나 훌륭한 부모가 되겠다고 결심하는 것이나 애국 시민이 되겠다고 마음먹는 것, 혹은 훌륭한 선생님이 되겠다고 생각하는 것도 정체성 모델에 해당한다. 그래서 나는 교대생들에게 강의를 할 때면 늘 그들의 가슴속에 훌륭한 스승이 되고자 하는 열망의 불꽃이 타오르도록 하는 데 초점을 맞춘다. 대한민국의 미래를 위해, 더 아름다운 세상을 만들기 위해 훌륭한 스승이 되겠다고 다짐한 학생들은 그 눈빛과 수업에 임하는 자세가 크게 바뀐다.

학생들을 변화시키고 싶은가? 그렇다면 정체성에 호소하라. 원하는 변화를 결과의 문제가 아니라 정체성의 문제로 만들어야 코끼리가 동기를 부여받는다. 이것이 히스 형제가 《스위치》를 통해 우리에게 전하는 메시지이다.

· 02 ·

강요하는 초보,
감동시키는 프로

《강요하는 초보 감동시키는 프로》는 기노시타 하루히로木下晴弘라는 일본의 유명한 학원 강사가 자신의 경험을 토대로 쓴 책이다. 그는 가르치는 일을 하겠다고 마음먹고 학원 강사로 나섰지만 학생들이 자기 강의를 좋아하지 않아 어려움을 겪었다. 한 달이 멀다 하고 학원에서 쫓겨나게 되자 유명한 학원 강사들을 찾아다니며 직접 수강을 하고, 그들을 만나 교수법에 대한 가르침을 청하기도 했다. 그가 만난 한 학원 강사는 이렇게 말해주었다. "수업은 처음 1분으로 결정된다네. 그 1분 동안 자네는 학생의 마음을 잡지 못했던 거야. 영혼을 흔들지 못했다는 말이지. 그래서 지루한 시간이 된 거고." 이날을 기점으로 그는 영혼을 흔든다는 것이 무엇인지 고민하며 자신만의 기법을 발전시켜 나간 끝에 드디어 일본 최고의 학원 강사가 되었다.

　그는 '수업은 마음'이란 기치를 내걸고 학력뿐 아니라 '인간의 능력'을 향상시키는 교수법으로 학생과 학부모의 큰 호응을 얻어냈으며, 능력훈련회사Ability Training Co.를 설립하여 일본 교사들의 수업 능력을 향상시키기 위한 세미나와 강연 등을 실시하고 있다.

야단을 맞는 당사자도 사실 머리로는 알고 있다. 수업이 시작되었으므로 자리에 앉아야 한다는 것, 일을 빨리 처리해야 한다는 것, 공부해야 한다는 것을 머리로는 알고 있지만 행동으로 연결시키지는 못한다. 도대체 왜 그럴까? 어느 날 갑자기 깨달았다. 그것은 마음이 이해하지 않기 때문이다! 사람은 머리로는 알아도 마음으로 이해하지 않으면 행동할 수 없는 생명체! 그날부터 곰곰이 생각했다. '마음으로 이해해서 행동한다는 것은 도대체 무엇일까?' 그리고 마침내 키워드를 찾아냈다. '감동!'

— 기노시타 하루히로, 《강요하는 초보 감동시키는 프로》

느낄 감感, 움직일 동動. 글자를 풀어보면 마음으로 느끼어 행동한다는 뜻이다. 기노시타는 감동이란 느끼고 움직이는 것인데, 여기서 느끼는 것은 사람이고 움직이는 것은 마음이라고 이야기한다. 《행복의 가설》에서 하이트는 우리의 감성적 측면과 이성적 측면을 각각 코끼리와 기수에 비유하면서, 진행 방향과 관련해 코끼리와 기수의 의견이 다를 때면 언제나 코끼리가 이긴다고 주장한다. 기수가 고삐를 쥐고 있긴 하지만 코끼리에 비해 너무 작은 기수의 통제력은 크게 효과를 발휘하지 못한다는 것이다. 요컨대 강요하는 초보는 기수(이성)에게만 호소하는 사람이고, 감동시키는 프로는 기수(이성)와 함께 코끼리(감성)까지 움직이도록 하는 사람이다. 기수에게만 호소한다면 코끼리를 원하는 방향으로 움직이게 할 수 없다. 따라서 최고의 교사가 되고자 한다면 먼저 학생의 마음을 이해하고 그 마음을 사로잡아 흔드는 일이 얼마나 중요한지 깨닫고, 이를 위한 능력을 기르는 것이 필요하다.

기노시타는 오랜 경험을 통해 "학생은 감동을 받은 후 선생님이 좋아지거나 그 과목이 좋아지게 된다. 억지로 '공부하지 않으면 안 된다'라고 생각하기보다는 무언가에 마음이 흔들려서 '공부해야겠다'고 다짐해야 좀 더 의욕이 난다."는 것을 깨달았다. 예컨대 그는 수업을 하기 전에 감동적인 이야기를 들려주는 방법을 활용했다. 이야기에 감동을 받은 학생들은 마음의 변화를 보이고, 그 감동을 가지고 학습 의욕도 보였다. 이처럼 감동적인 이야기를 모아놓은 감동 노트 마련하기 이외에도 학생과 돈독한 정 쌓기 등 학생을 감동시키기 위한 다양한 방법을 소개하고 있다.

감동은 목마른 말이 시냇가를 찾아가는 데 필요한 에너지와 같다. 진한 감동을 받은 우리는 그 감동을 가지고 원하는 목적지까지 갈 수 있다. 그러나 감동의 효과는 감동의 크기나 종류에 따라 크게 달라진다. 가령 영화를 보면서 받은 감동은 때로 영화관을 나서면서 사라져버리기도 하지만, 이성간의 사랑 같은 경우에는 한 번의 감동으로 평생을 버티며 살아가는 힘이 되기도 한다. 그러나 보통의 감동은 하루에서 일주일 정도면 그 효력이 떨어지는 것 같다. 그래서 내가 만든 말이 하나 있다. '밥은 한나절, 감동은 한 주일'이 그것이다. 밥을 먹고 나면 배가 불러서 더 이상 먹고 싶지 않을 것 같은데도 한나절만 지나면 다시 배가 고파진다. 진한 감동을 받고 나면 마음이 움직여 실행에 옮기게 되지만, 작심삼일이라는 말이 보여주듯이 한 사흘 지나면 그 감동이 엷어지기 시작해서 일주일쯤 지나면 거의 효력이 사라지는 것 같다. 조금 억지 같지만, 어쩌면 교회나 절에서 신자들에게 일주일에 한 번씩은 예배에 참석해 설교(설법)를 들으라고 하는 것도 감동의 효력이 길어야 일주일에 정도이기 때문이 아닐까 하는 생각이 든다. 그렇다면 초등학교 선생님은 하루에 한 번 정도, 중고등학교와 대학교 선생님은 수업 시간마다 감동을 줄 수 있는 강의 기법을 생각해볼 필요가 있다.

재미있는 수업, 감동을 주는 수업을 하고자 할 때 유의할 점이 하나 있다. 어떤 선생님들은 재미있는 수업이 되도록 하려고 농담을 준비해 간다. 그런데 농담을 해줄 때는 학생들이 웃고 교실이 떠들썩하다가도 정작 본래의 수업으로 들어가면 다시 숨 죽은 배추같이 변한다면, 재미있는 수업이라고 할 수 없다. 수업 시간에는 웃고 떠들었는데 끝나고 나서 학생들이 뭘 배웠는지 모르겠다거나 농담은 재미있지만 수업은 지루하다고 말한다면, 그 시간은 재미있는 놀이 시간이었을 뿐 수업 시간은 되지 못했다는 것을 깨달아야 한다. 기노시타는 "수업의 재미와 농담의 재미는 완전히 다르다. 양쪽 사이에는 하나의 선이 그어져 있다. 농담의 재미는 계속되지 못한다. 강의 시간에 농담만 하고 있으면 결국 학생들에게 외면을 당하고 만다."라고 말한다.

감동적인 수업을 하려면 먼저 학생과 좋은 인간관계를 쌓아야 한다. 나는 제자들에게 중고등학교 시절 선생님 때문에 어떤 과목을 좋아하거나 반대로 싫어하게 되었다는 이야기를 자주 듣는다. 학생들은 자기가 존경하는 선생님의 과목에는 더 많은 시간을 할애하여 그 선생님에게 인정을 받고 싶어 하는 경향을 보인다. 장학사로 근무하고 있는 한 제자를 최근에 만났는데, 대학 2학년 때 내 강의와 다른 한 교수의 강의에서만큼은 꼭 A를 받고 싶어서 두 강좌에 집중한 결과 원하는 학점을 받아 참으로 기뻤다고 말해주었다.

> 교사는 학생의 성적을 올리고 싶으면 먼저 자신이 담당하는 과목을 좋아하게 만들 필요가 있다. 과목을 좋아하게 하려면 교사, 즉 자신을 좋아하게 만들어야 한다. 그 시작은 교사 자신이 학생의 좋은 점을 발견하고 먼저 학생을 좋아하는 것이다.
> — 기노시타 하루히로, 《강요하는 초보 감동시키는 프로》

학생을 이해하고 좋아하려면 자기가 담당한 학생 개개인이 처한 상황, 특성과 장단점, 그들의 기대 등을 파악해야 한다. 가르쳐야 할 학생이 너무 많은 중고등학교 교사나 대학교수에게는 상당히 어려운 과제이다. 하지만 영화 중간 한 대목만 보고 주인공을 온전히 이해하고 감동을 받을 수는 없다.

내가 사용하는 방법 가운데 하나는 학생들이 자신을 소개하도록 하는 설문지를 만들어 강의 첫 시간에 배포하고 이를 자료로 만들어 활용하는 것이다. 물론 이런 조사를 하는 이유를 설명하고 동의를 구한다. 성장 배경 특성, 좌우명, 성격적 특성, 당면한 어려움이나 도움이 필요한 사항, 미래 계획, 친한 친구 연락처 등등에서 학생들을 이해하는 데 필요하다고 여겨지는 정보를 수집하면 되는데, 개인정보보호법에 위배되지 않도록 유의하며 꼭 활용하고자 하는 필요 최소한으로 한정해야 한다.

학생들이 나와 내 강의를 좋아하도록 하기 위해 사용하는 또 다른 방법은 칭찬이다. 칭찬은 고래도 춤추게 한다고 해서 칭찬을 해줄 심산으로 아무리 쳐다보아도 예쁜 구석이 하나도 보이지 않는 아이들도 있다. 그럴 때는 어떻게 해야 할까? 내가 농담처럼 늘 하는 이야기가 하나 있다.

"수업 중에 집중하지 못하고 자주 문제를 일으키는 아이라도 떠들다가 지쳐서 잠시 멈추고 차분하게 앉아 있는 시점이 있을 것입니다. 그러면 그 순간을 놓치지 말고 아이에게 다가가서 어깨라도 쓰다듬으며 '어쩌면 너는 숨을 그렇게 예쁘게 쉬니?'라고 해보십시오. 아이는 얼굴이 빨개지며 더 얌전하게 행동하려고 할 것입니다."

농담인 것 같지만 변화를 느끼게 될 것이다. 학생의 모든 행동이 미워 보일 때는 당연히 그 학생에게 문제가 있겠지만, 어쩌면 교사가 그 학생에 대해 이미 편견을 가지고 있어서 그렇게 보일 수도 있다. 특정 학생뿐 아니라 특정 반이나 특정 과에 대해서도 이러한 편견을 갖게 되는 경우가 있다. 비록 가르치는 학생 수가 많더라도 수업할 때마다 세 명 정도는 칭찬을 해준다는 생각으로 임하면, 모든 학생이 한 학기에 적어도 한 번은 칭찬을 받게 될 것이다. 20여 년 전에 내 강의를 들은 제자들이 기억하는 것은 내 수업 내용이 아니라 나에게 받은 칭찬이었다.

마음에서 우러난 칭찬거리를 찾는 것은 생각보다 어렵다. 칭찬은 기본적으로 학생들에 대한 사랑과 고마움이 있을 때 가능해진다. 기노시타가 제안하는 방법은 호주머니 속 동전 옮기기이다. 수업을 시작할 때 오른쪽 주머니에 10원짜리 동전 열 개를 넣어두고, 학생들을 칭찬할 때마다 동전을 왼쪽 주머니로 옮기는 것이다. 혹시 학생들의 문제점이 보이고 화가 나면 동전을 다시 오른쪽 주머니로 옮겨야 한다. 처음에는 10여 분도 지나지 않아 왼쪽 주머니가 텅 비겠지만, 어느 순간 열 개가 오롯이 왼쪽으로 옮겨져 있는 경험을 하게 될 것이다. 이때가 드디어 학생들을 좋아하기 시작하는 시점이다. 그다음부터는 어렵지 않게 동전을 옮길 수 있을 것이다.

물론 아주 힘들더라도 선생님 스스로를 탓하지는 말기 바란다. 인간은 위험에 대비하기 위해 늘 위험 요인이나 상대의 불완전한 부분 등 부정적인 생각을 더 많이 하도록 진화되어왔다고 한다. 하지만 가르치는 일을 직업으로 택한 우리는 이러한 훈련을 통해 의식적으로 학생들의 밝은 점과 좋은 점을 찾으려고 더 노력해야 한다.

기노시타는 이렇게 이야기한다. "'어차피 이 학생은 내 아이가 아니다. 어떻게 되든(물론 잘 되는 편이 좋지만) 이 학생의 인생이다'라는 냉철한 '상태'에서는 아무리 멋진 '방식'을 실시해도 결국 그 '방식'은 멋지지 않은 결과를 낳는다."

요즘 들어 학생과 학부모의 모습에 실망하여 아예 마음의 문을 닫고 최소한의 역할만 하겠다고 생각하는 선생님이 늘고 있다고 한다. 이러한 선생님은 학생들을 불행하게 할 뿐만 아니라 자신도 불행해질 것이다. 삶의 가장 큰 부분을 차지하는 직장에서 학생과 학부모에게 존경을 받지 못하고 동료 교사들에게 인정을 받지 못하는데 어떻게 행복할 수 있겠는가.

교사는 가르치는 과목을 통해 학생을 만나고 그 과목을 매개체로 학생의 성장을 도우며, 그 과정에서 함께 성장해간다. 내가 가르치는 것은 과목이 아니라 학생임을 깨닫고, 가르침의 장이 학생과 교사의 소외된 만남의 장이 아니라 우연히 같은 시공에서 스승과 제자의 관계로 존재하게 된 두 인간이 만나 소통하는 장이 되도록 하는 것이 감동시키는 프로의 첫걸음이다.

　"나는 학생 등 여러 사람에게 감동을 주려고 했는데 오히려 내가 그들에게 많은 감동을 받았다. 사람을 감동시켜서 울게 하라고 말하면서 오히려 내 자신이 울었고 커다란 힘에 마음이 움직였다."는 기노시타의 이야기는 감동적인 수업을 넘어 감동적인 교육을 하는 사람의 모습을 잘 보여준다.

·03·

여행 안내자로서의
교수

나는 광주교대 신규 교수 채용을 위한 공개 강의에서 지원자들에게 동일한 질문을 던진 적이 있다. "선생님께서 지금 하신 강의를 듣지 않으면 학생들이 교재 내용을 이해하지 못하리라고 생각하십니까? 과연 가르친다는 것이 어떻게 하는 것이라고 생각하면서 공개 강의를 하셨는지요?" 이 질문을 듣고 당황하지 않을 사람은 거의 없다. 교재가 있고, 특히 학생들이 읽으면 이해할 수 있는 수준의 우리말 교재를 가지고 공개 강의를 하는 경우는 이 질문에 더욱 답하기 어려워진다.

지금은 그러한 교수가 거의 없는 것 같으나, 학생들에게 재미없는 강의에 대해 물어보면, 교재를 사용하는 강의의 경우 교재를 부분적으로 읽어주면서 줄을 그어주는 교수, 학생들이 아는 부분은 몇 가지씩 예를 들어 설명하다가도 학생들이 잘 모르겠는 부분은 그냥 넘어가버리는 교수, 사례를 들어 설명을 하지만 적절하다고 느껴지지 않는 교수 등을 예로 든다. 이런 교수의 강의는 맥이 어딘지 모르고 무작정 몸 이곳저곳을 만지며 진맥을 하는 의사와 마찬가지로 원하는 목적을 이루지 못할 것이다. 이와 반대로 학생들이 이해하는 데 애먹을 부분에 대해 미리 파악하여 그 부분을 집중적으로 도와주는 강의는 '맥을 제대로 짚어주는 강의'라고 할 수 있다.

교재를 가지고 강의를 할 때는 과연 어떻게 해야 할까? '강요하는 초보, 감동시키는 프로'라는 비유를 통해 제시했던 강의 방식에 더해서 '여행 안내자로서의 교수'라는 또 하나의 관점을 제시하고자 한다.

체코 여행을 갔을 때 여행 안내자를 따라다니면서 하루 동안 프라하를 배운 적이 있다. 여행 안내자는 도시의 주요 지점을 다니며 그곳의 역사적 배경, 특정 건물을 이해하는 방식, 변천 과정 등등을 아주 재미있게, 그리고 과거가 살아서 걸어 나오듯이 생생하게 설명을 해주었다. 나중에 가이드북을 보니 대부분 내용이 나와 있었다. 그러나 만일 혼자서 책자를 들고 그 도시를 여행했더라면 일주일 넘게 다녀도 그만큼 이해하기 어려웠을 것이라는 생각이 들었다. 그다음 날은 전날 배운 기록을 손에 들고 혼자서 다시 여행을 나섰다. 전날 너무 바빠 따라다니느라고 충분히 감상하지 못한 것을 느껴보기 위해서.

여행 안내자의 비유를 통해 가르치는 활동의 예로 하나 더 추가하자면, 학생들이 큰 그림을 이해하도록 돕는 것이다. 이는 초등학생뿐 아니라 대학원생에게도 적용된다. 우리나라 최고 대학의 법학전문대학원생을 대상으로 교수법과 관련한 설문 조사를 한 적이 있다. 교수들에게 기대하는 것이 무엇이냐는 질문에 대해, 배우는 내용에 대해 큰 그림을 그려주는 것이라는 응답이 많았다.

> 큰 그림을 그려주셔야 한다는 것! 인터넷 강의와 달리 시간적
> 으로 크게 부족한 상황(예컨대 인터넷 강의는 민법만 약 200~250
> 시간 강의함. 학교에서는 1주 5시간이어도 매학기 60~80시간 정도
> 만 가능)에서 모든 것을 가르치실 수는 없다. 따라서 무조건 큰
> 그림을 그려주십사 하고 부탁드리며 세부적인 부분은 그다음
> 문제라 생각한다.

대부분 학생은 배우는 내용에 대한 큰 그림을 보는 부분에서 선생
님의 도움을 필요로 한다. 가르치는 사람과 달리 학생들은 해당 과목
이라는 큰 숲을 본 적이 없는 상태에서 숲 속의 오솔길을 걸어가고
있다. 따라서 큰 지도를 펼치고 지난 시간에는 어디를 거쳤고, 오늘
걸어갈 길은 어느 부분이며, 앞으로 어디를 향해 나아갈지를 안내하
면서 학생들이 배워야 할 구체적인 내용을 가르쳐야만 학생들의 머
릿속에 선명히 정리되고 기억된다. 지금 함께 탐험하는 숲은 거대한
산맥의 어느 부분인지에 대해서도 소개해준다면 학생들은 궁극적으
로 탐험해야 하는 산맥을 보다 쉽게 정복하게 될 것이다.

모 대학의 교수법 강연에서 한 교수님이 질문을 해왔다. 자격시험
을 앞둔 학생들을 위해 교재 내용을 모두 다뤄줘야 하는 상황에서
진도 나가는 것만도 빠듯한데 어떻게 학생들의 흥미를 끄는 강의,
참여도를 높이는 강의를 할 수 있을지 방법을 알려달라고 했다. 이
는 모든 단계의 학교 선생님들이 당면한 과제이다. 흥미를 유발하는

수업은 고사하고 학생들이 내용을 제대로 이해했는지라도 확인하며 수업을 진행하다 보면 진도를 제대로 나갈 수 없다며, 진도 나가는 것과 이해시키는 것 중 어느 쪽이 더 중요한지를 묻는 선생님들도 있다.

이러한 질문을 하는 이유는 가르쳐야 할 내용, 교재의 내용을 자신의 입으로 이야기(혹은 설명)하거나 칠판에 적어주는 것이 가르치는 활동이라고 생각하기 때문이다. 그런데 가르치는 사람이 교재 내용 하나하나에 대해 이른바 설명이라는 교수 행위를 한다고 해서 학생들이 배우는 것은 아니다. 이러한 진도 나가기 식의 수업 활동을 통해 가장 많이 배우는 사람은 가르치는 쪽이다. 강의 후 질문을 던져 보면 가르친 사람은 가르친 내용을 모두 이해할뿐더러 기억까지 하고 있는데, 학생들은 배운 내용을 기억하지 못하는 경우가 허다하다.

가르치는 사람이 아니라 학생이 배우는 수업이 되도록 하려면 다음과 같은 보완 장치가 필요하다. 하나는 학생들이 예습을 통해 배울 내용 중에서 이해하기 어려운 것, 추가로 더 궁금한 것처럼 교수의 도움이 필요한 부분을 미리 알아오도록 하는 것이다. 모르는 것이 있어야 배울 수 있다. 이때 가장 중요한 것은 예습을 하도록 유도하는 능력이다. 요새 한창 유행인 거꾸로 교실도 예습을 유도하는 하나의 방법이다. 그러나 다음 시간에 배울 내용을 짧은 동영상으로 제작해 올려놓는다고 해서 학생들이 보고 오는 것은 아니므로, 궁극적으로는 학생들이 그 동영상을 미리 보고 공부해 오도록 하는 추가적인 기법이 필요하다. 그렇지 않으면 강의 동영상을 보지 않고 오는 학생이 점차 늘어나 실패하게 될 것이다.

학생들이 배울 내용에 대해 예습을 하도록 충분히 동기부여를 할 수 있으면 진도를 빼느라 애먹는 일은 크게 줄어든다. 이 경우 선생님은 수업 시간을 통해 학생들이 예습 활동으로 끝내 채우지 못한 퍼즐 조각을 찾아 채워주거나, 아니면 이를 찾는 방법을 가르치는 활동을 하면 된다.

맥을 짚어 학생들이 어려워하는 부분을 집중적으로 설명하면서 큰 그림을 그려주려면 교사 스스로가 그날 가르칠 내용과 해당 과목뿐만 아니라 그 과목이 속한 학문 전체를 꿰뚫고 있어야 한다. 교사가 가르치는 내용을 완전히 소화시켜 자기 것으로 만들어야 한다는 말에는 이러한 의미가 담겨 있다. 충분히 소화시켜 자기 것으로 하지 못한 채 가르치려고 하는 것은 덜 익은 술을 손님에게 대접하려고 하는 것과 같다. 덜 익은 술은 맛만 없는 것이 아니라 건강에 해를 끼치듯, 잘 준비되지 않은 교수의 가르침은 배우는 학생들이 해당 과목에 대해 흥미를 느끼지 못하게 할 뿐만 아니라 그 과목에 대한 부정적 인식까지 갖게 할 수도 있다.

대학생이라고 하더라도 교수를 통해서 과목을 만난다. 똑같은 여행지를 돌아다녀도 어떤 안내자를 만나느냐에 따라 그 느낌이 크게 다르듯, 어느 교수를 만나느냐에 따라 배우는 내용의 차이도 크다. 교수는 유적지에 애착을 갖고 알리기 위해 헌신하는 안내자처럼 해당 과목을 안내해야 한다. 초등학교 고학년을 대상으로 미래에 희망하는 직업을 조사해 비교했을 때, 학년 초에 비해 학년 말에 '선생님처럼 저도 초등학교 선생님이 되고 싶어요.'라는 응답이 더 많아지면 성공적인 교육이었다는 말이 있다. 대학의 경우도 해당 과목에 대한 관심도를 학기 초와 학기 말에 비교해본다면 강의의 성공 여부를 쉽게 판단할 수 있을 것이다.

《논어》에 '구이지학口耳之學'이라는 말이 나온다. 귀로 들은 것을 그대로 남에게 이야기할 뿐 조금도 제 것으로 만들지 못한 천박한 학문이라는 뜻이다. 가르치는 사람이라면 구이지학의 수준이 아니라, 배운 것을 제 것으로 만들어 세상에 새롭게 내보낼 수 있어야 하는 것은 너무나도 당연하다. 여행 안내자를 통해 여행지가 새롭게 태어나듯이 가르치는 사람을 통해 해당 과목이 새롭게 태어날 때, 학생들은 해당 과목을 배우기 위해 굳이 강의를 들어야 하는 이유를 발견하게 될 것이다.

·04·

길 잃은 양을
찾아 떠난 목자

이 글을 읽는 독자에게 질문을 하나 드리고자 한다. 지금 가르치고 있는 학생들을 한번 떠올려보라. '그 애만 없다면 참 가르칠 만할 텐데.'라고 생각되는 아이가 몇 명이나 떠오르는가? 그런데 그 아이만 없으면 가르칠 만한 것이 아니라, 실은 그 아이가 바로 우리 사회에서 여러분을 필요로 하는 이유이다. 만일 선생님이 없어도 열심히 공부하고 바르게 행동하는 학생들만 있다면 우리 사회가 굳이 선생님을 교실 앞에 세울 필요가 없을 것이다. 사실 그 아이들이 선생님의 존재 이유이고 밥줄이다. 내일 그 아이를 만나면 손을 붙잡거나 껴안아주며 혼잣말로 되뇌어보라. '그래, 네가 내 존재 이유이고 밥줄이라고 하더라. 고맙다.'

　이러한 반응은 교장 선생님의 경우도 마찬가지다. 교장 선생님을 대상으로 하는 강연에서 "혹시 지금 학교 선생님들 중에서 이 사람만 없다면 교장 할 만하겠다고 생각되는 사람이 있으면 이름을 한번 적어보세요."라고 이야기하면, 대부분은 한두 명 이상의 얼굴을 떠올리며 이름을 적는다. 그때도 똑같은 이야기를 해준다. "이름을 적어놓은 그분들이 바로 여러분의 밥줄입니다. 모두 열심히 하는 교사들만 있다면 우리 사회는 굳이 교장 선생님을 필요로 하지 않을 것입니다." 물론 한 술 더 떠서, 연수 마치고 돌아갈 때는 꼭 선물을 하나씩 사서 그들에게 전해주라는 말도 덧붙인다.

지금까지 이야기한 것처럼, 자기가 가르치는 학생에게 문제가 있다고 인식되면 더 관심을 갖고 더 큰 사랑으로 지도하려고 하기보다 문제라는 낙인을 찍고 가능하면 피하려는 것이 일반적인 반응이다. 문제아로 판명된 학생들을 가르칠 때는 어떤 마음 자세로 대해야 할까?

성경에 '길 잃은 양'에 대한 비유가 나온다. "너희 중에 어느 사람이 양 일백 마리가 있는데 그중에 하나를 잃으면 아흔아홉 마리를 들에 두고 그 잃은 것을 찾도록 찾아다니지 아니하느냐. 또 찾은즉 즐거워 어깨에 메고, 집에 와서 그 벗과 이웃을 불러 모으고 말하되 나와 함께 즐기자 나의 잃은 양을 찾았노라 하리라."(누가복음 15장 4~6절)

교사에게 무슨 일을 하느냐고 물었을 때 대부분 초등학교 교사는 학생을 가르친다고 답하고, 중고등학교 교사는 자기가 담당하고 있는 교과목을 가르친다고 답한다고 한다. 대학교수에게 같은 질문을 던지면 뭐라고 답할까? 아마 중고등학교 교사처럼 자기가 전공하는 학과를 가르친다거나, 아니면 무슨 연구를 하고 있는지 설명하는 경우도 있을 것이다. 학생을 가르친다고 답하는 사람은 배우는 학생에게 초점을 맞추는 사람이고, 전공 내용을 가르친다고 답하는 사람은 가르치는 자신에게 초점을 맞추는 사람이다. 후자는 무엇을 어떻게 가르칠 것인가에 대해 주로 관심을 갖게 되어 배우는 학생이 어떤 상황인지, 혹시 배움에서 멀어지고 있지는 않은지에 대해서는 상대적으로 관심을 덜 갖는 것이 일반적이다.

　대학교수에게 부족한 점 중 하나는 길 잃은 양에게 관심을 잘 갖지 못한다는 것이다. 일반적으로 학부는 초중등학교에 비해 교수와 학생들 사이의 거리가 멀고, 강의 시간에는 한 인격체와 인격체의 만남이 아니라 서로가 서로에게서 소외된 교수와 학생의 만남이 되는 경우가 많다. 누군가 결석을 해도, 항상 지각을 해도, 아니면 수업 중에 상습적으로 졸아도 그냥 남처럼 스쳐 지나치는 경우가 대부분이다. 길 잃은 한 마리의 양을 찾아 나서야 한다는 성경의 비유는 대학 강의실에서 마주치는 학생 한 사람 한 사람을 어떠한 자세로 대해야 하는지 깨닫게 한다.

　몇 년 전 내 수업 시간에 한 학생이 엎드려 잠을 잤다. 강의 중에 종종 조는 학생은 있었어도 그렇게 자는 학생은 본 적이 없었기에 너무 화가 나서 이름을 부르며 일으켜 세웠다. 생각해보니 그 이전에도 강의를 듣는 자세가 썩 마음에 들지 않았던 기억이 나서 조금은 심한 반응을 보였다. "네가 약물중독이거나 아니면 뭔가 심각한 문제가 있지 않고서는 그렇게 행동할 수 없을 것이라고 생각된다. 네 지도교수에게 이 사실을 통보하고 이유를 밝히도록 하겠다." 아마도 많은 강좌에서 자주 그렇게 행동했던 그 학생으로서는 아주 황당했을 것이다. 지도교수에게 그 학생 이야기를 하자, 이미 알고 있다고 했다. 특기자 전형으로 입학한 학생으로 대학 강의 내용에 별

흥미를 느끼지 못하고, 다른 학생들에 비해 수준도 크게 떨어져 그런 식으로 행동하는 것 같다며 양해를 구했다. 그러나 그렇게 행동하는 학생을 졸업시키는 것은 미래 초등학생들에게 죄를 짓는 일이라는 생각이 들어, 그 학생을 분위기 있는 음식점에 데려가서 같이 식사하며 대화를 시도했다. 외모는 우락부락하게 생긴 녀석이지만 심성이 곱고, 자기도 열심히 하고 싶다는 이야기를 했다. 그래서 그 학생에게 적합한 별도의 과제를 내주고는 주기적으로 내 연구실로 와서 확인을 받도록 했다. 그러고 나서 그 학생은 강의를 듣는 태도가 크게 바뀌고 약속한 과제도 열심히 하면서 한 학기를 마칠 수 있었다. 그해 그 과의 종강 파티가 다른 어느 과보다 알차고 의미가 있었는데, 알고 보니 그 학생이 주도적으로 준비한 것이었다. 그 학생은 졸업 후 초등 교사의 길을 걷고 있다.

'대학교수가 학생 하나하나에 그 정도까지 신경 쓸 여유가 있는가? 그렇게 신경을 쓰느니 차라리 강의 준비를 충실히 하는 것이 전체 학생을 위해서 더 바람직한 일이 아닐까?' 하고 생각하는 사람도 있을 것이다. 대학생들은 교수가 굳이 신경 쓰지 않아도 제 길을 찾아갈 수 있는 성인이다. 따라서 대부분은 교수의 관심과 도움을 크게 필요로 하지 않는다. 가르치는 사람으로서 관심을 갖고 찾아 나서야 할 대상은 바로 적응하지 못하는 학생이다. 그런데 우리는 반대로 공부 잘하는 학생에게 더 관심을 갖게 되고, 문제 있는 학생에 대해서는 신경질적으로 반응하거나 그 학생이 없었으면 좋겠다는 생각을 하기도 한다. 길 잃은 양의 비유는 모든 학생에게 고루고루 관심을 쏟고 시간을 할애하는 것이 바람직한 자세가 아니라 아흔아홉 마리는 들에 두고 길 잃은 한 마리를 찾아 나서는 것이 가르치는 사람이 따라야 할 길임을 보여주고 있다. 결석이 있으면 강의 후 곧바로 통화를 하거나 이메일을 보내 이유를 파악하고 관심을 보이는 것이, 교과목이 아니라 학생을 가르치는 사람이 취해야 할 길일 것이다.

1990년대 후반 IMF의 여파로 갑작스럽게 이혼이 증가하여 아이들이 새 가정(친부모와 친형제자매로 구성된 전통적 가정이 아닌, 나머지 모든 형태의 가정)에서 자라는 비율도 급증했다. 내가 2003년 수행한 〈이혼가정 학부모와 자녀 이해 및 지원을 위한 초등 학급 경영 연구〉에 따르면, '인간 이해의 틀person prototype', 레이블링labeling, 그리고 낙인효과stigma effect 등으로 교사들이 특별히 노력하지 않으면 이혼 가정 자녀에 대한 편견에서 벗어나기 어려운 것으로 나타났다.

인간 이해의 틀이란 타인을 이해하는 데 필요한 정보를 획득하기 위해 사용하는 틀을 의미한다. 사람들은 자신의 틀에 맞아 떨어질 때 그 정보를 더 잘 인지하고 기억하며 재생해낸다. 그러다 보니 인간 이해의 틀은 실재에 대한 개인의 신념을 강화하는 역할을 하게 된다. 가령 교사가 이혼 가정 아동에 대해 부정적 이미지를 가지고 있으면, 그 아이들의 행동에서 좋은 정보는 기억하지 못하고 나쁜 정보만 기억함으로써 이혼 가정 아동에 대한 부정적 이미지를 더욱 굳히게 된다. 라벨링 효과는 다른 사람이 붙여놓은 라벨에 의해 자기 개념과 행동 경향이 달라지는 현상을 일컫고, 낙인효과도 이와 유사하게 상대방에게 낙인이 찍힌 경우에 당사자가 부정적으로 변해가는 현상을 말한다. 실제로 이혼 가정 출신의 아이는 일단 문제

아일 가능성이 있다고 낙인찍고, 특별한 관심을 기울여 지도하는 대신 오히려 기피하거나 처벌하려는 경향을 보이는 교사가 많다.

알고 보면 인류의 3대 성인 모두 결손가정 출신이다. 공자의 아버지 숙량흘叔梁紇은 제나라와의 전쟁에서 공을 세운 무인이었는데, 아들이 없어서 무당집 딸과 야합하여 낳은 아들이 공자다. 공자는 세 살 때 아버지를 여의고 홀어머니 슬하에서 성장했다. 석가모니의 어머니 마야 부인은 아이를 낳은 지 7일 만에 출산 후유증으로 세상을 떴다. 석가는 이모인 마하파자파티의 손에서 자랐다. 예수도 비非기독교도의 시각으로 보면 양아버지 슬하에서 성장했다. 그래서 선생님들한테 늘 농담처럼 던지는 말이 있다. 이른바 결손가정 아이라고 일컬어지는 학생이 자기 반에 있거든 경배하라고, 성인이 될 가능성이 있는 아이들이라고 말이다.

인간이 보편적으로 가지고 있는 사고의 틀에서 완전히 자유로울 수 없겠지만, 가르침의 길목을 지키며 살아가는 사람이라면 최소한 그 편견을 극복하기 위해 노력해야 한다. 신영복의 《나무가 나무에게》에 나온 글을 소개한다.

미국 UCLA의 한 대학교수가 사람들을 치료하고 돕기 위한 준비를 하고 있는 학생들을 모아놓고 이러한 이야기를 했다고 한다.

"옛날에 매독에 걸린 한 아버지와 폐결핵에 걸린 어머니가 있었다. 그 두 부부 사이에서는 4명의 아이들이 태어났으나, 한 아이는 매독 균에 의해서 장님이 되었으며, 한 아이는 폐결핵

으로 고생 중이며, 한 아이 또한 매독 균에 의해서 귀머거리가
되었다. 한 아이는 부모의 병으로 인해서 일찍 죽었다. 그런
데, 그 어머니가 또 한 아이를 임신한다면 너희들은 어떻게 하
겠느냐?"

그러자 학생들은 입을 모아서 대답했습니다.

"당연히 유산시켜야 합니다. 부모님들의 병으로 인해서 형제
들도 이 모양이고, 부모 또한 나중에 태어날 아이의 고통조차
생각하지 않고 임신을 하다니 참 파렴치한 부모군요."

교수는 학생들의 말을 듣다가 이렇게 대답했습니다.

"그대들은 악성 베토벤을 죽였다."

그렇습니다. 아버지는 매독이요, 어머니는 폐결핵이었던 악
성 베토벤. 그도 나중에는 귀머거리가 되었지만 그래도 수많
은 불후의 명작을 남겼던 악성 베토벤은 이렇게 힘든 가정에
서 태어난 것입니다. 교수는 잠시 침묵하다가 이렇게 말했습
니다.

"이렇게 저렇게 생각하고 해결할 것이라면 아예 해결을 하지
말거라. 모든 생명은 소중하고 고귀하다. 그 점을 명심해서 현
명한 판단으로 많은 사람들을 구하는 것도 중요하다는 사실을
잊지 말거라."

가르친다고 할 때 우리가 더 관심을 가져야 할 것은 바로 길 잃은
한 마리 양이다. 그리고 우리 사회가 교실에 선생님을 필요로 하는
큰 이유 중 하나는 바로 그 길 잃은 양을 인도하도록 하기 위함임을

다시 깨달을 필요가 있다. 이와 함께 우리 눈에 문제아라고 보이는 아이는 우리 자신의 편견 때문일 수도 있다는 사실을 기억하자. 초등학교의 경우 학년 초가 되면 지난해 선생님들에게서 문제 학생 혹은 우수 학생을 인수받는 경우가 있다고 한다. 길 잃은 양에 대한 특별한 배려가 목적이라면 교육적으로 의미가 있지만, 그게 아니라면 편견이 생기지 않도록 그런 정보는 받지 않는 편이 더 바람직할 것이다.

·05·

요리사와
교사

최근 텔레비전에 다양한 요리 프로가 방영되면서 학생들 사이에 요리사가 인기 희망 직종으로 떠오르고 있다고 한다. 가르침의 본질을 깨닫도록 돕기 위한 여러 가지 비유를 소개하던 중, 어느 초등학교 선생님이 요리사를 통해 가르침의 본질을 이해해보면 좋을 것 같다는 아이디어를 주었다. 선생은 가르치며 동시에 배운다는 말이 와닿는 날이었다. 그날 얻은 아이디어를 바탕으로 개발한 비유가 바로 요리사로서의 교사이다.

요리사를 경영자에 비유하는 사람도 있다. 요리사가 다양한 식재료를 결합하여 새로운 맛을 내듯이, 경영자는 다양한 사람들을 결합시켜 새로운 기업 문화를 만들어낸다. 그리고 요리에서 경험을 바탕으로 재료와 양념의 양을 조절하는 요리사의 손맛이 중요하듯이, 경영에서도 직원들을 챙기고 현장을 누비며 터득한 노하우를 바탕으로 한 경영자의 손맛이 중요하다는 주장이다.(이강태, 〈경영자는 요리사다〉, 《전자신문》)

최고의 요리사와 교사, 요리와 수업은 어떤 점에서 서로 닮았을까? 요리사가 가지고 있는 신선하고 질 좋은 식재료 고르는 능력, 다양한 식재료 갖추기, 맞춤형 요리, 소화에 대한 지식, 자기 일과 손님에 대한 사랑 등을 토대로 가르침에 대한 시사점을 찾아보자.

신선하고 질 좋은 식재료 고르는 능력

요리를 잘하는 데 필요한 첫 번째 능력은 신선하고 질 좋은 식재료를 고를 줄 아는 것이라고 한다. 내가 근무하는 대학 옆에 전통 한식당이 있는데, 그 집은 주인이 새벽 시장에 가서 신선한 재료를 골라 오고 직접 요리도 한다. 아무리 뛰어난 요리사라도 상한 재료를 가지고는 좋은 요리를 만들 수 없다.

마찬가지로 교사는 잘 가르치기 위해 식상한 자료가 아니라 학생들에게 신선하게 다가갈 새로운 사례를 찾아내고 때로는 스스로 만들어낼 줄 아는 능력과 의욕을 갖춰야 한다. 그중 어떤 사례를 선택해야 학생들이 눈을 반짝이며 수업을 받을지 판단하는 능력 또한 중요하다. 수업을 받는 학생들에게 인기 있는 텔레비전 프로그램, 드라마, 영화, 혹은 책 같은 데서 수업에 필요한 소재를 찾아 활용할 때 학생들과 교감이 잘되는 것은, 요리사가 신선하면서도 입맛을 돋우는 제철 식재료를 골라 요리할 때 손님들이 그 맛에 감탄하는 것과 유사하다.

다양한 식재료 갖추기

식재료 고르는 능력에 앞서 중요한 것은 요리하는 데 필요한 기본 양념과 다양한 식재료, 그리고 자기만의 고유한 조미료를 확보하는 일이다. 그래야만 먹는 사람의 취향과 입맛, 때로는 그들이 섭취해야 할 영양소 등을 고려한 맞춤형 요리를 제공할 수 있다.

이제는 휴대전화의 카메라 기능이 좋아져서 필요가 없어졌지만, 과거에는 교대생과 교사에게 늘 사진기를 들고 다니라고 가르쳤다. 언제 어디서 마주칠지 모르는 교육과 관련된 상황들을 사진기에 담아두는 것은 요리사가 좋은 식재료를 준비하는 것과 같다. 책이나 신문 기사를 읽을 때, 여행을 할 때, 연수를 받을 때도 항상 가르칠 것을 염두에 두고 자료를 모으는 자세가 필요하다. 내 경우 읽은 책은 모두 파일로 요약정리를 해두고, 연구나 강의에 필요하거나 내가 세상을 이해하는 데 새로운 아이디어를 제공하는 신문 기사나 칼럼은 모두 인터넷을 검색해 파일로 저장해둔다. 유머나 감동적인 이야기 등은 음식 맛을 내는 조미료 같은 역힐을 할 것이다.

식재료를 풍부하게 갖추고 있어야 먹는 사람의 특성과 입맛에 맞추고 갑작스런 상황에 대처하기가 용이한 것처럼, 가르치는 사람이 평소에 다양한 수업 관련 자료를 모으고 정리해두어야 다양한 학생들의 특성 및 돌발 상황에 적합한 수업을 할 수 있을 것이다.

맞춤형 요리

요리사는 이따금 맞춤형 요리를 제공해야 할 때가 있다. 음식을 먹을 대상이 식욕이 없는 사람인지, 특정한 영양소가 요구되는 사람인지, 다이어트가 필요한 사람인지, 아니면 특별한 질환이 있는 사람인지에 따라 각각의 적합한 음식이 제공되어야 한다. 마찬가지로 교사의 경우에도 특별한 필요를 가진 학습자를 대상으로 할 때는 보편적인 사람을 대상으로 할 때와는 달리 그 필요에 맞춰 가르칠 수 있는 능력을 갖춰야 한다.

약간 다른 이야기이기는 하지만, 타 지역에서 온 손님을 광주 한정식집에 모시고 가면 전라도 고유 음식인 삼합(홍어, 묵은지, 삶은 돼지고기)에 대해 요리사가 직접 나와 설명하고 먹는 시범을 보이기도 한다. 그동안 자리를 같이한 세계 각국의 여러 교수와 총장도 그 설명을 들으며 흔쾌히 낯선 음식을 맛보고, 때로는 더 먹기까지 했다. 이러한 요리사와 교사의 비유를 통해, 학생에게 친숙하지 않은 특정 과목이 왜, 어떻게 흥미로우며 학생들에게 만족과 유용성을 제공할지 보여줄 사람이 교사뿐이라는 배너Banner와 캐넌Cannon의 이야기는 요리사를 더 쉽게 이해할 수 있다.(제임스 M. 배너 주니어 · 해럴드 C. 캐넌,《훌륭한 교사는 이렇게 가르친다》)

맛의 큰 차이

요리에서는 작은 실수 하나가 맛을 크게 좌우한다. 모든 것이 제대로 되었다고 하더라도 실수로 어떤 양념을 너무 많이 넣거나, 혹은 넣지 말아야 할 양념을 넣으면 곧바로 좋지 않은 평이 나올 수 있다. 그래서 요리하는 사람들은 요리 재료, 조미료, 조리 순서 등에 늘 세심하게 신경을 쓴다.

가르침도 이와 비슷하다. 광주교대의 어떤 교수 한 분이 자신은 정말로 열심히 준비해서 열정적으로 강의를 하는데도 학생들의 강의 평가가 좋지 않다고 하자, 모 교수가 자기 지도학생들 중에서 그 교수의 강의를 들은 학생들과 면담을 했다. 이야기를 들어본즉, 수업 중에 그 교수가 학생들에게 이놈 저놈 하는 등 사용하는 언어에 문제가 있다는 것이었다. 그래서 다음 학기에는 강의할 때 '놈' 자를 빼고 사용하는 언어에 좀 더 유의하라고 얘기해주었고, 그 교수는 학기 말 강의 평가에서 아주 좋은 점수를 받았다. 그 교수는 자식 또래의 학생들이라 친근함을 표시한 것일 테지만, 받아들이는 학생들은 그렇지 않았던 모양이다.

또한 요리사들은 음식의 맛뿐만 아니라 색깔과 모양, 냄새까지도 신경을 쓴다. 이 모든 요소가 조화를 이루도록 배려하는 요리사를 보면서, 수업을 하는 우리 또한 강의 내용뿐만 아니라 음성과 외모, 수업 환경, 제공하는 시청각 자료의 조화 등도 함께 배려해야 함을 배울 수 있다.

소화에 대한 지식

맛있으면서 몸에 좋고 소화도 잘 되는 요리를 하려면 재료의 성분과 특성 및 조리법은 물론 소화에 대해서도 잘 알아야 한다. 소화의 원리 및 각 식재료와 소화의 관련성을 잘 알아야 소화흡수율이 좋은 요리를 할 수가 있다. 즉 자기가 다루는 음식 재료에서 먹는 사람이 무엇을 소화시키기 어려워하는지, 그것을 어떻게 조리할 때 무사히 소화시킬 수 있을지에 대해서 잘 알고 있어야 한다.

이와 마찬가지로 최고의 교수는 가르치는 방법뿐만 아니라 기본적으로 학습의 원리를 잘 알고 있어야 한다. 학생들이 어떤 과정을 통해 배우고, 어떤 상황에서 더 잘 배우게 되는지를 알아야 잘 가르칠 수 있다. 그리고 학생들이 꼭 배워야 할 핵심 내용은 무엇인지, 제공하는 수업에서 학생들이 주로 어려워하는 내용은 무엇인지를 알아야 학습이 잘 되도록 도울 수 있을 것이다. 쉽게 알 수 있는 내용을 설명하느라 시간을 허비하는 것은, 소화가 잘 되는 식재료를 손질하다가 소화가 어려운 식재료는 이런저런 이유로 대충 넘기는 것과 같다.

자기 일과 손님 사랑

교사, 요리사, 여행 안내자뿐 아니라 어떤 직업에 종사하든 인정받는 사람들은 대부분 자기가 하는 그 일 자체를 참으로 좋아한다. 내가 아는 어느 한식당 주인은 식사 중인 손님에게 다가가 요리를 설명하고 평가도 듣는다. 그는 요리를 하는 것이 즐겁고, 맛있게 먹는 손님들의 모습을 보는 것이 행복하다고 했다. 손님들의 평가를 바탕으로 늘 부족한 부분을 보완해간다는 이야기도 했다. 손님 접대가 일인 요리사에게 자기 일에 대한 사랑은 손님에 대한 사랑과 불가분의 관계에 있다. 교사에게도 가르치는 일에 대한 사랑과 학생들에 대한 사랑은 동전의 양면처럼 서로 뗄 수 없는 하나이다.

요리에 대한 요리사의 열정을 유지하는 에너지는 바로 요리를 맛있게 먹는 사람을 보면서 느끼는 행복감이다. 만일 그러한 기쁨을 맛보지 못하는 요리사라면 에너지가 금방 소진될 테고, 재충전하기도 어려울 것이다. 요리사가 맛있게 먹는 사람을 보면서 행복감을 느끼려면 요리를 먹는 사람에 대한 사랑과 감사의 마음을 가슴 깊이 간직하고 있어야 한다.

교사의 경우에도 배우는 학생들을 보면서 느끼는 행복감이 가르침에 대한 열정을 유지해주는 에너지원이 된다. 물론 학생들에게서 이러한 행복감을 느끼려면, 요리사와 마찬가지로 배우는 학생들에 대한 사랑과 감사의 마음을 가슴 깊이 간직하고 있어야 할 것이다.

30년 가까운 경력의 선생님과 갓 발령받은 선생님에게 각자 거의 3년 동안 교단 일기를 쓰도록 요청한 후 그 내용을 편집하고 분석하여《교사는 어떻게 성장하는가》라는 책으로 출판했는데, 그 책을 보면 두 교사의 공통점이 많이 보인다. 경력 교사는 초임 시절 주말이면 아이들 얼굴이 계속 천장에 어른거려서 아예 아이들과 함께하는 주말 프로그램을 만들어 같이 보냈다는 이야기부터 시작해서, 얼마나 학생들을 좋아하는지 구구절절이 잘 드러나 있다. 신규 교사가 반 아이들과 나누는 사랑 이야기도 감동적이다. 요리의 성패는 요리 시작 전에 이미 좌우되는 것처럼, 수업의 성패도 실은 강의실 밖에서 이미 결정된다.

일반 식당과 구내식당

아무리 훌륭한 요리사라고 해도 먹는 사람의 평가를 열린 마음으로 듣지 않으면 손님이 맛있어 하는 요리를 제공하기 어려울 것이다. 식당에서 입에 안 맞는 음식을 먹었다면 대부분은 다시 가지 않을 것이다. 그래서 일반 식당은 손님의 평가를 듣고 반영하기 위해 노력한다. 그런데 일정 기간 공급 독점권을 가진 대학 구내식당의 경우에는 아무리 구성원이 요구해도 음식의 맛이나 질이 변하지 않음을 알게 되었다.

중국 개방 초기에 시후西湖 관광을 갔다가 근처에 아름다운 식당이 있어서 들어가려고 했더니 가이드가 말렸다. 국가에서 운영하는 식당으로 직원이 모두 당 소속인데, 손님이 적게 올수록 자기들이 더 편하다고 생각하는지 너무 불친절하고 음식 맛도 별로라는 것이었다. 내가 실제로 확인해보지는 않았지만 이해는 되었다. 공급 독점권을 확보한 식당이거나 경영자와 요리사의 임기와 급여가 외부 기관에 의해 보장되는 식당이라면 자연스럽게 그리 행동하게 될 가능성이 높다. 혹시라도 학교나 대학이라는 기관에 근무하고 있는 우리의 자세가 앞에서 소개한 구내식당이나 중국 공산당이 운영하는 식당 근무자의 자세와 유사하지는 않은지 생각해볼 일이다.

초등학교에서는 선생님들에 대한 소문이 돌아서, 담임이 배정된 후에 학부모가 아이를 다른 반으로 보내달라는 요구가 종종 들어온다고 한다. 물론 그 요구를 들어주다가는 더 큰 혼란이 야기될 것이기 때문에 그리하지는 못한다. 10여 년 전 전남의 모 교육청에서는 담임선택제 시범학교를 운영한 적이 있다. 새 학년으로 올라갈 때 초등학생과 학부모가 해당 학년 담임 예정자 중에서 1지망부터 5지망까지 희망하는 담임을 쓰게 하고, 이를 근거로 담임을 배정하는 방식이었다. 물론 교사들의 강한 반발에 밀려 결국 한 해가 지난 후에 폐지되었다.

이것은 형평성과 효율성을 확보하기 위해 국가나 공공 기관이 주체가 되어 특정 서비스를 제공할 경우 늘 발생하는 문제이다. 대학의 경우 학생들에게 수강신청권을 준 결과, 인기 교수의 강의는 수강 신청을 하려는 학생들의 치열한 경쟁이 벌어지는 반면 인기가 없는 강의는 자연스럽게 폐강되기도 한다. 학교 경영자나 학부모와 학생이 우리의 수업 방식이나 열의를 문제 삼을 때 방어적인 자세를 취하는 것은 자연스러운 현상이다. 하지만 만일 학생들에게 선택권이 주어지고 그 선택의 결과가 우리의 급여나 직업 지속 여부에 큰 영향을 미친다면, 가르치는 우리의 자세가 지금과는 달라지지 않을까 생각해볼 필요도 있다. 그래서 20세기 최고의 경영학자로 알려진 피터 드러커는 인간의 바람직한 행동을 유도하기 위해서는 좋은 제도가 정착되어야 함을 강조했을 것이다.

요리사가 요리법에 대해 몇 가지 강의를 들었다고 해서 곧바로 훌륭한 요리사가 될 수 없는 것처럼, 가르치는 사람도 교수법에 대해 강의를 들었다고 해서 곧바로 훌륭한 선생님이 될 수 있는 것은 아니다. 수없는 시행착오와 반복적 노력을 통해 제반 행동이 적응무의식* 상태에 이를 때에야 비로소 우리는 스스로도 어느 정도 만족하는 요리나 강의를 해낼 수 있을 것이다. 다 잊더라도 이 비유에서 꼭 하나 기억했으면 하는 점이 있다. 훌륭한 요리사는 음식을 먹은 손님이 대접을 잘 받았다는 느낌이 들도록 하는 사람이고, 훌륭한 선생님은 수업을 받은 학생들이 참 좋은 수업을 받았다는 느낌이 들도록 하는 사람이라는 점이다.

◆ 적응무의식이란?

쉽게 말해 우리가 생활할 때 우리의 행동(사고)을 우리가 의식하지는 못하는 사이에 자연스럽게 제어하는 정신 작용을 의미한다. 걷기, 말하기, 운전하기, 운동하기, 자전거 타기, 가수의 노래 부르기 등등 연습을 통해 습득해서(혹은 타고나서) 우리의 일부가 된 모든 행동(사고)은 적응무의식 상태에서 이루어진다. 적응무의식적 행동은 우리 인간이 '자기 자극 감수proprioception'라 불리는 '여섯 번째 감각'을 갖고 있어서 가능하다. 이것은 사람들이 자신의 근육과 피부 등 지각기관으로부터 끊임없이 받는 피드백이다. 지각기관이 그 몸과 팔다리의 위치에 대해 신호를 보내주는 것이다. 이 피드백이 있다는 사실조차 느끼지 못한 채 우리는 끊임없이 이 피드백을 체크하며 우리 몸의 위치를 조정한다.(티모시 윌슨, 《나는 내가 낯설다》) 신경 손상으로 적응무의식적 메커니즘을 잃은 환자는 팔다리를 자동적으로 사용하는 기능을 잃은 탓에 모든 것을 의식적으로 따지고 계산하면서 자신의 신체를 통제하는 법을 익히고 움직인다. 걷기 위해 팔다리를 움직이는 것부터 의식적으로 따지고 계산하면서 해야 하는 것이다.

윌링햄Willingham에 따르면 "목표를 위해 의식적으로 행동할 때 쓰이는 신경 회로는 습관의 결과로 자동적인 행동을 할 때 쓰이는 신경 회로와 다르다. 습관적인 행동은 뇌 안쪽에 있는 기저핵에서 담당한다. 어떤 종류의 지식이나 기술, 특히 운동 기술이나 연속적인 과제를 오랫동안 훈련하고 반복하면 그것이 이 안쪽 영역에 기록되는 것으로 추정되는데, 이곳은 안구 운동과 같은 무의식적인 행동을 통제하는 영역이다."(《왜 학생들은 학교를 좋아하지 않을까?》) 즉 유전적으로 타고났거나 훈련을 통해 습득하여 습관이 되면 무의식적인 행동을 통제하는 영역에서 이를 담당하는 적응무의식으로 변화되는 것이다.

·06·

'좋은' 가르침과
'훌륭한' 가르침

《법구경》에는 아이를 잃은 여인이 슬픔을 극복하고 새로운 깨달음
에 이르도록 인도하는 부처의 이야기가 나온다. 여인이 갑자기 숨을
거둔 젖먹이 아이를 살리는 약을 알려달라고 슬피 울며 애원하자,
부처는 사람이 죽은 적 없는 집에 가서 겨자씨를 한 줌 얻어 오라고
말씀하신다. 여인은 온 마을을 다 돌아다녔으나 사람이 죽지 않은
집은 없었다. 사람이 죽은 적 없는 집의 겨자씨를 얻으려고 온 힘을
쏟는 과정에서, 그녀는 마침내 자기뿐만 아니라 세상 모든 가정이
사랑하는 사람을 잃어버리며 살아가고 있다는 것을 깨닫는다. 그녀
가 다시 찾아갔을 때, 부처는 모든 생명에게는 반드시 죽음이 따르
고 죽음은 중생이 자기 욕망을 다 채우기 전에 그를 데려간다는 설
법을 하신다. 만일 부처가 자식을 잃은 슬픔과 충격으로 어찌할 바
를 모르는 여인에게 곧바로 가르침을 주고자 했더라면 오히려 그 여
인에게서 저주를 받았을지도 모를 일이다.

이 이야기는 이후에 소개할 줄탁동시啐啄同時 비유에 적합한 일화이

기도 하다. 가르치는 사람은 배우는 사람의 준비 상황을 보아가며 가르침을 주어야 한다. 아직 준비가 되어 있지 않을 때 가르침을 주고자 하면 원하는 목적을 달성할 수 없을 뿐만 아니라 배우는 사람을 가르침에서 멀어지게 할 것이다.

앨런 온스타인Allan Ornstein도 《교육의 기초Foundations of Education》에서 훌륭한best 선생이 보여주는 행동을 열거하면서 유사한 이야기를 하고 있다. 훌륭한 선생은 첫째, 학생들의 질문에 대해 많은 답을 해주기보다는 학생 스스로 답을 찾도록 이끄는 사람이다. 둘째, 정열적으로 강의하는 능력보다는 학생들이 자신의 생각을 완성하려고 애쓰는 동안 조용히 인내하며 지켜볼 줄 아는 능력을 가진 사람이다. 셋째, 축적된 지식보다는 학생들의 느낌을 더욱 존중하는 사람이다. 넷째, 학생들에게 책임감과 정직성 등의 시민 의식을 말로 가르치는 사람이 아니라 강의와 삶 속에서 직접 보여주고 깨닫도록 하는 사람이다.

서울대는 학부생 1158명을 대상으로 실시한 인터뷰와 설문 조사에서, 학생들이 선호하는 '좋은 강의'는 첫째, 교수의 전문성이 돋보이는 강의, 둘째, 수업 내용이 알찬 강의, 셋째, 교수의 열의가 높고 학생과 상호작용이 활발한 강의, 넷째, 적절한 과제가 부과되고 공정한 평가가 이뤄지는 강의, 다섯째, 교수의 수업 운영 기술이 돋보이는 강의 등이라고 밝혔다.

서울대생들이 바라본 좋은 강의와 온스타인이 열거한 훌륭한 강의의 조건 사이에는 어떠한 연관이 있을까? 학생들이 바라본 것은 말 그대로 '좋은good' 강의이다. 이는 최선의 모습이 아니라 가르침을 본업으로 삼고 있는 좋은 선생이 갖춰야 할 기본적인 모습이다. 서울대생들이 새로운 관점에서 현상을 바라보게 하는 강의, 인터넷에 커뮤니티를 만들어서 수업 이외의 토론장을 만들어준 강의 등을 명강의로 꼽고 있는 것에서도 훌륭한 강의의 속성을 엿볼 수 있다.

훌륭한 강의는 좋은 강의를 넘어서는 그곳에 존재하는 것 같다. 이른바 훌륭한 강의라고 하는 기준에 얽매이지 않고 가르침의 본질을 찾아 끝없는 여행을 할 때에야 비로소 우리가 도달할 수 있는 그곳에….

·07·

인간의
몸과 같은 강의

'한 번의 강의를 구성할 때 어떻게 하는 것이 좋을까'에 대해 많은 생각을 하게 하는 비유로는 '인간의 몸' 비유를 들 수 있다. 케네스 에블Kenneth Eble은 저서 《가르침의 기술The Craft of Teaching》에서, "강의의 본체는 인간의 몸과 같아야 한다."고 주장한다. 그렇다면 신이 만든 인간의 몸을 통해서 우리는 무엇을 유추해볼 수 있을까?

몸은 상호 독립적이면서도 의존적인 여러 부분으로 구성된다. 이러한 구분 없이 모든 것이 뭉뚱그려진 몸을 생각해볼 수도 있으나, 이때 몸은 지금 같은 고도의 기능을 수행해낼 수 없을 것이다. 상호 독립적이며 의존적인 몇 개의 부분으로 나누지 않고 교수 혼자 계속 설명하는 방식으로 진행되는 강의를 생각해보자. 이는 중요 부분으로 구성되지 않고 모든 것이 하나로 뭉뚱그려진 몸과 같을 것이다. 언변이 아주 뛰어나다고 해도 50분이나 한 시간 반 동안 교수 혼자 떠드는 강의가 성공적이기는 어렵다. 유명 가수가 콘서트를 할 때에도 처음부터 끝까지 그 가수 혼자서 노래를 부르는 경우는 없다. 신이 인간의 몸을 만들면서 여러 부분으로 구분한 것도 나누지 않고는 원하는 효과를 얻기가 어려웠기 때문이리라.

그럼 강의의 본체는 어떻게 구성해야 할까? 에블은 50분짜리 수업이라고 할 때 다음과 같은 구분의 예를 들고 있다. 즉 10분간의 개념 정의와 예시 및 기본 개념 간의 연관성 설명, 이어지는 10분간의 기본 개념에 대한 질의응답, 그다음 10분간의 교수와 학생이 참여하는 응용 활동으로 구분한다. 나머지 시간은 학생들이 실제 세계에서 강의실이라는 가상적인 세계로 쉽게 넘어와 몰입할 수 있도록 하기 위한 강의 도입 부분, 그리고 주요 학습 내용을 정리하고 다음 시간의 강의 내용과 이번 강의와의 연계성을 소개하는 마무리 활동에 할애할 경우 50분 강의는 끝나게 된다. 이러한 구분은 한 예일 뿐이며, 중요한 점은 강의 계획을 수립할 때 서로 독립적이면서도 관련된 몇 가지 활동으로 나눠야 한다는 것이다.

또한 몸의 비유를 통해 구성의 밀도, 고유의 리듬, 체온 등을 강의에 적용해볼 수 있다. 몸의 각 부분은 그 역할에 따라 근육의 밀도가 서로 다르다. 강의를 구성할 때도 개념 설명은 다루는 내용이 많은 고밀도로, 응용 활동은 다루는 내용을 제한한 저밀도로 할 필요가 있다. 또한 우리 몸처럼 강의 전체가 고유의 리듬을 갖도록 해야 한다. 마지막으로 강의는 생명 없는 시체가 아니라 체온을 유지하며 살아 숨 쉬는 역동적인 생명체로서의 몸과 같아야 한다. 즉 몸의 비유는 강의가 살아 있는 생명체처럼 생동감 있고 정열적이며 신선한 충격을 주어야 한다는 것을 말해준다.

〈창세기〉에는 신이 세상을 창조하고 나서 "그 지은 모든 것을 보시니 보시기에 심히 좋았더라."라는 구절이 나온다. 강의 후에 '마친 강의를 돌이켜보니 보기에 심히 좋더라.'는 생각이 드는 강의를 만드는 것, 그것이 가르치는 사람이 목표로 해야 할 일이다.

·08·

더불어 사는
'능력' 길러주기

한국청소년정책연구원의 〈2010 한국 청소년 핵심역량 진단조사〉 보고서에 따르면, 우리나라 청소년들의 시민 의식 관련 '지식'은 38개국 중 3위인 데 반해 다른 사람을 인정하고 관계를 맺는 사회적 상호작용 '능력', 즉 더불어 살기 능력은 35위로 나타났다. 더불어 살기와 관련된 지식은 풍부한데 실행 능력은 최하위라는 것이다. 머리로는 알지만 몸으로 실행하지 못하는 이유는 여러 가지가 있다. 그 핵심 이유 중 하나는 더불어 살기 능력이 체험을 통해 몸으로 익히고 그 역량을 길러가면서 자연스럽게 몸에 배야 하는 것이지 관련 지식을 배운다고 해서 발휘되는 것은 아니라는 데 있다.

인생에서 더불어 사는 능력이 아주 중요하다는 것은 누구나 잘 알고 있다. 그래서 학교나 학부모 모두 아이들에게 이러한 능력을 길러주기 위해 다양한 프로그램을 만들어 운영하기도 하는데, 과거 아이들에 비해 어울리는 능력이 떨어지는 것을 보면 뭔가 놓치고 있다는 느낌이 든다. 그렇다면 아이들의 사회적 상호작용 능력을 길러주기 위해 무엇을 해야 할까? 혹시 길러준다고 하면서 그 성장을 도리어 방해하는 것은 아닐까?

인간은 대부분 5세 이전의 일을 기억하지 못하는 유년기 기억상실증을 가지고 있다.(장 디디에 뱅상,《뇌 한복판으로 떠나는 여행》) 그런데 오늘날 학교와 부모가 자녀를 교육하는 모습을 보면 청소년기 기억상실증도 있는 것이 아닌가 싶다.

우리 기억에 남아 있는 최초의 어린 시절 기억을 떠올려보자. 40대가 넘은 교사라면 어린 시절 뉘엿뉘엿 해가 저물 때까지 친구들과 놀다가 어머니가 부르는 소리에 아쉬움을 뒤로한 채 집으로 가던 아련한 추억, 친구를 집으로 부르거나 같은 동네 친구네 집에 가서 날밤을 새우던 때의 행복한 추억을 어렵지 않게 떠올릴 수 있을 것이다. 우리는 부모가 따로 만들어준 조잡한 프로그램이 아니라, 수만 년에 걸친 시행착오를 통해 뇌에 새겨진 자연스러운 길을 따라 친구들과 어울리며 건강하게 자라날 수 있었다.

미하이 칙센트미하이의《몰입flow》에 따르면, 아이들 성장에 가장 중요한 것은 가정환경이지만 더 중요한 사실이 하나 있다. 아이들은 친구와 함께 있을 때 가정환경과 무관하게 똑같이 긍정적인 정서를 경험하며 지적·정서적으로 성장한다는 것이다. 그런데 우리는 자신들의 과거 기억마저 상실한 청소년기 기억상실증 환자라도 된 듯 아이들을 다른 아이들에게서 격리시키고 있다. 자기들끼리 놓아두어도 잘 자랄 수 있는 아이들을 어른들이 만든 프로그램에 집어넣어 억지로 키워가다 보니 생각지 않은 부작용들이 생겨나는 것은 아닌가 하는 생각도 든다.

물론 아이들을 방치하자는 말은 아니다. 외국에서는 아이들이 친구와 함께 어울릴 수 있도록 친구 집에 자러 가기sleep over를 종종 허락한다. 아이의 친한 친구가 바로 옆집에 살면서 늘 오간다면 쉽게 기회를 만들 수 있다. 그렇지 않을 경우에는 아이가 좋아하는 친구의 부모와 함께 식사를 하는 등 어느 정도 신뢰를 쌓은 후 서로 집을 돌아가며 아이들끼리 하룻밤을 함께하도록 하는 방법도 있다. 부모에 따라 특별 프로그램을 만들어주기도 하지만, 아이들은 좋아하는 친구끼리 함께할 수 있는 시간만 허락되어도 마냥 행복해한다.

요즈음 감정 노동emotional labor이라는 말이 사회적 관심을 받고 있다. 감정 노동이란 일을 할 때에 자신의 감정과는 무관하게 조직에서 바람직하다고 여기는 감정을 보여야 하는 노동을 의미한다. 감정 노동으로 생긴 문제가 적절히 다뤄지지 않으면 심한 스트레스를 받게 되며, 심한 경우 정신 질환이나 자살까지 갈 수도 있다고 한다.

교사들이 갈수록 힘들다고 느끼게 되는 이유 가운데 하나는 자기감정을 여과 없이 심하게 표출하는 학생과 학부모가 점점 더 늘어가며 이때마다 교사는 자기감정을 숨긴 채 감정 노동을 해야 한다는 데 있다. 2010년 일본 사회에서는 신규 교사들의 이직률 급증이 화두가 되었는데, 갈수록 거칠어지는 학부모 및 학생과의 관계에서 오는 과도한 스트레스와 우울증도 한 원인이었다. 일본 사회는 이미 교사가 감정 근로자로 전락해가고 있음을 알 수 있다.

감정 노동을 강요받은 사람은 다른 사람에게 자기의 스트레스를 표출함으로써 사회적인 스트레스가 급증하는 악순환이 이어진다.

이 악순환의 고리를 끊고 서로를 배려하며 더불어 사는 사회를 만들려면 자라나는 청소년들이 그러한 능력을 기를 수 있도록 기회를 제공해야 한다. 청소년기 기억상실증에 걸린 성인들이 만든 설익은 프로그램으로 더불어 살아가는 능력을 길러주려고 하는 대신, 이미 수만 년에 걸친 시행착오로 유전자에 각인되어 있는 함께하는 능력이 자연스럽게 발현되도록 하자.

어린 시절 친구 집에서 날밤을 새던 날의 행복한 추억을 이젠 우리 아이들에게 돌려주자는 캠페인이라도 벌여보았으면 싶다.

·09·

창의력은
엉덩이에서

미래 사회가 요구하는 구성원은 창의력을 갖춘 인재인데, 오늘날 학교교육은 창의력을 말살하고 암기 위주의 기계적인 인간을 만든다는 비판을 받고 있다. 하지만 우리 학교를 통해 기른 인재들이 세계가 경이로이 여기는 오늘의 한국을 만들었다는 사실은 간과하는 것 아니냐고 반문하면, 그때 필요했던 인재와 미래의 인재상은 다르다는 이야기를 하는 사람이 많다. 창의력이 강조되면서 암기나 반복 학습을 무시하거나, 심지어 나쁘다고 오해하는 인식마저 있었다. 그러나 다행히 최근 들어 암기가 창의력 발휘를 위한 기반이라는 생각이 널리 받아들여지고 있다. 반복 학습을 통한 암기와 창의력 배양 및 발휘는 어떤 관계가 있을까? 암기와 창의력의 관계가 교육자인 우리에게 주는 시사점은 무엇일까?

일반적인 믿음과 달리 창의력은 머리가 아닌 엉덩이에서 나온다고 이야기하는 사람이 많다. 특히 창의력이 요구되는 작가나 연구자 들이 그러한 이야기를 많이 한다. 잘 알다시피 능력이 아무리 뛰어난 사람이라도 끝없는 반복 없이는 그 분야의 최고가 되기 어렵다. 이는 스포츠나 예술 분야뿐만 아니라 공부 세계에서도 마찬가지다. 뇌 과학자에 따르면 "기억은 뉴런 집합이 형성되는 것인데, 이는 동일한 자극의 반복에 의해 강화된다. 즉 학습은 반복과 동의어이며, 기억한다는 것은 그러한 반복의 자취를 보존하는 것이다."(뱅상, 《뇌 한복판으로 떠나는 여행》) 굳이 뇌 과학자의 이야기를 빌리지 않더라도 '학습學習'이라는 말 자체가 '배울 학學'에 '익힐 습習', 즉 배움의 핵심은 지속적인 반복을 통해 익히는 것임을 잘 보여준다.

이해하지 못하면 잘 외워지지 않으므로, 가르치는 사람은 당연히 학생들이 자기 머리로 생각하고 이해하도록 이끌어야 한다. 그러나 내용을 이해했다고 자기 것이 되는 게 아니라, 반복을 통해 익히는 작업을 해야 소화되어 자기 몸에 흡수되는 것이다. 이런 과정에서 지식이 쌓이고 생각의 근육이 튼튼해져 창의력이 발휘된다는 평범한 진리를 우리 아이들이 망각하지 않도록 이끌 필요가 있다.

그런데 이때 유념할 것이 있다. 인지심리학자들의 실험에 따르면, 뇌를 활용해 이해하고 체계화하려는 노력 없이 그냥 눈으로 여러 번 읽는 식의 반복은 학습 효과가 별로 없다. 책을 읽으면서 각 장의 핵심 개념과 내용을 질문으로 만들었다가 나중에 풀어보기, 새로 배운 개념을 활용하여 짧은 문단 만들어보기, 배운 내용을 사전 지식과 연관 지어보기, 배운 내용의 사례를 현실에서 찾아보거나 적용해보기 등등의 방식으로 익혀야 자신의 것이 된다.(헨리 뢰디거·마크 맥대니얼·피터 브라운, 《어떻게 공부할 것인가》) 가르치는 사람은 학생들이 그러한 활동을 통해 배운 내용을 반복적으로 익히도록 이끌어야 한다. 수업이 끝나면 바로 책을 덮는 것이 아니라, 머릿속으로 배운 내용을 돌이켜보는 반추 행위를 장려하거나 단원이 끝나면 시험을 보는 것 등은 교사로서 도울 수 있는 방법이다.

다양한 방식의 반복을 통해 개념과 용어를 익히면 이들 각각이 지식의 바다에서 새로운 지식과 지혜를 낚아 올리는 낚싯바늘 같은 역할을 하게 된다. 고기 떼가 지나갈 때 낚싯바늘을 여러 개 담그면 한두 개만 담근 사람보다 같은 시간에 더 많은 고기를 낚을 가능성이 높다. 이처럼 같은 내용을 같은 시간 동안 배우더라도 아는 것이 많은 사람일수록 더 많이 배울 가능성이 훨씬 높다. 모르면 손에 쥐여 줘도 모른다는 말은 아무리 바다에 고기 떼가 넘쳐나도 낚싯바늘이 달리지 않은 낚싯대로는 물고기를 잡을 수 없다는 말과 같다. 이처럼 아는 것이 많은 학생일수록 더 많이 배우게 되어, 학년이 올라갈수록 공부를 잘하는 학생과 못하는 학생 간 차이가 더욱 벌어진다. 이를 공부에서 나타나는 '빈익빈 부익부 현상'이라고 한다.

엉덩이는 지식을 습득하는 데뿐만 아니라 창의력을 발휘하는 데도 중요한 역할을 한다. "관련 기본 지식이 풍부해야 낯선 문제를 다루는 데 창의력이 영향력을 발휘한다. 지식만 많고 창의력과 독창성이 부족한 경우와 마찬가지로, 지식의 탄탄한 토대가 없는 창의력 역시 모래성에 불과하다."라는 브라운Brown과 뢰디거Roediger의 주장이 널리 받아들여지고 있다.

진희정의 《하루키 스타일》을 보면, 무라카미 하루키의 창조력은 비가 오나 눈이 오나 매일 달리기를 하고 일본에 있건 해외에 있건 매일 일정량의 원고를 쓰는 꾸준한 반복에서 나온다. 하루키 스스로도 꾸준히 반복하는 데서 창조성이 나온다고 밝히고 있다. "창조적인 작업에 대해 기계적인 반복을 한다는 걸 바보 취급 하는 사람들이 많지만 그렇지 않아요. 반복성에는 확실히 주술적인 것이 있어요. 정글의 깊은 곳에서 들려오는 북소리의 울림 같은 것이지요."

심리학자 알프레드 아들러Alfred Adler에 따르면, 사람들이 걸작을 만들어내는 순간은 바로 창작에 필요한 육체적 움직임을 자동화할 수 있을 때이다.《알프레드 아들러, 교육을 말하다》) 앞에서 살펴보았듯이 티모시 윌슨Timothy Wilson은 이를 '적응무의식' 상태라고 표현한다. 창작에 필요한 육체적 움직임이 이러한 행동처럼 자연스럽게 행해질 때, 즉 적응무의식 상태에서 이루어질 정도가 되어야 비로소 걸작을 탄생시킬 수 있다는 말이다. 이 정도가 되려면 얼마나 많은 노력을 기울여야 할 것인가를 알 수 있다. 널리 알려진 '1만 시간의 법칙'은 어떤 특정 행동(사고)을 적응무의식 상태에서 자연스럽게 할 수 있을 때까지 반복해야 한다는 의미라고 할 수 있다.

세계적인 베스트셀러 작가 브라이스 코트니Bryce Courtenay 역시 위대한 작가가 되는 비결을 묻는 질문에 "의자에 궁둥이를 딱 붙이는 겁니다. 제대로 써질 때까지 다른 무엇에도 눈 돌리지 말고 앉아 있어야 합니다."라는 이야기를 했다. 나 또한 4년의 총장 임기를 마치고 연구실로 돌아갔을 때 가장 먼저 해야 했던 일은 과거처럼 아침부터 저녁까지 하루 종일 차분하게 앉아서 연구에 집중하며 그 안에서 다시 기쁨도 느낄 수 있도록 연구자로서의 재활 훈련을 하는 것이었다.

대학 시절 군 복무를 마친 복학생들이 들려준 이야기다. 마음 단단히 먹고 공부를 하려고 도서관에 앉아 있노라면 갑자기 목이 말라서 자리를 뜨게 되고, 돌아와 앉으면 소변이 급해서, 그리고 또 돌아와 앉으면 그때는 배가 고파서 자리를 뜨게 되더란다. 그렇게 한나절을 보내고 나서 오후에는 앉기 전에 기본 생리 욕구를 모두 해결하고 두 시간 동안은 절대 자리에서 일어나지 않겠다고 다짐하며 의자와 자신을 긴 끈으로 묶어두었더니, 이제는 잠이 찾아오더란다. 이러한 과정을 거치며 엉덩이를 의자에 붙이고 앉아 공부를 할 수 있게 자신을 훈련시키는 데 한 달 이상이 걸렸다는 이야기를 들려주었다. 학생들이 공부를 잘하도록 하려면 의자에 오랫동안 앉아 있는 연습부터 시켜야 한다는 말이 설득력을 갖는다.

창의적인 아이디어나 주어진 세계를 새롭게 바라보는 능력은 많은 경우 자기와의 지루한 싸움 과정에서 생겨나는 진주와 같은 것이다. 이때 교사가 할 수 있는 역할은 반복이 지루한 활동이 아니라 즐거운 활동이 되도록 다양한 반복의 기법을 소개하고 기회를 제공하는 것이다.

·10·

열정의 샘

가르치는 사람이라면 누구나 학생들에게서 정말 잘 배웠노라는 감사의 말을 들어본 적이 있을 테고, 자신의 성장 과정에서 선생님의 가르침이 가장 큰 역할을 했다는 이야기를 한 번쯤은 들어보았을 것이다. 그리고 교사 스스로가 생각하기에 흡족한 수업을 해본 경험도 있을 것이다. 그러나 때로는 정말 "훈장 똥은 개도 안 먹는다."는 속담이 자주 떠오르고, 강의만 없다면 교수만큼 좋은 직업도 없을 것이라는 동료 교수들의 농담이 가슴에 와 닿은 적도 있을 것이다. 그러한 자신과 달리, 벌써 지칠 나이가 되었는데도 늘 가르침의 열정으로 가득 찬 듯한 선생님들도 주위에 있다. 이들이 열정을 이어가는 비결은 무엇일까?

교수법 책을 보면, 누구나 강의에 대한 열정이 있다는 가정 아래 다양한 기법을 소개한다. 그러한 다양한 교수법을 실천에 옮기려면 가르침과 삶에 대한 열정, 그리고 학생에 대한 사랑이 바탕에 깔려 있어야 한다. 하지만 현실의 많은 교사는 좌절을 경험하며, 에너지가 고갈되는 소진 현상에 시달리고 있다. 최근 교사들의 교직 만족도가 급속히 떨어지고, 우울 증세와 심지어 자살 충동까지 느끼는 교사들이 크게 늘고 있다고 한다. 이러한 교사들에게 필요한 것은 삶의 의미를 찾고 가르침에 대한 열정을 회복하는 일이다.

지금 가르침에 대한 열정이 있는 교사들도 그 열정이 스러지지 않고 지속되도록 노력해야만 자신에게 만족하는 스승이 될 수 있다. "학습에서 손을 뗀 교사는 교과목에 싫증을 느낀 교사로 보이기 쉽다. 안타까운 일이지만 싫증은 열정만큼이나 전염성이 강하다."《훌륭한 교사는 이렇게 가르친다》라는 배너와 캐넌의 말은 되새겨볼 만하다.

EBS 다큐 프라임 〈최고의 교수〉를 제작하기 위해 만나본 미국 최고의 교수들은 부침이 적고 늘 가르치는 열정으로 가득 찬 것처럼 보였다. 직접 대화를 나눠보니, 그들의 삶 자체가 열정으로 가득 찬 것을 알 수 있었다. 내 주위에노 끝없이 샘솟는 열정으로 학생들을 가르치고 연구에 전념하는 교수들이 꽤 많다.

이 열정의 근원에 대한 이해 없이 최고의 교수라는 사람들이 활용하는 기법을 그대로 따라 하면 자신도 최고의 교수가 될 수 있으리라고 생각하는 사람이 있다면, 아름다운 새의 깃털을 모두 모아 몸에 붙이면 자기도 아름다운 새가 될 수 있으리라고 생각하는, 이솝 우화에 나오는 새와 다름이 없다. 다른 새의 깃털을 잔뜩 붙여 아름다움을 뽐내는 새는 스치는 바람과 이슬비만으로도 초라한 몰골이 될 것이다. 싱그러운 그늘을 만들고 아름다운 꽃을 피우는 나무는 자신의 잎사귀와 가지를 잘 가다듬었기 때문이 아니라 뿌리를 튼튼히 한 결과 그 모습을 유지할 수 있는 것이다.

누구나 알다시피 열정을 유지하는 데 가장 중요한 필요조건은 기초 체력이다. 인터뷰에 응한 대부분 교수들은 운동할 시간을 확보하려고 건물 안에서 이동할 때에도 엘리베이터를 타지 않고 계단으로 걸어 다닌다고 했다. 출퇴근 시간이나 장소를 옮겨 다니는 동안 되도록 빠른 속도로 걸으면서 일석이조의 효과를 거둔다는 이야기도 했다. 그런 삶의 방식을 유지한 덕분인지, 명교수로 알려진 그들은 연구와 강의 준비로 늘 시간에 쫓기면서도 일흔을 바라보는 나이가 무색하게 건강미가 넘쳤다. 우리 주위에서는 강의 준비와 연구에 짓눌려 건강을 소홀히 했다가 어려움을 겪는 교수들을 어렵지 않게 볼 수 있다.《타임》커버스토리에도 나온 것처럼, 노화를 늦추는 방법으로 지금까지 인류가 발견한 것 중 최선은 바로 운동이다. 건강하지 않다면 가르침의 열정을 이어갈 수 없음을 기억하자.

가르침에 대한 열정의 뿌리를 튼튼하게 하려면 '가르침을 통해 내가 학생들을 만족시키고 있는가'가 아니라 '나의 가르침을 내 스스로 즐기고 만족하는가'가 중요한 화두가 되어야 한다. 자기는 고통스럽지만 학생을 만족시키면 된다는 생각으로 강의를 준비하고 진행하는 교수는 고객을 만족시키기 위해 억지로 미소를 짓다가 '미소 스트레스'로 고통을 받는 사람처럼 곧 소진되고 말 것이다.

가르치는 사람 스스로가 강의를 즐기고 만족할 수 있으려면 매 학기 강의에 새로운 내용이 추가되도록 예화와 질문, 그리고 주제를 갱신해가야 한다. 또한 새롭게 등장하는 교수법을 공부해 반영하려는 노력도 해야 한다. 물론 열정이 없으면 이러한 활동도 하기 싫을 것이다. 교단에 남고자 한다면 악순환의 고리를 끊어야 한다. 강의를 준비하는 데 억지로라도 시간을 투자하고 동료들과 더불어 교수법 공부에 노력을 기울인 결과로 학생들이 좋아하는 모습을 보일 때, 사라졌던 열정이 서서히 회복될 것이다.

언젠가 제자들이 해준 말을 듣고 깜짝 놀란 적이 있다. 정리를 꼼꼼히 한 선배의 노트를 빌려서 강의에 참여하면 교수가 무슨 농담을 할지도 미리 알 수 있다는 이야기였다. 해마다 유사한 이야기를 반복하면 나 스스로가 재미없고, 내가 재미를 느끼지 못하면 학생들도 신통치 않은 반응을 보이며, 그러한 반응은 내 열정에 찬물을 끼얹는 역할을 한다.

명교수들은 대부분 학생들과의 인간관계를 아주 중요시했다. 피츠버그대학 도널드 골드스타인Donald Goldstein 교수의 연구실 앞에 가보면 학생들과 함께 찍은 사진이 잔뜩 걸려 있고, 연구실에는 학생들이 교수의 얼굴 모양을 본떠 만들어준 인형도 전시되어 있다. 골드스타인 교수는 학생들이 보내온 마음, 학생들과 함께한 행복한 시간의 기억들이 자신을 늘 젊고 열정적이게 한다는 이야기를 들려주었다.

강의에 대한 열정은 학생들과 함께하는 강의 시간의 상호 교감뿐만 아니라 강의실 밖에서 이루어지는 만남을 통해 지속적으로 타오를 수 있음을, 세계 최고의 교수들과 인터뷰를 하면서 다시 한 번 확인할 수 있었다.

•11•

가르치는
사람의 착각

1993년, 광주교대에 자리를 잡고 보니 당시 해외에서 유학하고 근무하는 사람은 나 한 명뿐이었다. 더구나 서울대를 졸업하고 연구원에서 근무하다가 해외 유학까지 하고 왔으니, 학생들에게 받은 사랑과 인기는 다른 교수들의 시기 대상이 될 정도였다. 어떤 교수는 내가 온 뒤로 자기 연구실 꽃이 끊겼다며 농담 반 진담 반으로 서운함을 표시하기도 했다. 오후 강의가 끝나고 나면 대부분 교수들이 퇴근하여 텅 빈 연구동에 혼자 남아 불을 밝히며 강의 준비를 하고 연구에 정진했다. 그때 밤늦게 도서관에서 나오던 학생들이 연구동 제일 위층(3층)에 있는 내 연구실의 불빛을 보고 자주 찾아왔다. 함께 차를 마시며 교대에 대한 이야기, 자신들에 대한 이야기 등을 늘어놓아 교대의 뒷이야기를 아주 많이 알게 되었다. 그래서 아예 전국 교대생들의 생각을 조사해 교대의 현주소를 밝히고 문제를 극복하기 위한 대안을 모색할 생각으로 학술진흥재단에 신임교수 연구비를 신청해 받게 되었다. 그 결과를 《초등교원 양성교육의 현주소》라는 책으로 출판하기도 했다.

그 책에서 교대, 특히 교대 교수들에 대해 내가 얼마나 신랄하게 비판했던지 학과 원로 교수들이 비상회의를 소집했다. 그 자리에서 한 분은 "떠나려면 곱게 떠나라. 머물러 있을 사람이 이렇게 글을 쓰지는 않았을 것이다."라며 강하게 질책했다. 실제로 당시 매 학기가 끝날 때면, 학생들로부터 떠난다는 소문이 있는데 사실이냐는 둥 자기들을 버리고 떠나면 안 된다는 둥의 말을 끊임없이 들었다.

다행히 원로 교수 한 분이 나를 옹호해주셨다. 그 책이 라이머 Reimer의 《학교는 죽었다》처럼 '교대는 죽었다'고 주장하는 책으로 새로운 비전을 제시하고 있다고 한 것이다. 내가 그 책을 쓴 것은 교원 교육기관으로서 교대가 갖는 가능성을 확신했기 때문이다. 교대에 근무하고 보니 문제가 있긴 하지만 사대와 비교해볼 때 교원 교육을 제대로 하고 있는 곳은 바로 교대라는 확신을 하게 되었다. 그래서 교대에 대한 애정을 담아 그 책을 썼다. 하지만 그 책에는 강의 평가가 시행되지 않던 시절 강의에 대한 학생들의 평이 여과 없이 실려 있어서, 지금 돌이켜보면 내가 원로 교수라고 하더라도 기분이 많이 상했을 것 같다.

그 이후로도 학생들과의 만남을 통해 교수들과 그들의 강의에 대해 많은 뒷이야기를 알게 되었다. 기억에 남는 재미있는 이야기 중 하나는 '기쁨조'에 관한 것이다. 교대는 상대평가를 하고 성적이 초등교원임용시험에 반영되기 때문에 학생들이 성적에 민감하다. 일부 선택과목을 제외하고는 의대처럼 전공별(반별)로 늘 강의를 함께 수강하는데, 성적은 한 학기에 수강하는 여러 반 학생 전체를 대상으로 상대평가를 하기 때문에 각 반의 분위기에 대한 교수들의 관점이 그 반의 전반적인 성적에 상당히 큰 영향을 미친다. 그래서 학생들은 기쁨조를 배치한다고 했다.

기쁨조는 각 과에서 공부 잘하고 외모도 준수한 남녀 학생들로 구성되는데, 주로 강의실 중앙 앞부분에 앉아서 교수와 눈을 마주쳐주고, 질문에 대답도 잘하고, 때로는 전혀 재미없는 농담이라도 깔깔대며 웃어줌으로써 교수로 하여금 분위기가 좋은 반이라는 생각이 들도록 한다. 이러한 상황에서 대부분 교수들은 학생들이 정말 자기 강의를 좋아하는 줄로 착각하게 된다는 것이 학생들의 설명이었다. 어떻게 그런 짓을 할 수 있느냐고 꾸짖고 싶었지만, 한편으로 재미없는 강의를 버티며 들어야 하는 젊은 대학생들의 엉뚱한 행동이 이해되기도 했다.

학생들은 내 앞에서 이 교수 강의는 어떻고 저 교수 강의는 어떻고 하면서 스스럼없이 모든 교수의 강의를 평가했다. 그러다 보니 교수들과 마주치면 학생들의 말이 떠올라 불편하기도 했다. 한번은 학생들이 눈물까지 보이며 어떻게 그런 사람이 교수일 수 있느냐고 분노하던 교수가 있었는데, 그가 휴게실에서 보여준 행동 때문에 나는 매우 당황스러웠다. 그는 쉬는 시간에 어떤 학생에게 받았다며 캔 커피를 자랑스럽게 내놓더니, 학생들의 수업 태도와 반응이 좋고 강의를 통해 많이 느꼈다며 글을 써 보낸 학생도 있는 것을 보면 자기도 꽤 괜찮은 교수인 것 같다고 이야기했다. 그 순간 지금까지 나에게 반응을 보인 학생들도 어쩌면 기쁨조였는지 모른다는 생각이 들어 아찔했다.

교수들과 이야기를 나눠보면 대부분은 자신이 강의를 잘한다고 생각한다. 그 근거로 자신의 강의에 감동을 했다고 이야기하거나 고맙다며 편지를 보내온 학생들을 예로 든다. 학생들이 감동적인 편지를 보내거나 직접 찾아와서 고맙다고 하는데 그렇게 생각하지 않을 교수가 어디 있겠는가? 그런데 문제는 굳이 기쁨조가 없더라도 10년 이상 강의를 하다 보면 누구나 적어도 학생 몇 명에게는 그와 비슷한 감사의 글을 받게 된다는 것이다. 아무리 이상한 교수라도 자기처럼 이상한 학생 한두 명에게서 농담으로라도 고맙다는 말을 들을 수가 있다. 그러다 보니 상당수 교수는 자신의 강의 때문에 고통을 받았지만 일언반구 없이 떠나간 더 많은 학생들의 반응에 대해서는 알지 못한 채 강단을 지키게 된다.

하지만 이제는 자기가 최고라는 이러한 착각이라도 갖고 있어야 교단을 지킬 수 있을지도 모르겠다. 한국교총이 제31회 스승의 날을 맞아 2012년 전국의 교원 3,271명을 대상으로 한 설문 조사에서, 응답자의 81%가 "교직에 대한 만족도와 사기가 최근 1~2년 사이 떨어졌다."고 답했는데, 이는 2009년 55%에 비해 크게 늘어난 수치다. 명예퇴직을 신청하는 교사도 급증하는 추세이고, "자녀가 교사가 되는 데 찬성한다."는 응답도 2007년 54%에서 2012년에는 24%로 크게 줄었다. 교사들의 이러한 인식 변화에도 불구하고 우리나라 고등학생의 희망 직업 1위는 교사이다. 과거 사회적 존경을 받던 시절을 지나온 현재의 교사들에게 지금의 교직은 불만족스러운 자리일 수 있지만, 직업의 안정성과 여가 등을 고려할 때 고등학생들은 그래도 교직이 다른 직업에 비해 괜찮은 직업이라고 생각하는 것 같다.

최근 들어서는 강의에 대해 함부로 비평해대는 학생들 때문에 마음의 상처를 입는 교수가 늘고 있다. 성적이 안 좋게 나올 것 같아서, 교수가 너무 원칙을 고수해서, 교수가 너무 많은 과제로 힘들게 해서 등등의 이유로 부정적 감정을 표출하는 학생도 당연히 있을 것이다. 그러나 매 학기 서너 명 이상의 학생이 강하게 부정적 의견을 낸다면 가르치는 사람으로서 학생을 탓하기 전에 스스로를 돌아보아야 한다. 내가 지금까지 조사한 바에 따르면, 고민하고 고민하다가 결국은 교수에게 상처가 되는 말을 표출하지 않는 쪽으로 결정하는 학생이 더 많기 때문이다.

· 12 ·

모래를 쪄서
밥을 지으려는 사람

대학뿐만 아니라 초중등학교에도 강의 평가 제도가 도입되면서 가르치는 사람들이 많은 스트레스를 받고 있지만, 최근에는 좀 더 적극적으로 자신의 교수법을 계발하기 위해 노력하는 사람들이 늘어나고 있다. 그런데 입으로 노력하고 있다고 말하거나 자기 스스로도 노력하고 있다고 생각하지만, 옆에서 보기에는 그렇지 못한 사람들도 있다. 어쩌면 '최고의 교수법'이라는 주제로 강의를 하고 있는 나 또한 그러한 부류에 속하는지도 모르겠다.

여기서는 서산대사의 《선가귀감禪家龜鑑》을 법정 스님이 쉽게 옮겨 쓴 책 《깨달음의 거울》에 소개된 이야기를 토대로 가르치는 사람의 마음가짐에 대해 함께 생각해보고자 한다. 《선가귀감》에는 가르치는 사람이 아니라 공부하는 사람의 마음가짐과 자세에 대한 비유가 많이 나온다.

간절한 마음으로 공부하기를 마치 닭이 알을 품듯 하며, 고양이

가 쥐를 잡듯이 하고, 굶주린 사람이 밥 생각하듯 하며, 목마른 사
람이 물 생각하듯 하고, 어린애가 엄마 생각하듯 하면, 반드시 꿰
뚫을 때가 있으리라.

굶주릴 때 밥 생각하고 목마를 때 물 생각하는 것이나 어린애
가 엄마를 생각하는 것들은 모두 진심에서 우러난 것으로, 억
지로 지어서 내는 마음이 아니므로 간절하다. 참선하는 데 이
렇듯 간절한 마음 없이 깨친다는 것은 있을 수 없는 일이다.

우리가 가르침의 본질에 대해 이 정도의 절실함으로 탐구한다면,
서산대사의 말씀대로 반드시 꿰뚫을 때가 있을 것이다. 참선하는 사
람의 자세에 관한 비유 중 하나를 공부하며 가르치는 길에 서 있는
사람, 즉 교수에게 주는 교훈으로 삼아보자.

음란하면서 참선하는 것은 모래를 쪄서 밥을 지으려는 것 같
고, 살생하면서 참선하는 것은 제 귀를 막고 소리를 지르는 것
같으며, 도둑질하면서 참선하는 것은 새는 그릇이 가득 차기
를 바라는 것 같고, 거짓말하면서 참선하는 것은 똥으로 향을
만들려는 것과 같다. 이런 것들은 비록 많은 지혜가 있더라도
다 악마의 길을 이룰 뿐이다.

모래를 가지고 아무리 정성을 들인다 한들 맛있는 밥을 만들 수
있겠는가? 그러므로 음란한 마음을 가졌거나 그러한 행동을 하는 사
람이 참선하겠다고 앉아 있는 것은 모래로 밥을 지으려는 것처럼 이

루기 어렵다는 말이리라. 아무리 노력하더라도 새는 그릇이 가득 찰수는 없듯이, 도둑질하면서 참선한다고 앉아 있어도 도를 이룰 수는 없을 것이다. 향을 싸면 향기로운 종이가 되고 똥을 싸면 똥 냄새 나는 종이가 된다는 비유도 있는데, 서산대사는 거짓말하면서 참선하는 것은 똥으로 향을 만들려는 것처럼 부질없는 짓임을 깨우쳐주고 있다. 서산대사의 비유를 가르치는 사람에게 빗대어 바꿔볼 수 있는데, 약간 억지스럽긴 하지만 비유가 좋아서 차용하니 웃음으로 보아주기를 바란다.

"전공과 관계없는 일에 기웃거리면서 잘 가르치고자 하는 것은 모래를 쪄서 밥을 지으려는 것 같고, 가르치는 법을 탐구하지 않으면서 잘 가르치고자 하는 것은 제 귀를 막고 소리를 지르는 것 같으며, 잡기를 즐기면서 잘 가르치고자 하는 것은 새는 그릇이 가득 차기를 바라는 것 같고, 가르치는 일을 사랑하지 않으면서 잘 가르치고자 하는 것은 똥으로 향을 만들려는 것과 같다. 이런 것들은 비록 많은 지혜가 있더라도 학생들을 배움에서 멀어지게 할 뿐이다."

자기 전공과 관계없는 분야에 기웃거리면 이미 마음이 흩어진 사람이고, 그 과정에서 한 경험이나 획득한 자료 또한 학생들을 가르치는 데 직접적으로 활용하기에는 무리가 따른다. 따라서 자신이 해온 공부와 관계없는 분야를 기웃거리면서도 잘 가르치고 싶은 마음이 들 때에는 자신이 모래를 쪄서 밥을 지으려 하는 것은 아닐까 생각해보아야 한다. 가르치는 법을 탐구하지 않고 가르침에 관한 이야기를 들으려 하지도 않으면서 잘 가르치기를 바라는 것은 제 귀를 막고 소리치는 것과 같다. 세상의 이야기를 듣지 않고 자기 이야기만 하면서 제대로 된 가르침, 상호 소통이 되는 가르침을 주기는 어려울 것이다. 잡기에 빠진 사람은 단지 자기 전공 탐구에 필요한 시간, 학생과 함께하는 시간을 빼앗길 뿐만 아니라 근본적으로 마음의 큰 덩어리를 잡기에게 내어준 상태여서 학생에게 사랑과 열정을 오롯이 쏟기가 어렵다. 그러한 상태에서 잘 가르치고자 하는 것은 새는 그릇이 가득 차기를 바라는 것과 다를 바 없다.

요즈음 골프나 사진 찍기 등 여러 가지 잡기에 빠진 젊은 교사들이 증가하고 있다는 소식이 들린다. 물론 개인의 취미 생활은 신체적·정신적 건강을 위해, 그리고 재충전을 위해 필요하다. 다만 지나칠 경우, 혹은 본업이 무엇인지 착각할 정도면 문제가 될 것이다.

가르치는 일을 사랑하지 않으면서 잘 가르치고자 하는 것은 똥을 향으로 만들려는 것처럼 헛된 짓이다. 마음이 바뀌지 않은 상태에서 가르치는 기술을 터득하는 것은 똥은 그대로 둔 채 향을 만드는 기술만 터득하는 것과 다름없다. 어쩌면 향내 나는 종이로 똥을 싸서 그 냄새를 감추고자 하는 것처럼 부질없는 일이 될지도 모른다. 역시 핵심은 가르치는 일 자체를 사랑하도록 자신을 변화시키는 것이리라. 똥이 아니라 향기로운 꽃으로, 향나무로 자신을 바꾼 후에야 가르치는 기술을 터득하는 것이 의미 있을 것이다.

그렇지 않아도 가르침에 대해 부담을 느끼는 상황에서 누구나 느껴오던 것이지만 막상 글로 읽고 나면 심기가 불편해지리라는 생각이 든다. 어쩌면 '이 말을 하는 당신은 어떤 사람이냐?'고 반문하고 싶을지도 모른다. 나도 교육부를 포함한 정부의 몇몇 위원회에서 위원으로 활동하고 있고, 외부 강연을 상당히 많이 다니는 편이며, 테니스를 즐긴다. 또한 강의가 주는 심적 부담에서 자유롭지도 못하다. 그러면서 이렇게 이야기하는 이유는 나를 돌아보기 위함이다. 그리고 외부의 다양한 요청이 들어올 때마다 나를 한 번 더 다스릴 기회를 갖기 위함이다. "스스로 할 수 있는 것은 말해도 좋지만 제가 할 수 없는 것은 말하지 말라. 실천하지 않으면서 말만 하는 것, 지혜로운 이는 그 잘못을 안다."《잡아함경》48)라는 말 앞에서 혀가 굳지만, 그래도 입을 열어야 하는 것은 인간의 몸으로 가르치는 일을 직업으로 삼는 사람이 지상의 여행 동안 끝없이 겪어야 하는 갈등인지도 모르겠다.

· 13 ·

신의 부름 혹은
악마의 부름

최고의 교수는 주로 학생들의 지적 호기심을 자극하는 질문을 던지며 강의를 진행한다. 그들은 강의를 통해 학생들과 함께 질문에 대한 답을 탐구해가며, 궁극적으로 학생들이 잘못된 기존 인식의 틀을 깨고 새로운 세계로 나오도록 학습 환경을 조성하고 학생들을 돕는 역할을 한다.

가르치는 일에 종사하는 사람들에게 이 정도는 상식이기에, 나도 그들처럼 질문을 던지면서 강의를 멋있게 시작하려고 하는데 학생들이 별 반응을 보이지 않아서 당황스럽고 화가 났던 기억이 있다. 뛰어난 교수들이 사용하는 교수법에 따라 학생들에게 교재와 관련 자료를 읽고, 고민을 하고, 질문거리를 만들어 오도록 과제도 부과했다. 그런데 매끄럽게 진행되지 않아서, 혹시나 하는 생각에 강의받을 준비를 해 온 사람은 손을 들어보라고 했더니 몇 안 되는 학생만 손을 들었다. 이러한 상황에서 미국 최고의 교수로 소개되는 사람들은 어떻게 하는지 질문을 했더니, 학생들이 강의받을 준비를 해 오지 않는 데에는 교수의 책임이 더 크다는 답을 했다.

그럼 최고의 교수들은 학생들이 철저히 준비한 후 강의에 참여하도록 하기 위해 어떠한 노력을 할까? '요구(가 담긴) 강의 계획서demanding syllabus'가 아닌 '약속(이 담긴) 강의 계획서promising syllabus' 준비, 매시간 학생들의 학습 의욕을 자극하는 사례와 질문 준비, 학생들과의 인간적인 관계 구축, 논리와 이성뿐 아니라 마음을 움직이게 하는 학습 경험 제공 등등 다양하다. 그런데 그들과의 면담 과정에서 발견한 것은 기법도 기법이지만 그들의 열정, 자기가 가르치는 과목에 대한 열정이었다. 그러한 열정이 어디에서 비롯되느냐고 물었더니, "이렇게 재미있는 탐구 주제를 학생들이 재미있어 하지 않을 리가 없다."는 답이 주를 이루었다.

내 대학 시절을 돌이켜보니, 대부분 교수들은 첫 시간에 자기 과목이 가장 중요하다고 역설하면서 열심히 해줄 것을 당부했던 것 같다. 그러면 친구들끼리 "모두 자기 과목이 중요하다고 하는데, 대체 누구 과목이 가장 중요한 거야?"라며 농담을 주고받았다. 그럼 나는 누구의 과목을 가장 중요하게 생각했던가? 교수 스스로가 해결하기 위해 평생 노력해온 질문을 학생들로 하여금 자신의 질문으로 받아들이게 하는 교수는 어떤 교수였던가?

켄 베인Ken Bain은 슬라브어와 문학을 가르치는 한 교수의 말을 인용해 이렇게 설명한다. "당신은 전공 분야를 제대로 선택했다고 생각합니까? 그렇다면 그것은 당신 안에 있는 신 혹은 악마의 부름에 따라 선택했기 때문일 것입니다. 당신이 온 마음과 영혼, 온 열정을 다 바쳐 그 학문을 대하는 것을 학생들이 본다면, 그들은 반드시 거

기에 열렬히 반응할 겁니다."《미국 최고의 교수들은 어떻게 가르치는가》)

우리 가르침에 학생들이 열렬히 반응하기를 기대하는가? 그렇다면 먼저 가르치는 과목에 대한 우리 자신의 열정을 돌이켜볼 필요가 있다. 학생들의 반응 정도는 가르치는 과목에 대한 교수의 열정 정도를 넘어설 수 없다.

· 14 ·

화톳불의 비유
언제 생나무 가지를 올려놓아야 하나?

톨스토이는 〈대자The Godson〉라는 단편소설에서, 화톳불의 비유를 들며 가르치는 사람이 가져야 할 열정에 대해 이야기한다. 장작을 쌓아놓고 화톳불을 피우는 데에도 기술이 필요하다. 더구나 마른 장작이 많지 않은 상황에서 생나무로 화톳불을 지펴야 하는 경우에는 더욱 그러하다. 마른 가지가 활활 타오르기도 전에 생나무 가지를 올려놓으면 생나무가 뿌지직 소리를 내면서 밑불을 꺼뜨린다. 거기서 그는 다시 깨달았다. 소 거간꾼들의 화톳불도 불기운이 강해졌을 때에야 비로소 생나무가 탔다. 그와 마찬가지로 자기 마음이 뜨겁게 타올랐을 때 타인의 마음에도 불을 줄 수 있는 것이다.

가르침에 관한 톨스토이의 비유는 가르치는 행위가 아니라 가르치는 사람의 기본자세에 관한 것이다. 톨스토이는 화톳불 비유를 통해 가르침이 성공하기 위한 필요조건으로 가르침을 주고자 하는 사람이 충분한 열의가 있어야 함을 강조하고 있다. 다른 사람에게 가르침을 줄 수 있으려면 가르치는 사람의 마음에 가르치고자 하는 불기운이 뜨겁게 타올라야 한다. 가르침의 불기운이 강하지 못한 사람이 남을 가르치고자 한다면 자신의 밑불마저 꺼지게 되리라는 것이다.

모 대학에 재직하고 있는 친구가 가르치는 것이 너무 재미없다는 이야기를 했다. 아무리 가르쳐도 학생들이 이해하지 못한다는 것이다. 심지어 시험을 보게 했는데 70%가 빵점이어서 똑같은 시험 문제로 다음 주에 다시 시험을 치르게 했는데도 절반이 넘는 학생이 빵점이더라는 것이다. 그 친구의 고통과 좌절을 이해하지 못하는 바는 아니어서 "그 학교 참 좋은 학교다. 자기가 가르치고 자기가 낸 시험에서 대부분 학생들이 빵점을 맞는데도 월급을 주니 말이다."라며 농담 반 진담 반으로 이야기를 던졌다.

박사 학위를 마칠 때까지 끝없이 연구하면서, 때로는 시간강사라는 이름으로 대학에서 강의를 하면서도 언젠가 진짜 내 학생들을 맡게 되면 내 가르침의 열망을 펼쳐 보이겠다고 다짐하던 신임 교수들은 학생들의 준비도나 강의 여건이 기대와 크게 다를 경우 쉽게 좌절하거나 방황하게 된다. 이럴 때에는 수강생의 준비도와 강의 여건을 탓하기 전에 나의 열의는 충분한지 다시 한 번 자문해볼 필요도 있다. 그리고 자신의 마음에 불을 지피기 위한 마른 가지를 찾아야 할 것이다.

톨스토이의 화톳불 비유는 가르치는 사람에 관한 비유인 동시에 가르치는 행위에 관한 비유로 이해할 수도 있다. 우리는 가르치다 보면 욕심이 앞서서 '마른 가지가 활활 타오르기도 전에 생나무 가지를 불 위에 올려놓는 우'를 종종 범한다. 즉 학생이 조금 흥미를 보이면서 해당 주제에 대한 호기심이 막 일기 시작할 때, 불이 활활 타오르는 것으로 착각해 과도한 과제를 제시하거나 관련된 읽을거리를 한꺼번에 제공함으로써 막 타오르던 불길을 꺼뜨리고 마는 것이다. 가르치는 사람은 생가지를 올리기 전에 밑불이 충분히 붙었는지를 반드시 확인해야 한다. 만일 잘못 판단해 생가지를 올렸더니 불꽃이 점점 사그라지는 것을 보거든 곧바로 마른 가지를 올려야 한다. 즉 만일의 사태를 대비해 학생들의 흥미를 유발할 수 있는 마른 가지 하나쯤은 여분으로 준비하고 있어야 할 것이다.

·15·

기계 교사 대
인간 교사

다가올 미래 사회에서 교직은 없어질 직업일까? 인간은 학습하는 동물이므로 학습을 돕는 일, 즉 가르치는 일을 하는 사람 혹은 기계는 계속 필요할 것이다. 이 질문은 기계 교사가 주로 그 일을 담당할지, 아니면 인간 교사가 계속 중요한 역할을 할지에 관한 것이다. 인간 교사의 필요성 정도는 기계 교사가 할 수 없는 역할을 인간 교사가 찾아 적극적으로 수행할 수 있는지에 따라 달라질 것이다. 넓은 의미에서 기계 교사는 인공지능을 장착한 기계뿐만 아니라 직접 대면하지 않고 기계의 힘을 빌려 교수 행위를 하는 '인강(인터넷 강의)'까지 포함한다.

교직이 살아남는 직업이 되려면 그 역할이 어떻게 바뀌어야 할까? 그리고 새로운 역할에 부응하기 위해 교사가 갖춰야 할 역량과 교수법은 무엇일까?

《기계와의 경쟁》에서 브린욜프슨Brynjolfsson과 매카피McAfee는 머지 않은 미래에 교수와 법률가 등 많은 화이트칼라 직업이 없어질 것이라고 예측하고 있다. 과거 18세기의 제1차 기계 혁명 때는 기계들이 인간의 팔다리를 대체함으로써 블루칼라 노동자들의 일자리를 빼앗았고, 현재 진행되고 있는 제2차 기계 혁명에서는 기계가 인간의 두뇌까지 대체함에 따라 화이트칼라 노동자도 위협받게 된다는 것이다. 하지만 당분간 이른바 감정 노동자의 일자리는 늘어날 텐데, 사람의 감정을 읽고 신속히 적절하고 합당하게 조치해줄 사람은 더 많이 필요하다는 것이 그들의 주장이다.

미래학자들이 없어질 직업이라고 말하는 교직은 지식과 기술을 가르치는 직업으로서의 교직이다. 각 분야별로 아주 뛰어난 몇몇의 교사(교수)가 전체 학생을 대상으로 시간과 공간의 제한을 받지 않고 아주 효과적으로 이 역할을 수행할 수 있을 테니 교사가 별로 필요 없어질 것이라고 한다.

실비아 브라운Sylvia Browne이 《대예언 2008-2080》에서, 2020년 중등학교 교사는 교실이 아니라 컴퓨터 네트워크를 이용해 전국적으로 강의하게 될 것이라고 한 예언과 일맥상통한다. 현재 고등교육 분야에서 세계적으로 돌풍을 일으키고 있는 무크MOOC, massive online open courses, 우리나라에서 번성하고 있는 인강 등을 보면 그럴 가능성도 있다. 하지만 인강이 보편화되고 있는데도 중고등학생을 대상으로 하는 학원이 없어지지는 않았다. 어떤 학원이 인강과의 경쟁에서 살아남는가를 살펴보면 미래 교사가 어떤 역할을 해야 살아남게 될지 짐작할 수 있다.

인간 교사와 달리 인강 같은 기계 교사가 아직 하기 어려운 역할이 하나 있다. 바로 학습 동기를 북돋우는 것이다. 학생들이 학습 의욕과 동기를 갖고 자신에게 맞는 공부법도 터득하고 있을 때는 기계 교사를 통해 배울 수 있지만, 동기가 부족하거나 공부법을 터득하지 못한 경우에는 한계가 있다. 현실의 많은 학생들은 왜 공부를 해야 하는지, 자신에게 적합한 공부 방법이 무엇인지를 잘 모른다. 혹 알고 있다고 하더라도 배워야 할 내용을 인내를 갖고 공부하는 훈련이 되어 있지 않아 지속하기가 어렵다.

학생들에게 학습 동기를 부여하고, 학생 개개인의 특성에 맞는 교수법을 활용해 학습을 도우며, 학습 습관을 길러주는 등의 역할은 아직은 인간 교사만이 할 수 있다. 기계 교사가 이러한 역할까지 할 수 있을 때까지는 기계 교사와 인간 교사가 서로 보완재 역할을 할 것이다.

공부를 별로 안 좋아하고 공부하는 습관도 잘 길러지지 않은 중학생이 부모 손에 이끌려 억지로 들른 학원을 두어 번 가보더니 재미를 붙여 열심히 다니게 되었다는 말을 들은 적이 있다. 그 아이뿐만 아니라 다른 아이도 그렇다고 해서 그 학원 강사에게는 어떤 능력이 있는지 궁금한 마음에 찾아가 만나보았다.

그 학원 강사는 새로운 아이가 한 명 들어오면 아이의 특성을 면밀히 분석해 그에 맞는 프로그램을 운영한다고 했다. 그가 말한 몇 가지 노하우 가운데 '또래 집단' 활용이 있었다. 열심히 공부하는 다른 아이들과 함께 이야기를 나누고 점심도 같이 먹으면서 서로 친해지게 하면, 아이는 열심히 하는 친구들을 보면서 자기도 열심히 해야겠다는 생각을 갖는다고 했다. 학교에서는 담임이 이렇게까지 하기가 어렵지만 학원에서는 가능하다고 했다. 그리고 학생이 자신을

좋아하도록 하려고 점심 도시락을 싸 와서 나눠 먹기도 하는 등 인
간관계를 쌓는 데 초점을 둔다고 했다. 학원 강사들이 공부만 잘 가
르치는 기계 교사가 아니라 인간 교사로서의 강점을 최대한 활용하
고 있음을 알 수 있었다.

PART 2

학생을
사로잡는 교수법

○

가르치고자 하는 내용을 구성하거나 교수법을 선택할 때,
그리고 질문을 할 때마다 과연 본성이 잘 발휘되게 하고 있는가를 따져봐야 할 것이다.
가르치는 사람의 가장 중요한 화두는 역시 화롯불의 재 속에 숨어 있는
불씨와 같은 호기심을 어떻게 발동시킬까 하는 것이다.

○

· 01 ·

꽃다발, 화분,
숲 속에 핀 꽃

아름다운 꽃다발이 며칠 지나면 시들어버려 오히려 쓰레기로 버려야 했던 기억이 누구나 있을 것이다. 몇 주쯤 여행을 다녀와 보면 그 곱던 화분의 화초들이 말라버리거나 아예 죽어 있는 경우도 많다. 가르치는 길목을 지키고 있는 사람이라면 누구나, 학기 말에 이르러 학기 중에도 가르친 내용에 대해 질문하는데 배웠는지조차 기억하지 못하는 학생이 많아 좌절했던 기억이 있을 것이다. 때로는 그 전 시간에 가르친 내용을 많은 학생들이 기억하지 못하는 경우도 있다. 과연 어떻게 하면 나와 학생들이 함께 공부했던 내용을 가르친 내가 기억하고 발전시켜가듯이 배운 학생들도 기억하며 더욱 발전시켜 결실을 맺도록 유도할 수 있을까? '꽃다발, 화분, 숲 속에 핀 꽃'이라는 비유를 통해 이 물음에 대한 답을 찾아보고자 한다.

대학에 자리를 잡고 가르치는 일을 하려고 강단에 섰을 때 나의 고민거리는 주어진 교재를 가지고 어떻게 하는 것이 강의이고, 강의라는 이름으로 하고 있는 나의 활동이 어떤 의미를 갖는가 하는 것이었다. 더구나 대부분 교재는 학생들이 스스로 읽고 이해할 수 있는 내용으로 구성되어 있는데 굳이 강의라는 활동을 통해 학생들에게 교재 내용을 설명할 필요가 있을까 하는 의문이 내 머릿속을 스쳤다. 책을 구하기 어렵고 복사 시설도 없던 시절에는 교수가 강의실에 들어와 학생들이 받아 적도록 책 내용을 불러주는 것도 강의로 통했다는 이야기를 대학 때 들은 적이 있다. 그러나 이제는 누구나 교재를 가지고 있고 학생들도 교수 이상으로 다양한 자료를 접할 수 있는 시대인데, 주어진 교재로 강의를 한다는 것은 무슨 의미가 있을까?

어느 해 스승의 날, 졸업 후 교직에 있는 제자들이 찾아와 예쁜 꽃다발을 가득 안겨주고 갔는데, 재학생 한 아이는 연구실에 들러 수줍은 모습으로 아주 작은 러브체인 화분을 하나 건넸다. 졸업생들이 주고 간 값비싼 꽃다발들은 며칠 만에 모두 시들어버려 아깝다는 생각을 하며 쓰레기통에 버려야 했다. 그런데 재학생이 가져온 조그마한 러브체인 화분은 물만 주었는데도 아주 잘 자랐다. 그래서 분갈이를 하고, 여름에는 줄기를 잘라 다른 화분에 심어서 찾아오는 제자들에게 분양도 했다. 잘 길러서 자신들의 제자에게 나누어주라는 당부와 함께.

그러다가 문득 깨달았다. 교재는 예쁘게 피어 있는 꽃이고, 강의는 교재의 내용을 학생들에게 전달하는 활동으로 그 핵심은 교재 내용의 뿌리까지 파서 학생들의 가슴에 심어주는 것이었다.

가르침은 꽃을 꺾어 학생들의 가슴에 안겨주는 것이 아니라, 꽃을 뿌리째 아이들의 가슴에 옮겨 심어 열매 맺도록 하는 작업이다. 깊은 뿌리를 제대로 밝혀 심어주면 뿌리를 내리고 번성하여 열매를 맺겠지만, 그리하지 못하면 금방 시들어버릴 수밖에 없다.

뿌리째 뽑아서 심어주기 위한 활동은 구체적으로 무엇인가? 이를테면 주어진 교재의 핵심과 그 주제를 다루는 배경이나 역사 혹은 이유를 밝히고, 주제와 관련된 뒷이야기나 다른 주제와의 관련성 등을 제공하며, 교재에 포함되지 않았으나 필요한 내용을 보완하는 활동을 들 수 있다. 이러한 강의가 가능하도록 하려면 당연히 가르치는 내용을 잘 알아야 할 뿐만 아니라 연관된 내용에 대해서도 폭넓은 지식이 있어야 한다.

심어놓은 꽃이 시들지 않도록 하려면, 그리고 스스로 잘 자라도록 하려면 물과 거름도 함께 주어야 한다. 강의를 통해 전달되는 잔잔한 감동은 대지를 촉촉이 적시는 비와 같고, 오래 기억에 남을 만한 일화는 심어놓은 꽃이 열매를 맺게 하는 거름과 같다. 제대로 된 예를 들어줄 수 있을 때 우리는 그 내용을 정확히 이해하여 가르치는 것이라고 한다. 그 밖에도 학생들 가슴에서 주어진 내용이 뿌리를 내리도록 하기 위해서 해야 할 더 중요한 활동들은 많을 것이다.

뿌리를 밝혀 심어주는 과정을 반복하면서 학생들 스스로가 교재라는 꽃 밑에 숨겨진 뿌리를 찾는 능력을 함께 길러줄 필요가 있다. 따라서 부교재와 다른 읽을거리나 참고 사이트 등을 소개할 때에는 주어진 강의 주제의 뿌리를 찾는 데 도움이 되는 것인지를 고려해야 한다. 가령 학생들은 스스로 생각할 기회를 가질 때 더 오래 기억하고, 생각의 과정을 통해 이해하게 될 때 그 지식을 자기의 것으로 발전시켜갈 수 있다.

주어진 내용이 학생들의 가슴속에 뿌리 내리도록 하려면 주어진 질문이나 주제에 대한 답을 혼자서 찾아보는 시간을 3분 정도 주고, 이어서 3~4인이 소집단을 이루어 서로의 생각을 공유하도록 한 뒤에 전체 토론 시간을 갖는 것도 하나의 방법이다.

이 비유를 통해 우리는 가르치는 일을 할 때 그 활동이 뿌리를 밝혀 뿌리째 옮겨주는 활동인지, 옮겨진 꽃이 뿌리를 내리도록 돕는 활동인지, 더 나아가 그 꽃이 열매 맺고 더욱 번성하도록 이끄는 활동인지 생각해보는 기회를 가질 수 있다.

내 나름대로 꽃다발과 화분의 비유를 발전시켜가던 중 명나라 때 홍자성洪自誠이라는 사람이 쓴 《채근담》을 읽었는데, 그 책에서 더 세련되고 깊이 있는 비유를 접하게 되었다.

"권력으로 얻은 부귀와 명예는 화병 속의 꽃과 같고, 재능으로 얻은 부귀와 명예는 화분 속의 꽃과 같으며, 덕망으로 얻은 부귀와 명예는 숲 속에 핀 꽃과 같다."

화병의 꽃은 화려하지만 며칠 가지 않아 시들고, 화분의 꽃 또한 지속적으로 물을 주고 가꾸지 않으면 시들어버린다. 그러나 숲 속에 핀 꽃은 공들여 가꾸지 않아도 스스로 번성한다. 이 비유는 심어놓은 꽃이 스스로 잘 자라도록 하려면 화분이 아니라 꽃밭에 심어야 함을 깨닫게 한다. 학생들이 머리로 받아들이는 정도가 아니라 가슴으로 받아들일 수 있도록 가르칠 때 그 꽃은 스스로 번성하게 될 것이다.

채근담의 비유는 가르침을 제공하는 권위의 근원에 대해서도 생각하게 한다. 즉 학점이나 상벌 등으로 통제하는 가르침은 화병 속의 꽃과 같고, 실력으로 주는 가르침은 화분 속의 꽃과 같으며, 사랑과 덕으로 주는 가르침은 숲 속에 핀 꽃과 같다. 군이 더 설명할 필요가 없는 아름다운 비유이다. 채근담의 비유는 내 경험을 통해서만 가르침에 관한 비유를 찾아오던 나에게 선현의 지혜에서 배우려는 노력을 선행하라는 깨우침을 주었다.

·02·

나무 심기와
가르치기

가르치는 사람이 학생들에게 애착을 갖고 밤낮으로 사랑을 쏟으며 열심히 지도하고 평가도 하는데 생각과 달리 결과가 좋지 않은 경우가 종종 있다. 그럴 때는 어찌해야 할지 참으로 난감하고 자신감마저 잃고 만다. 당송팔대가의 한 사람인 유종원柳宗元 이 쓴 〈종수곽탁타전種樹郭橐駝傳〉이 있는데, 이는 나무를 잘 심기로 소문난 '곽탁타'라는 사람에 대한 전기 형식의 글이다. 곽탁타는 나무 심는 재주가 좋아, 그가 심은 나무는 죽는 법이 없었다. 사람들이 그 까닭을 묻자 이렇게 대답했다.

"나는 나무를 오래 살게 하거나 열매가 많이 열게 할 능력이 없다. 나무의 천성을 따라서 그 본성이 잘 발휘되게 할 뿐이다. 무릇 나무의 본성이란 그 뿌리는 퍼지기를 원하며, 평평하게 흙을 북돋아주기를 원하며, 원래의 흙을 원하며, 단단하게 다져주기를 원하는 것이다. 일단 그렇게 심고 난 후에는 움직이지도 말고 염려하지도 말 일이다. 심기는 자식처럼 하고 두기는 버린 듯이 해야 한다. 그렇게 해

야 나무의 천성이 온전하게 되고 그 본성을 얻게 되는 것이다."(신영복,《강의》)

곽탁타의 말을 빌리면, 가르치는 일은 배우는 사람의 천성을 따라서 그 본성이 잘 발휘되게 하는 것이다. 그렇다면 배움과 관련된 학생의 천성은 무엇일까? 생각하는 존재(호모 사피엔스)인 인간은 배움의 원천이 되는 강한 호기심과 호기심을 해결할 수 있는 사고 능력을 가지고 있다. 인류의 역사는 호기심을 충족시키기 위한 여정이었다. 어린아이는 말도 다 배우기 전부터 입만 열면 끝없이 질문을 쏟아낸다. 가르치는 사람이 조금만 신경 써도 강한 호기심은 싹을 틔우고 커가기 시작한다. 가르치는 사람은 학생들이 갖고 있는 이 호기심이 잘 발현되도록, 그리고 사고 능력이 최대한 발휘되도록 강의 내용을 구성하고 적합한 질문을 해야 한다.

그런데 나무의 본성을 무시한 채 "뿌리는 접히게 하고, 흙은 바꾸며, 흙 북돋우기도 지나치거나 모자라게 하고, 그 사랑이 지나치고 그 근심이 너무 심하여 조석으로 와서 만져보고, 심한 경우 손톱으로 껍질을 찍어보고 살았는지 죽었는지 조사하는가 하면 뿌리를 흔들어보고 잘 다져졌는지 아닌지 알아보고자 하면 나무는 본성을 잃어" 시들어간다.

그의 말에 따르면, 본성이 잘 발현되도록 최선을 다해 가르친 뒤에는 더 염려하지 말고 버려두어야 한다. 그런데 혹시 가르치는 우리는 학생들의 배경을 무시한 채 자신이 좋다고 생각하는 것을 일방적으로 제공하고, 잘 배우고 있는지 아침저녁으로 조사하며, 학생들 욕구의 뿌리까지 흔들어 호기심과 사고력의 싹마저 자르고 있지는 않나 반성해볼 일이다. 우리나라 성인의 독서량이나 평생교육기관에서 교육을 받는 비율이 다른 OECD 국가에 비해 상대적으로 낮고 참여한다고 해도 주로 직업 훈련과 관련된 프로그램인 경우가 많다고 하는데, 혹시 가르치는 일을 직업으로 하고 있는 내 탓은 아닐까 하고 반성해본다.

가르치고자 하는 내용을 구성할 때, 교수법을 선택할 때, 그리고 질문을 할 때마다 과연 본성이 잘 발휘되게 하고 있는가를 따져봐야겠다. 차가운 재만 남은 듯 보이는 화로 속에도 불씨가 살아 있는 경우가 많다. 인간인 한 호기심은 우리 내부 어디엔가 살아 숨 쉬고 있다. 숯을 올리고 바람만 적당히 불어 넣으면 불씨가 다시 이글거리며 열기를 내뿜을 것이다. 가르치는 사람의 가장 중요한 화두는 역시 화롯불의 재 속에 숨어 있는 불씨와 같은 호기심을 어떻게 발동시킬까 하는 것이다.

•03•

나비 고치, 연꽃 씨,
새의 알

우리는 종종 누구에게나 적용되는 최고의 교수법이 있을 것 같다는 착각을 하곤 한다. 다음 세 가지 비유를 통해 그 착각에서 벗어나보자. '황제나비 고치에 구멍 뚫어주기', '연꽃 씨껍질 뚫어주기', 그리고 잘 알려진 '줄탁동시_{啐啄同時}'이다. 앞의 두 가지는 서로 상반되는 비유이고, 세 번째는 그 둘 사이에 놓일 수 있는 비유이다.

황제나비 고치에
구멍 뚫어주기

영국의 식물학자 앨프리드 월리스_{Alfred Russel}
_{Wallace}는 연구실에서 황제나비가 고치에서 빠져나오려고 애쓰는 모습을 관찰하고 있었다. 고통스러워하는 나비의 '투쟁'을 지켜보던 월리스는 '내가 이 나비를 도우면 어떨까?' 하는 생각이 들어 칼로 고치의 옆 부분을 살짝 그었다. 칼로 자른 고치에서 아무런 상처 없이 쉽게 나온 황제나비는 아름다운 날개를 펄럭였다. 그런데 잠시 뒤에

벌어진 상황은 완전히 대조적이었다. 작은 구멍을 통해 힘들게 비집고 겨우 세상으로 나온 나비는 조금 머물다가 한 마리씩 날개를 치며 공중으로 훨훨 날아오르는데, 칼로 잘라준 고치에서 쉽게 나온 나비는 날개를 펴고 움직이기만 할 뿐 날지 못하고 비실비실 주위를 맴돌다가 죽어갔다. 이 이야기는 아서 칼리안드로Arthur Caliandro와 배리 렌슨Barry Lenson의 《행복한 삶을 사는 10가지 작은 원칙》에 소개되어 있다.

정말 그러한지 궁금해서 생물학 전공 교수에게 사실 여부를 확인했더니, 변태 과정에서 나비가 고치를 뚫고 밖으로 나와야 성숙 단계가 끝나는 것이라는 이야기를 했다. 뚫고 나오는 과정을 통해 나비 몸통의 껍데기가 굳고 완성되어 수분을 잃지 않게 되며, 날갯짓할 힘을 기르게 된다는 것이다. 따라서 구멍을 뚫어주는 것은 나비가 세상을 만나도록 돕는 것이 아니라, 나비의 마지막 성숙 단계를 박탈하는 것이 된다.

이 일화를 듣다 보면 '역시 넘어진 아이에게 손을 내미는 것은 좋은 교육 방법이 아니야. 혼자 힘으로 일어나도록 지켜보아야 해!'라거나 '스스로 문제를 해결하는 힘을 기를 때까지 지켜보아야 하는데, 오늘날에는 가정과 학교에서 아이들이 그러한 힘을 기르기도 전에 안타까운 마음에 대신 과제나 문제를 해결해주기 때문에 아이들이 너무 나약해지는 것이야!'라고 생각할 수도 있다. 실제로 아이가 스스로 일어서야 할 상황에서 부모가 손을 내밀거나 넘어진 아이의 부주의를 꾸짖다가 문제가 생기는 경우도 많다. 자녀의 성장 과정을 인내심으로 지켜보지 못하고 안타깝다거나 화가 난다고 해서 부모

가 나름대로 처방을 하다가 청소년인 자녀가 자살하는 일까지 일어
나곤 한다.

나는 정말 죽어라 열심히 공부를 했는데도 성적은 오르지 않
았습니다. 나도 좋은 성적을 얻고 싶었는데 엄마는 친척들이
있는 데서 나에게 모욕을 줬습니다. 내 자존심은 망가졌습니
다…. 이런 세상에서는 더 이상 살고 싶지 않아요…. 전 미국
인으로 다시 태어나고 싶어요. 스티브 잡스를 만나러 먼저 갈
게요. 엄마 아빠, 동생만큼은 자기가 하고 싶은 것을 마음껏
할 수 있게 해주세요. 마지막으로 부탁이 있습니다. 제 무덤에
아이팟과 곰인형을 함께 묻어주세요.

— 〈"아이팟을 함께 묻어주세요" 14살 다훈이의 마지막〉, 《경향신문》 기사

너무나 가슴 아픈 사연이다. 자녀가 잘되기만을 바라며 나름 최선
을 다하던 어머니로서는 상상할 수 없는 일이었을 것이다. 비슷한
이야기는 언론을 통해 쉽게 접할 수 있다. 성매매 여성 김연희 씨의
사연을 읽은 적이 있다.(〈당신이 굳게 믿는 그것이 진리일까?〉, 《한겨레》
기사) 아버지는 고위 공무원이었고, 어머니는 외동딸인 자신을 키우
기 위해 교사를 그만두었으며, 매일 아침 가족이 신문을 보면서 토
론을 하던 집안에서 자란 그녀는 고등학교 2학년까지 전교 1등을 놓
친 적이 거의 없는 뛰어난 학생이었다. 한 번 2등을 했다고 엄청 맞
기도 했을 정도이다. 그러나 너무 큰 부담감을 이기지 못하고 고등
학교 3학년 때 가출한 뒤 부모와 연을 끊고 성매매 여성이 되었다고

한다. 이 또한 부모가 자녀의 특성을 고려하지 않고 자신들이 옳다고 생각한 방식으로 밀어붙여 발생한 결과라고 해야 한다.

나비 고치 비유를 가르침에 적용해보면, 수업 중에 주어진 문제를 못 풀어 끙끙대는 학생들을 꾸짖거나 그냥 답을 가르쳐주는 것이 교육이 아니라, 스스로 풀도록 지켜보거나 문제 풀이에 몰두할 수 있도록 동기를 부여하는 정도의 역할을 하는 것이 바른 가르침의 길이라고 할 수 있다.

이와 약간 다른 비유로, 그냥 지켜보는 것이 아니라 제자와 스승이 함께 힘을 모은다는 의미의 '줄탁동시'라는 말이 있다. 그렇다면 황제나비 고치에 구멍 뚫어주기 비유와 줄탁동시 비유 중 어떤 것이 옳을까? 아예 황제나비 고치 구멍 뚫기와 정반대되는 비유도 있다. 연꽃 씨껍질 뚫어주기이다. 줄탁동시에 대해서는 조금 뒤에 설명하기로 하고, 먼저 연꽃 씨껍질 뚫어주기에 대해 생각을 나누어보자.

연꽃 씨껍질
뚫어주기

잘 알다시피 연꽃 씨(특히 묵은 연꽃 씨)는 껍질이 너무 단단하여 물에 담그거나 흙에 묻어두어도 곧 발아가 되지는 않는다. 지난 2009년 경남 함안군 성산산성(사적 67호)에서 700여 년 된 연꽃 씨앗이 발견되었고, 그 씨앗이 싹을 틔운 지 1년 만에 찬란하게 꽃을 피운 사례도 있을 정도이다. 따라서 연꽃 씨를 우리가 원하는 시기에 발아시키고자 한다면 씨앗의 둥그런 부분을 3밀리미터 정도 절단해주야 한다. 소나무 가운데 콘톨타소나무는 산불에 자신의 몸을 태워 솔방울이 벌어져야 땅에 종자가 떨어져 발아할 수 있다. 이 비유를 듣다 보면 어떤 생각이 드는가? '맞아, 그냥 지켜보는 것이 능사가 아니야. 아이를 교육시키려면 계획을 잘 수립하고, 이를 실천에 옮겨야 해. 지켜보기만 하면 어느 세월에 싹이 트겠어?' 라는 생각이 들지 않는가?

국립발레단 수석 무용수 겸 지도위원을 역임하고 우리나라 최고의 남자 발레 무용수로 일컬어지는 이원국은 고등학교 때 어머니 손에 이끌려 전혀 관심도 없던 발레리노의 길로 들어섰다. "솔직히 저는 그 이전에 발레는 물론이고 무용을 구경해본 적도 없습니다. 제가 무용을 처음 접한 때가 1986년 6월인 것 같은데, 개인적인 사정 때문에 고등학교를 쉬고 있던 때였습니다." 그의 어머니는 어디에도 마음을 붙이지 못하고 학교까지 그만둔 아들에게 이것저것 다 시켜보다가, 무용을 한번 해보라고 권유했다. 그는 정말 싫었지만, 마지막 소원이라는 어머니의 말을 듣고 무용학원에 등록했다. 발레로 성공한 그가 어느 인터뷰에서 "저도 무용을 통한 저의 성취가 부모님을 기쁘게 해준다는 것이 그렇게 행복할 수가 없었습니다."라고 밝힌 것을 보아도, 그가 정말 어머니의 원을 들어주고자 했음을 알 수 있다. 이원국의 어머니가 그를 억지로 끌고 가지 않았다면 이 시대 최고의 발레 무용수인 그는 존재하지 않았을 것이다.

인간뿐 아니라 동물들도 나름의 프로그램을 가지고 새끼를 교육하는 것을 볼 수 있다. 어미 닭이 병아리 스스로 먹이를 찾도록 가르치는 방법을 보면 참으로 슬기롭다는 것을 알 수 있다. 처음에는 먹이를 입으로 물어서 병아리 입에 하나하나 넣어준다. 그러다가 조금

지나면 그냥 입에 넣어주지 않고 병아리 앞에 물어다 놓고 쪼아 먹게 한다. 병아리가 좀 더 자라서 날개깃이 돋기 시작할 무렵이면 먹이가 있을 만한 곳을 발로 파헤쳐놓기만 한다. 꽁지도 나오고 닭의 모습이 갖춰지기 시작하면 저 스스로 거름더미를 파헤치며 먹이를 찾도록 이끄는데, 이때 먹이를 찾지 않고 어미 곁으로 다가오면 오히려 심하게 쪼아 쫓아버린다.

줄탁동시

이제 앞의 서로 상반된 두 가지 비유와 달리 가르침과 관련하여 널리 알려진 '줄탁동시'라는 비유를 살펴보자. 이는 불교 선종의 종문 제1지도서 《벽암록碧嚴錄》에 나오는 말이다. 누구나 아는 이야기지만 약간의 설명을 덧붙이자면, 새가 알에서 깨어날 때 새끼가 안에서 껍질을 쿡쿡 쪼아대는 것을 '줄啐'이라고 하고 어미 새가 바깥에서 쿡쿡 쪼는 것을 '탁啄'이라고 한다.

텔레비전에서 야생 청둥오리가 부화하는 장면을 본 적이 있는데, 부화될 시기가 되니 알 속에 있는 새끼들이 나올 준비 다 되었다는 듯이 삐악거리는 소리를 내고 알껍데기를 쪼며 어미를 불렀다. 그러자 어미도 밖에서 알껍데기를 쪼아 새끼가 세상 밖으로 나오도록 도왔다. 새끼들이 부화를 마치자 어미 오리가 새끼들을 데리고 냇가로 가는데, 둥지에 알 하나가 그대로 남아 있었다. 그 알은 죽은 알인지 아무 소리도 나지 않았다. 어미 오리는 알 속에서 새끼가 부를 때에만 껍질을 깨도록 도와주고 그렇지 않을 경우에는 그냥 두고 가는 것 같았다.

보통은 이 비유를 통해 스승과 제자가 동시에 힘을 모아야 한다는 동시성이나, 스승과 제자가 힘을 모아 배움에 이른다는 협동성을 알 수 있다고 한다. 그러나 이 비유가 주는 더 중요한 시사점은 적시성이다. 만일 어미 새가 빨리 새끼가 나오기를 바라며 아직 준비가 덜 된 알을 콕콕 쪼아 구멍을 낸다면 어떻게 될까? 알은 결국 부화되지 못하고 곯아버릴 것이다. 준비가 다 되었을 때를 파악하여 밖에서 쪼아주는 것, 즉 제자의 근기根機(산스크리트어로는 인드리야indriya이며, 줄여서 기機라고도 한다. 사람이 가지고 있는 근본적인 바탕, 즉 본성을 나무의 뿌리[根]에 비유하고 그것의 작용을 '기'라고 한 것이다. 불교에서는 특히 부처의 가르침을 받아들이고 교화될 수 있는 능력 또는 그 대상을 가리킨다. 수행을 하고 안 하는 것, 법法을 배우고 익히는 것과 그렇지 않은 것은 모두 이 근기의 정도에 달려 있다. 근기는 사람마다 타고난 정도가 다르므로, 근기가 높은 사람은 교법을 받는 능력이 뛰어나다.)가 무르익었을 때, 달리 말하면 제자가 충분히 준비되었을 때 스승이 깨달음의 길로 이끌어주어야 한다는 것이다.

줄탁동시가 주는 또 다른 시사점이 있다. 알이 부화되는 과정에서 어미 새가 하는 가장 중요한 역할은 알 속에서 새끼가 잘 성장하여 밖으로 나올 수 있도록 알을 품어주는 것이다. 즉 스스로 배울 준비를 하도록 방치하거나 배우고 싶은 마음이 없는 아이에게 억지로 가르침을 주는 것이 아니라, 배우고 싶은 마음이 들도록 곁에서 늘 품어주고 호기심을 일깨워주는 것이 바로 가르치는 사람이 해야 할 일이다.

세 가지 비유가 주는
시사점

그렇다면 어떻게 하는 것이 옳은 일일까? 뭐 고민할 것이 있겠는가. 황제나비 고치는 구멍을 뚫어줄 것이 아니라 나오는 것을 지켜보고, 새 알은 속에서 소리가 날 때 밖에서 함께 깨주며, 단단한 연꽃 씨는 그냥 기다릴 것이 아니라 싹을 틔우고자 하는 봄날을 잡아 껍질을 깨주면 되는 것이다! 이와 마찬가지로 가르침의 길목에서도 지켜보아야 할 때에는 아무리 안타깝더라도 대신 해주고 싶은 마음을 억누르며 지켜보아야 하고, 아이가 배울 준비가 되었다고 생각될 때 가르침을 주며, 아이가 원하지 않더라도 연꽃 씨껍질을 깨주듯이 자극이 필요할 때라면 강하게 자극을 주고 요구되는 조건을 적극적으로 갖춰주어야 한다.

그런데 아무리 봐도 아이가 연꽃 씨인지, 나비 고치인지, 아니면 새의 알인지 알기가 어렵다. 우리를 어렵게 하는 것은 한 집단에 속한 아이가 모두 새의 알일 수는 없다는 점이다. 모두가 새의 알이 아니라는 말은, 어느 아이나 집단에게 효과 있는 방법이 다른 아이나 집단에게도 반드시 효과적이지는 않을 것이라는 의미이다.

극단적인 적개심을 가졌거나 마음이 깨진 아이는 나비 고치에 가깝다. 이러한 아이들은 힘들더라도 멀리서 지켜보아야 한다. 나오다가 날개가 찢어질 수도 있고, 때로는 못 나올 수도 있다. 그러나 안타까워 손을 대면 오히려 아이를 해치는 결과를 가져올 수 있다. 억지로 꺼내놓는다고 하더라도 결국 날지 못할 것이다. 그렇다고 이 아이가 홀로 외로운 투쟁을 하도록 내버려두라는 말은 아니다. 늘 지켜보고 있다가 너무 힘들어하거나 도움을 요청하는 신호를 보내올 때에는 다가가서 어떤 도움이 될 수 있을지 방법을 모색해야 한다.

내가 만난 한 고등학교 상담 교사는 소년원을 여러 차례 들락거린 학생을 포함한 여러 문제 학생들을 지도해본 경험을 토대로 기다림의 교육을 이야기했다. 서두르지 않고 기다려주었더니 학생들이 스스로 마음의 문을 열고 다가오더라는 것이다. 기다림이나 자유교육을 주장하는 선생님들은 수업 참여까지 학생들의 선택에 맡기는 닐^{Neill}의 서머힐스쿨(1921년 스코틀랜드 출신의 자유주의 교육 사상가인 A. S. 닐이 세운 기숙사제의 대안 학교이다. 이 학교는 학생의 자유와 개성을 최대한 존중하는 자연주의 교육관을 바탕으로 하고 있다. 널리 알려진 것처럼 학생들 스스로 시간표를 짜고 학교의 규칙도 학생들이 스스로 만든다.)을 예로 든다. 이러한 교육법은 개성이 강하고 도움에 오히려 반발하는 학생들에게도 적합할 것이다.

순응적이고 수동적인 아이는 연꽃 씨에 가깝다. 아이가 희망하거나 동의할 경우에는 부모와 선생님이 아이와 함께 계획을 세우고 아이가 이를 실천할 수 있도록 적극적으로 이끌어가는 것이 도움이 될 수도 있다. 그러면서 아이 스스로 헤쳐 나갈 수 있도록 부모와 선생님의 관여 수준을 서서히 낮춰갈 필요가 있다.

의욕 상실증이나 우울증에 빠진 학생들은 새의 알에 가깝다. 스스로 계획을 짜라고 해도 하지 않을 테고, 혼자 두면 오히려 문제가 더욱 악화될 것이다. 이들은 그냥 방치하는 것이 아니라, 어미 새가 알을 품어주듯이 의욕을 회복하도록 매일 관심과 사랑으로 품어주어야 할 것이다. 어느 정도 받아들일 가능성이 있다고 판단되면, 부모와 선생님이 운동을 비롯한 여러 체험 프로그램을 마련하여 적극적으로 이끌 필요도 있다. 이 과정에서 아이들이 자기의 길을 찾아 나서려는 욕구를 보이면 그때 적극 도와야 한다.

기질별 아이
기르기

소아청소년 정신과 전문의인 박진균은 《기질별 육아혁명》에서, 아동의 기질에 따라 교육법이 달라져야 한다고 주장한다. 그는 아동 기질을 이루는 요소를 '위험 회피 경향', '활동성', '부정적 반응성', '집중력', '사회적 민감성', '감각적 민감성' 등 여섯 가지로 나눈다. 이 여섯 가지 요소의 높낮이가 다양하게 복합되어 아이의 기질이 형성되는데, 그 기질에 따라 각각 적합한 교육법이 있다. 그의 주장에 따르면, 앞서 소개한 자살 학생은 위험 회피 경향이 높은 아이로 소심하기 때문에 비난하지 말았어야 했다. 이 책의 목적은 다양한 비유를 통해 가르침의 본질을 함께 찾아가는 것이므로, 기질별 교수법을 더 구체적으로 소개하지는 않겠다.

기질별로 교육법이 달라져야 한다는 말을 들으면, 두어 명의 자녀를 기를 때에는 타당하지만 많은 학생을 대상으로 하는 학교에서는 적용하기가 어렵다고 생각할 것이다. 그 생각이 옳다. 많은 학생을 한꺼번에 교육하는 교실에서 학생들의 미묘한 기질 차이를 반영해 각각의 학생들에게 맞는 맞춤형 교육을 하기란 현실적으로 불가능하다. 그렇다고 이를 무시할 수도 없다. 따라서 여기에서 이야기하고자 하는 것은, 전체 학생을 대상으로 교육을 하는 과정에서 적응하지 못하는 학생들이 눈에 띄면 그들에게 특별한 관심을 갖고 각자의 기질을 파악한 후 그에 맞는 특별 지도를 계획하고 실시해야 한다는 점이다.

교사의 기질과 능력에 적합한 교수법

《기질별 육아혁명》은 아이의 기질에 따라 교육법이 달라야 한다는 데 초점을 맞추고 있다. 이와 함께 교육법의 차이에 영향을 미치는 중요한 변수는 가르치는 사람이다. 보통 문제 아이 뒤에는 문제 부모가 있다고 하는데, 여기에는 두 가지 이유가 있다. 첫째, 아이의 기질은 부모에게 물려받는 부분이 커서 아이와 부모의 문제적 성격이 유사할 가능성이 높기 때문이다. 둘째, 그러한 기질을 가진 부모는 자녀가 문제 행동을 보일 때 이를 통제할 능력이 없어서 아이의 문제 행동을 더 강화할 가능성이 높기 때문이다.

박진균에 따르면, 어린아이의 '활동성'은 양육 환경에 따라 어른이 되면서 두 가지 경로로 나뉘어 발전한다. "첫 번째 경로는 '활동적이고 사교적인 성향'으로의 발전이고, 두 번째 경로는 '부정적 정서의 외재화'로의 발전이다. 쉽게 풀어 설명하자면, 활동적이고 에너지가 넘치는 아이를 부모나 사회가 잘 조절하고 사회화시키면, 아이는 사교적이며 즐거운 에너지가 넘치는 외향적인 어른으로 자라날 것이다. 그러나 이런 활동적인 아이를 부모가 적절히 사회화시키지 못하고 그 정서를 잘 조절해주지 못한다면, 아이는 불평불만이 많고 과격한 비행 청소년, 폭력적인 어른으로 자라게 될 수도 있다는 것이다."(박진균, 〈까다로운 아이 계속 까다로울까〉, 《베이비트리》)아이의 활동성이 매우 높을 경우 부모도 그러한 특성을 가질 가능성이 상당히 높다. 그리고 그러한 부모는 기질상 자신도 정서 조절 능력이 떨어지기 때문에 교육 과정에서 아이와 자주 충돌하게 되며, 그 결과 아이를 활동적이고 사교적인 성향으로 길러내기보다는 그 반대인 '비행 청소년'이 되게 할 가능성이 더 높다. 이러한 이유로 문제 학생 뒤에는 문제 학부모가 있을 확률이 높은 것이다. 따라서 활동적이고 부산한 아이를 잘 키우는 방법을 찾을 때에는 아이의 기질뿐 아니라 부모의 기질에 적합한 교육법이 함께 탐색되어야 한다. 활동성이 매우 높은 부모가 자기를 잘 조절하면서 아이를 즐거운 에너지가 넘치는 외향적인 어른으로 자라도록 하는 방법이 탐색되지 않는다면, 제시된 다양한 교육법이 그러한 부모에게는 결국 무용지물이 될 것이다.

교사의 성품적 기질뿐만 아니라 가르침에 활용될 수 있는 교사의 기능이나 교사의 특기 등에 따라 적합한 교육법이 별도로 탐색되어야 한다. 물론 교사가 자신의 성격만을 내세워 학생들의 기질은 고려하지 않은 채 자신의 성격 특성에 적합한 방식으로 학생들을 교육하려 한다면 성공하기 어렵다. 하지만 교사 스스로 자신에게 적합한 교수법을 탐색한다면 학생들에게 성공적으로 적용할 수 있을 것이다. 서문에서 최고의 교수법이란 '어떤 특정 기법이 아니라 가르침의 본질에 대한 끝없는 성찰과 자신에 적합한 교수법을 찾아 쉼 없이 노력하는 자세, 그리고 열정 그 자체'라고 강조한 바 있다. 학생의 기질에 적합한 교수법이 따로 있듯이, 실은 모든 교사에게 적합한 최고의 교수법이 하나 있는 것이 아니라 교사의 기질과 능력에 따라 적합한 교수법도 따로 있을 것이기 때문이다.

개인이 가진 기능적 특성도 교수법에 영향을 미친다. 가령 강의를 할 때 PPT를 활용하더라도 동시에 판서를 해가며 가르치는 것이 학생들의 단계적 이해를 돕고 적극적 사고를 유도하는 데 도움이 된다고 한다. 그러나 나는 악필인 데다 글씨 쓰는 속도 또한 매우 느려서 거의 판서를 하지 않는다. 그 대신 내 특성에 가장 적합한 교수법을 찾아 발전시키고 있는데, 그중 하나가 바로 스토리텔링 기법이다. 물론 항상 스토리텔링 기법만을 사용하지는 않는다. 학생들의 특성과 강의 주제 등을 감안하여 그때그때 바꿔가기도 한다.

교사 스스로 가장 자신 있으며 좋아하는 것을 토대로 학생들을 이끌어가는 것도 하나의 방법이다. 그 하나의 길로 교육 전체를 성공적으로 이끌 수 있기 때문이다. 가령 섬진강 시인으로 유명한 김용택은 시 쓰는 능력으로 학생들을 지도했다. 그리하여 반 학생들이 비록 초등학생이지만 시집을 내도록 이끌기도 했다. 그중 하나가 바로 《여치가 거미줄에서 탈출했다》이다. 이 책의 저자는 전북 임실군의 덕치초등학교 2학년 학생 12명이다.

교사와 교수 모두 자신이 잘하고 좋아하는 활동이나 재능이 있다. 운동을 좋아하고 잘하는 선생님은 운동으로, 영어를 잘하는 선생님은 영어로, 여행을 좋아하고 자료를 많이 가진 선생님은 여행 자료로 강의를 더 알차고 재미있게 이끌어갈 수 있다. 가르친다는 것은 어떤 교재 내용을 전달하는 것이 아니라, 그 교재를 자료로 삼아 새로운 깨달음으로 이끄는 것이다. 교사가 자신의 특기를 활용한다면 교과 내용을 좀 더 성공적으로 가르칠 수 있을 뿐만 아니라, 궁극적으로 사람과 사람이 만나 서로 가르치고 배우는 보다 풍성한 교육의 장을 만들어낼 수 있을 것이다. 최고의 교수법은 '가르침의 본질에 대한 끝없는 성찰과 자신에 적합한 교수법을 찾아 쉼 없이 노력하는 자세, 그리고 열정 그 자체'임을 다시 한 번 생각해보며 자신에게 적합한 교수법을 찾아보기 바란다.

가르침과 관련된 서로 다른 세 가지 비유를 통해 학생의 특성과 준비 자세, 아울러 가르치는 사람의 특성을 함께 고려한 가르침의 본질에 대해 생각을 나누어보았다.

우리는 어떤 이야기를 접하면 그것을 바탕으로 생각을 발전시켜 간다. 그런데 비유를 잘못 이해하면 오히려 오류를 저지를 수 있다. 비유는 우리가 아는 세계에서 모르는 세계로 쉽고 안전하게 건너가 도록 도와주는 배와 같다. 그러나 그 배가 가고자 하는 목적지를 정확히 이해하지 못하고 노를 저어가다가는 낭떠러지로 떨어질 수도 있음을 깨닫기 바란다. 새로운 비유를 마주칠 때에는 그 비유가 이끌어가려 하는 새로운 세계를 정확히 이해하며 그 한계를 염두에 두고 적용해야만 이러한 오류를 줄일 수 있을 것이다.

·04·

두뇌는 '그릇'이 아니라 '근육'이다

《미국 최고의 교수들은 어떻게 가르치는가》라는 책으로 유명한 켄 베인 교수를 가까이에서 만날 기회가 있었다. 그가 화상 강의를 통해 다른 대학교수들에게 대학교수 강의법에 대해 강의하는 것을 지켜보았다. 베인 교수에 따르면, 최고의 교수들은 학습과 지식의 본질에 대해 거의 비슷한 의견을 가지고 있다. 그는 질문하는 나에게 오히려 학습 이론과 동기부여 이론에 관해 얼마나 알고 있는지 반문했다. 가르치는 사람으로서 이들 이론에 대해 관심을 갖고 공부하려한 적이 있는지도 물었다.

역사학자인 그는 학생들 앞에서 강의를 하다가, 학습이 어떤 과정을 통해 이뤄지는지에 대한 '학습 이론'과 본인이 의미 있다 생각하는 주제에 학생들의 관심을 유도하는 '동기부여 이론'도 모른 채 가르치고 있음을 문득 깨닫게 됐다고 말했다. 이 같은 이유로 관련 서적을 탐독하고 자신만의 관점을 정리하며 뜻을 같이하는 사람들과 있다 보니 이 분야의 전문가가 되었다는 것이다. 교육학교육행정학을 전공한 나 역시, 베인 교수가 지적한 이들 이론에 관해 알고는 있지만 강의 개선을 위해 이들 이론에 특별한 관심을 쏟으며 수업을 진행하지는 못했음을 새삼 깨달았다.

최고의 교수들은 기억 혹은 기억을 담당하는 우리의 뇌를 어떻게 바라보는가? 전문가들은 "학생의 뇌는 채워져야 할 '그릇'이 아니라 강한 훈련을 받아야 할 '근육'이다."(Mike O'Connell, "The Sage for the Ages," *The Chronicle of Higher Education*)라고 이해한다. 뇌가 그릇이라면, 가르치는 일은 학생들의 뇌에 많은 지식을 넣어주는 활동이 된다. 그러나 뇌를 발달시켜야 할 근육이라고 본다면, 강의는 그 근육을 훈련시키는 활동이 된다. 이렇게 그릇과 근육으로 대비시키는 이유는 뇌가 단순한 그릇이 아님을 강조하기 위함일 뿐이고, 사실 뇌는 이 두 가지 기능을 동시에 수행하고 있다. 그래서 '뇌는 저장고인 동시에 자료 처리 장치'라고 불린다.

가르침이 그릇 혹은 저장고에 지식을 넣어주는 활동이라면, 교수는 학생들이 담아야 할 것을 최대한 많이 제공해주고 가능하다면 저장이 용이하도록 도와주면 된다. 한편 가르침이 학생들의 뇌라는 근육을 개발시키는 활동이라면, 교수는 단순히 지식을 제공하거나 이해를 돕도록 설명하는 데 그치지 않고 학생들로 하여금 해당 활동을 직접 해보도록, 즉 스스로 사고하도록 유도해야 한다. 야구를 가르치는 경우 야구하는 법을 설명도 하겠지만 직접 훈련을 시키는 것이 주된 활동인 것처럼 말이다. 물론 자신은 야구 이론 교수이고 야구 실기 교수가 따로 있다면 지식이라는 것을 설명만 하는 시도가 어느 정도 합리화되겠지만, 대부분은 그렇지 않다.

철학을 가르치는 일이 주로 철학자의 연구 결과를, 그리고 그들의 사상을 소개하는 활동이어서는 안 된다는 것이 하버드 최고 교수의 한 명으로 꼽히는 마이클 샌델의 이야기였다. 그는 '현대 정치철학' 이나 '정의' 등의 강의에서, 짧은 시간에 학생들에게 교재 내용을 가르치는 것이 아니라 학생들이 직접 정치철학을 행하도록 하고 있다.

대부분 선생님들은 교육방송을 통해, 하버드대학에서 수백 명의 학생들에게 강의를 하는 마이클 샌델 교수의 모습을 본 적이 있을 것이다. 그는 몰려드는 학생들 때문에 강좌당 1000여 명의 학생을 놓고 강의한다. 그에게 이러한 대형 강의에서 어떻게 직접 정치철학을 행하도록 할 수 있느냐고 물었더니, 대형 강의처럼 보이지만 실제로는 그렇지 않다고 답했다. 그의 강의를 듣는 학생들은 20명씩 한 조로 묶여 있고, 각 조에는 박사 과정 수료생 수준의 티칭 펠로(우리말로 강사)가 한 명씩 배정된다. 교수에게 직접 강의를 듣기 전에 펠로와 학생들이 만나서 다음번 강의 주제에 대해 서로 토론하면서 궁금한 점을 정리하는 기회를 갖는다. 이러한 과정을 거친 후에 교수에게 직접 강의를 듣는 시간은 교수와 직간접적으로 논쟁을 하는 시간이고, 학생들이 궁금증을 해결하는 시간이 된다. 학생들은 강의 자료를 미리 읽고 주어진 주제에 대해 펠로의 지도 아래 토론까지 거치면서, 정치철학을 적용하고 자기 것으로 만들어가는 것이다.

밴더빌트대학의 세포생물학 전공인 노던Norden 교수는 의대생들에게 뇌의 작동 원리를 가르칠 때 무용수를 초청한다. 뇌의 작동 원리를 간단히 설명한 뒤에, 학생들이 직접 무용을 배우면서 자신의 뇌가 어떻게 평형감을 익히고 특정 동작을 익히는지를 생각하고 서로 의견을 나누게 한다. 그렇게 하는 이유는 학생들 스스로의 사고 과정을 통해 뇌라는 '근육'을 만들어가고 발달시키도록 유도하는 것이 가르침의 본질적 활동임을 알고 있기 때문이다.

지필 시험, 특히 서답형이나 논술형 시험은 단순한 지식 암기 정도를 측정하는 것이 아니라 학생들의 사고력 수준, 즉 뇌 근육 단련 정도를 측정한다고 봐야 한다. 이와 관련된 재미있는 예로, 비키 실버즈Vicki Silvers와 데이비드 크레이너David Kreiner의 세 가지 시험 족보에 대한 실험이 있다. 총 114명을 대상으로 한 이 실험에서는 학생들을 세 그룹으로 나누어, 첫 번째 그룹에는 올바르게 밑줄 친 시험 족보를, 두 번째 그룹에는 틀리게 밑줄 친 시험 족보를, 그리고 세 번째 그룹에는 깨끗한 시험 족보를 제공했다. 어느 그룹의 성적이 가장 좋았을까? 아무 곳에나 밑줄이 그어진 족보를 받아 든 학생들은 뭔가 이상하다고 느꼈고, 성적도 별로 향상되지 못했다. 그런데 재미있는 것은 중요한 부분이 제대로 강조되어 밑줄 그어진 자료를 받은 학생들도 성적이 별로 향상되지 못했다는 점이다. 가장 성적이 좋은 그룹은 줄이 그어지지 않은 깨끗한 시험 족보를 받은 학생들이었다.

그 이유는 뭘까? 밑줄이 그어진 책을 읽으면 아무리 안 그러려고 애써도 눈이 자연스레 밑줄 그어진 쪽으로 가곤 하던 기억은 누구나 있을 것이다. 우리는 자료에 줄이 그어져 있으면 무의식중에 밑줄 그어진 내용만을 주로 보고 깨끗한 부분은 지나치게 된다. 밑줄이 그어진 자료나 시험 족보는 학생들을 수동적인 학습자로 바꾸어 오히려 내용 정리를 방해하는 것이다. 반면에 깨끗한 자료나 시험 족보는 학생들로 하여금 적극적인 독해를 하도록 유도하면서 능동적인 학습자가 되게 한다. 학습자 스스로 자신의 뇌를 활용해 이해하고 정리하는 과정을 거칠 때, 즉 뇌 근육을 강화시킬 기회를 가질 때 족보와 자료가 학습자의 지식이 되는 것이다.

물론 개인차는 있다. 위장이 약한 사람에게는 소화가 쉽도록 음식을 가공해 제공해야 한다. 그러나 소화력이 어느 정도 회복되면 서서히 가공하지 않은 음식을 제공함으로써 위장을 강화해야 한다. 가르치는 것은 소화가 쉽도록 음식을 가공해 제공하는 것과 같다. 학생들이 어느 정도 소화력을 갖췄다고 판단되면 스스로 소화시키도록 가공되지 않은 자료를 제공하고, 스스로 필요한 책을 찾아 읽도록 안내하며, 직접 체험하도록 유도해야만 사고 근육이 발달된다.

배움의 본질과 과정에 대한 이해 없이 가르치는 일을 하는 것은 화초 성장의 원리도 모르면서 화초를 기르는 것과 같다. 결국 화초를 죽게 할 수도 있다. 물론 예를 든 교수들의 교수법이 성공하려면 학생들이 미리 주어진 수업 자료와 교재를 읽고 오게 하는 능력이 있어야 한다. 이는 강의 성공을 위한 또 다른 능력이다. (학생들이 읽을거리를 충분히 읽고 준비해 오도록 유도하는 방법은 뒤에서 살펴보겠다.)

뇌가 그릇이라고 생각하며 학생들을 가르쳐왔다면, 이제는 뇌가 그릇인 동시에 근육이라고 생각을 바꾸고, 이에 맞춰 가르치는 방식도 바꿔가야 한다. 스스로 사고할 기회를 많이 제공하며 그 과정에서 사고 근육을 강화시키는 수업이 될 때, 학생들은 주어진 내용을 자기 것으로 만들 수 있을 것이다.

·05·

마음의 문과
혀라는 칼날

"마음의 문을 여는 손잡이는 마음의 안쪽에만 달려 있다."는 헤겔의 말이 있다. 참으로 아름다운 이 비유는, 자신의 닫힌 마음을 열 수 있는 것은 자기 자신뿐이니 세상으로 나오려거든 세상이 용서 빌기를 기다리지 말고 스스로 용서라는 열쇠로 문을 열고 나와야 한다는 메시지를 담고 있다. 문을 잠그는 순간 마음은 감옥이 된다. 한편으로 이 비유는 타인의 마음을 강제로 열 수 없다는 메시지도 담고 있다. 가르침은 만남이고 소통이다. 따라서 첫 시간, 첫 만남에서뿐만 아니라 교수학습 활동 내내 학생들이 나를 스승으로 받아들여 마음의 문을 열도록 늘 노력해야 한다.

최근 우리나라 최고 대학의 법학전문대학원 학생들을 대상으로 존경하는 스승상에 대해 설문 조사를 했는데, "귀를 먼저 열어주는 교수님, 애정을 가지고 학생들과 소통하는 교수님, 학생의 미래를 함께 고민하는 교수님, 학생들의 요구 사항에 귀를 기울여주는 교수님"이라는 답이 많이 나왔다. 유치원생부터 법학전문대학원생까지 스승에게 기대하는 바는 비슷하다. 선생님이 좋아서 어떤 과목을 좋아하게 되었다거나, 반대로 선생님이 싫어서 흥미를 잃게 되었다는 이야기를 자주 듣는다. 이 또한 가르치는 사람이 학생들의 마음을 열기 위해 노력하는 것이 얼마나 중요한가를 다시 깨닫게 한다. 마음을 열기 위한 충분한 노력 없이 수업을 진행하는 것은, 이중창으로 꼭꼭 닫힌 창문 밖에서 상대와 대화를 한다며 혼자 떠드는 것과 비슷하다. 학생들이 오래 기억하는 스승 중에는 유독 신규 교사가 많다. 그들은 기법이 서투를지는 몰라도 온 마음을 다해 학생들과 소통하기 위해 노력하고 그 안에서 기쁨을 찾기 때문이다.

학생들은 오랜 학창 시절 동안 다양한 선생님을 만난다. 그런데 우리 뇌는 좋은 기억보다 안 좋은 기억을 더 오래 간직하는 속성이 있다. 부정적 기억을 오래 간직해야 실수를 줄여 생존 가능성이 높아지기 때문이라는 것이 진화심리학자들의 설명이다. 자신에게 도움을 준 선생님보다 상처를 준 선생님을 기억하는 사람들이 더 많은 것도 같은 이유이다. 학생들이 기억하지 못하는 선생님이 되자는 말에는 최소한 부정적으로 기억되는 선생님은 되지 말자는 뜻이 들어 있다.

우리는 혼자서는 살아가기 힘든 존재이다. 더구나 늘 더불어 살아야 하는 부부, 부모와 형제, 연인이나 친구, 혹은 직장 동료 등 심리적·물리적으로 가까운 사이일 경우 한쪽이 마음의 문을 닫으면 서로가 힘들어진다. 문을 닫고 있는 상대방은 좌절과 분노 또는 실망감에 빠져 나보다 더 힘들 테지만, 나 또한 질식할 것 같은 느낌을 받는다. 그렇다고 나까지 문을 닫아버리면 둘을 이어주던 아름다운 길은 잡초가 무성해지며 결국 사라지고 만다.

이러한 상황에서 상대의 마음과 만나고 싶다면 상대가 스스로 마음의 문을 열도록 최선을 다하는 길 말고는 다른 방법이 없다. 눈에 보이는 문이라면 부수고라도 침입할 수 있겠지만 마음의 문은 그럴 수도 없다. 마음의 문을 열게 하는 방법 가운데 하나는 문을 닫은 이유를 찾아 그 상처를 헤아려주는 것이다. 마음의 상처는 대부분 사소한 말에서 비롯된다. 잘 알다시피 혀는 예리한 칼날인데, 우리 대부분은 이를 거의 의식하지 못하며 그 칼날을 휘두른다. 상대의 혀끝에서 나온 말로 상처를 입고 나서야 깨닫는다. 그러면서도 우리는 자신의 혀끝이 상대방에게 입히는 상처를 육안으로 볼 수 없다 보니 이야기를 할 때에는 다시 이를 망각한다. 혀가 얼마나 예리한 칼날이기에 신은 강인한 이로도 부족해 입술까지 덮어 이중으로 칼집을 씌워놓았을까!

가르침이라는 의사소통을 할 때 혀가 예리한 칼날이라는 사실만 기억해도 학생들에게 말로 상처 주는 실수를 크게 줄일 수 있다. 열다섯 살 때 소년원에 들어갔던 탈주범 신창원은 KBS와의 인터뷰에서, 초등학교 5학년 때 육성회비를 가져가지 못한 자신에게 담임선생님이 "돈도 못 내면서 뭐하러 학교에 와."라는 말과 함께 욕설을 퍼부었던 그날 이후로 괴물이 되어가는 자신을 보았다고 했다. 선생님은 전혀 기억하지 못할 테지만 그는 선생님의 말과 욕설을 늘 가슴에 품고 살았던 것이다.

우리가 언어를 구사하는 것은 오랜 연습을 통해 익숙해진 일종의 적응무의식적 행위이다. 선수들에게 폼이 중요한 이유는 적응무의식 상태에서 운동을 하기 때문이다. 이와 마찬가지로 언어도 적응무의식 상태에서 구사되기 때문에 기본 언어 습관이 중요하다. 한번 굳어버린 언어 습관을 바꾸는 것은 굳어버린 운동 폼을 고치는 것보다 훨씬 어렵다.

내 아이가 중학교에 다니던 시절, 엄마 말에 상처를 입었다며 힘들어하기에 다독이며 한마디 보탰다. "네가 부모 말에 상처를 입을 때가 있듯이 부모 또한 네 말에 상처를 입을 때가 있단다. 부모인 우리도 더욱 조심할 테니, 네 혀가 상대방에게 상처를 입히는 칼날이 될 수 있음도 기억해다오."

우리가 어느 정도 경지에 이르면, 어두운 방에서도 손 베이는 일 없이 빠른 속도로 가지런하게 떡을 써는 한석봉의 어머니처럼, 의식하지 않고 혀를 놀려 나오는 말이라도 상처를 입히기보다는 학생들의 미래를 아름답게 조각하게 될 것이다. 이러한 경지에 이르지 못한 우리는 서툰 칼잡이가 칼질을 하듯이 조심스럽게 혀를 움직여야 한다. 그래야 학생들이 우리를 조금이라도 기댈 수 있는 존재로 인식하며 다가올 것이다.

·06·

명가수, 명선수,
명교수

카사노바는 일반인들의 생각과 달리 '풍부한 콘텐츠로 사람들을 사로잡았'던 사람이다. 자서전이며 회고록이기도 한 그의 주요 저서 《내 삶의 이야기Histoire de ma vie》는 18세기 유럽 사회생활의 관습과 규범에 대한 매우 신뢰할 만한 자료로 여겨진다. 또한 그는 유럽의 왕족이나 교황 및 추기경뿐만 아니라 우리에게 잘 알려진 볼테르나 괴테, 모차르트 같은 유명 인사들과 교제했을 정도로 학식과 교양을 갖추었던 사람이다.

전설적인 지휘자 카라얀에게서 '신이 내려준 목소리'라는 찬사와 '일세기에 한두 명 나올까 말까 한 목소리를 가진 가수'라는 주빈 메타의 극찬을 받은 소프라노 조수미는 이탈리아어를 비롯해 불어와 독일어, 심지어 영어도 유창하게 구사할 줄 안다. 아무리 노래를 잘해도 발음이 어색하면 '외국인 장기자랑' 수준의 노래로 치부될 수밖에 없다.

어느 한 분야에서 세계적인 명성을 얻은 사람들은 기본적으로 실력을 갖추고 있다. 이처럼 최고의 경지에 이른 사람에게는 명장, 명가수, 명선수, 명교수처럼 '명' 자를 붙여준다. 그렇다면 명가수와 명선수, 그리고 명교수에게는 어떤 공통점이 있을까?

내가 대학에 부임한 다음 해, 학생회에서 가을 축제를 맞아 '다시 듣고 싶은 명강의'라는 프로그램을 만들고 학생들이 투표를 한 결과 내가 강사로 선정되었다. 학생들이 붙여놓은 포스터를 본 원로 교수님들은 인기투표라며 웃으셨다. 그다음 해에도 내가 뽑혔는데, 세 번째 해에는 그 프로그램이 사라져버렸다. 비록 학생들이 부여한 타이틀이었지만, 명강의와 명교수에 대해 나름대로 많은 생각을 하게 되었다. 학생들은 왜 나를 뽑았을까? 과연 명교수는 어떤 교수일까? 그러한 고민을 하면서 생각해낸 비유가 명가수와 명선수이다. 선수란 이성 상대를 잘 유혹하는 사람을 비유적으로 일컫는 말로, 과거에는 연애박사라고 불리기도 했는데 요새 학생들은 선수라고 부른다.

첫째, 명가수와 명선수는 자기의 안목으로 주어진 대상을 새로 태어나게 할 능력이 있는 사람들이다. 명가수는 악보에 있는 노래를 자기 것으로 만들어서 자기의 목소리로 새롭게 탄생시킨다. 유명 가수의 노래를 비슷하게 따라 하는 사람은 모창 능력이 아주 뛰어나다고 하더라도 명가수로 인정받지 못한다. 명선수도 대상을 선택하면 그 대상이 자신을 통해 새롭게 태어나도록 이끄는 능력을 갖춘 사람이다. 상대는 그런 사람에게 빠져들 수밖에 없다. 카사노바의 여인들이 떠나버린 그를 잊지 못하고 자살까지 한 것은, 그에 의해 새로 태어난 자신이라는 존재가 그가 떠남으로써 더는 존재할 의미가 없다고 느꼈기 때문이리라.

명교수 역시 교재의 내용을 자신의 안목으로 재구성하고 자기 것으로 만들어서 학생들에게 전달할 능력을 갖추고 있어야 한다. 그 교수를 통해 주어진 주제가 새롭게 태어나고 있음을 느끼고, 그 강의를 통해 지금까지 만나지 못한 새로운 세계를 맛보고 새로운 눈이 트임을 깨닫는 순간 학생들은 빠져든다. 학생들이 교재를 읽는 것이나 강의를 듣는 것이나 별 차이가 없다고 느낀다면 명교수로 인정받을 수 없다. 즉 명교수나 명가수 모두 남들과 다르면서도 감동을 주는 자기 자신만의 목소리로 자신의 노래를 부르는 사람들인 것이다.

둘째, 이들은 몇 번을 반복하더라도 늘 처음인 것처럼 신명나게 몰입할 수 있는 사람들이다. 가수는 한번 히트한 노래를 수백 번 이상 부르게 된다고 한다. 그런데 만일 청중의 마음에 '저 가수가 똑같은 노래를 수백 번 부르느라 얼마나 힘이 들까?' 하는 생각이 들도록 노래를 하는 가수라면, 명가수의 반열에 오를 수 없을 것이다. 몇 번을 부르든 처음인 듯 신선하고 정열적으로 몰입할 때 듣는 사람들도 호흡을 맞추게 될 것이다.

마찬가지로 교수는 동일한 주제의 강의를 수없이 반복하면서도 스스로 완전히 몰입해서 학생들을 사로잡을 수 있을 때에만 명교수로 인정받을 수 있다. "올해로 제가 38년째 5학년을 가르치지만요, 이 아이들을 가르치는 건 올해가 처음이거든요."(토드 휘태커,《훌륭한 교사는 무엇이 다른가》)라는 한 선생님의 말은 그가 이미 명교수의 반열에 올랐음을 느끼게 한다. 자기 자신은 몰입하지 못하면서 다른 사람을 자신의 활동에 몰입하게 하기란 거의 불가능하다. 교수가 입에서 파편을 튀겨가며 열강을 할 때, 학생들도 그 강의에 서서히 빠져들 것이다.

　셋째, 이들은 자기 활동을 상대에게 맞춰 번역하는 능력을 갖춘 사람들이다. 같은 일을 반복하면서 지루하지 않거나, 지루하면서 지루하지 않은 척할 수 있는 사람은 거의 없다. 외견상 같은 일을 반복하는 것처럼 보이지만 명가수나 명교수가 자기 활동에 몰입할 수 있는 이유는 결코 똑같이 반복하지 않기 때문이다. 이들처럼 되려면 상대를 파악하는 능력과 상대의 눈높이에 맞추는 능력을 겸비해야 한다.

　명가수는 같은 곡이라도 그날의 분위기와 청중의 성향을 자기 것으로 받아들인 후 이들과 호흡을 함께하며 새로운 노래로 불러낼 수 있는 사람이다. 1960년대부터 시작해 여전히 활동 중인 가수 남진을 만난 적이 있다. 그를 가까이에서 처음 본 것은 몇 해 전 고등학교 동문 체육대회에서였다. 그와 친분이 있는 한 친구가 초청 가수로 부른 것이다. 그가 도착하자 100여 명의 중년 부부가 운동장에 모였다. 높은 단상에는 노래방 기계가 놓여 있을 뿐 음향 시설도 제대로 갖춰져 있지 않았다. 초봄이지만 날씨는 차갑고 바람이 거셌다. 한 시대를 풍미하던 그 가수가 이런 환경에 어찌 대응하며 노래를 할지 순간 호기심이 일었다. 운동장 단상에 선 그의 표정은 조금 당황한 것 같았다. 그러나 이내 환한 미소를 짓고는 "우리 신 나게 놀아봅시다. 언니 오빠들, 이리 올라오세요!"라고 하며 사람들을 단상으로 불러 모았다. 그러더니 노래방에서 친구들하고 노는 것처럼 신 나게 춤을 추며 노래를 불렀다. 모두의 환호 속에서 공연을 마치고 떠나는 그에게서 진정한 명가수의 기운을 느낄 수 있었다.

　얼마 전 그를 다시 만났다. 옆자리에 앉은 그에게 몇 해 전 그를 처음 만났던 때의 감동을 이야기하며, 그렇게 자연스럽게 상황에 맞춰 노래하는 비결이 무엇이냐고 물었다. 그 물음에 그는 월남전 때 치열한 전투 후에 전우들이 둘러앉아 맥주 캔 두드리는 반주에 맞춰 노래를 부르기도 했다는 말을 했다. 그러한 극한의 경험들이 쌓여 어느 상황에서건 분위기를 맞출 수 있게 되었다는 답을 해주었다. 그는 이제 나이 일흔이 되었지만 매일 네 시간 이상 노래를 듣고, 두 시간 이상 노래 연습을 한다고 했다. 나이가 들수록 노래가 더 좋아지고 노래하면 신이 난다, 자신이 그러하지 않으면서 청중 앞에 서는 것은 사기 치는 것과 같다는 그의 말이 가슴에 와 닿았다.

명교수는 같은 주제의 강의라도 학생의 수준과 특성, 그리고 그날의 분위기에 따라 구성을 새롭게 하여 진행할 수 있는 사람이다. 최고의 교수법이라는 주제로 그동안 수백 차례 강연을 다녔다. 수천 명이 모인 대형 공연장에서, 초등학교 체육관에서, 때로는 조그마한 교실에서 다양한 사람들과 내 생각을 나눌 기회를 가졌다. 다양한 청중에 맞추기 위해 나는 강연장에 미리 도착하여 행사 주최자와 함께 그날 강연의 초점, 첨삭할 내용, 강연 방식 등을 재구성한다. 강연에서는 억지로 동원된 청중인지, 아니면 자발적으로 참여한 사람인지 파악하는 것이 중요하다. 억지로 동원된 사람들을 대상으로 할 때에는 특히나 재미있게 시작하여 마음의 문을 열게 한 다음, 오기를 참 잘했다는 생각이 들도록 그들이 듣거나 생각해보지 못한 관점을 먼저 제시함으로써 호기심을 불러일으킬 필요가 있다.

강연 주제의 특성, 청중의 규모와 연령대 및 직업 배경, 장소의 특성과 음향 시설, 강연 시작 시간과 길이 등을 감안하여 적합한 내용과 방법의 강연을 할 때 청중의 호응을 얻어낼 수 있다. 상대를 중심에 놓고 그의 마음과 먼저 접속한 후에야 가르침과 배움이라는 소통이 가능해진다. 학교 수업에서도 이러한 배려가 필요하다. 그 전날 월드컵 축구 경기가 있어서 많은 학생들이 밤을 지새우고 학교에 온 상황이라면, 분위기를 보아 강의 진행 중 10분 정도 수면 시간을 주는 배려도 필요하다. 학생들은 그날 수업 내용을 기억하지 못하더라도 수면 시간을 준 교수(교사)의 마음은 오래 기억할 것이다. 학생들의 상황이나 마음 상태를 고려하지 않고 무조건 나아가는 교사는 그 목적을 달성하기 어렵다.

모 대학 컨설팅 때 강의에 대해 교수와 학생들을 대상으로 면담을 실시한 적이 있다. 학생들은 교수가 자기 지식을 자랑만 할 뿐 학생들의 수준을 전혀 고려하지 않는다고 불평했고, 교수들은 아무리 쉽게 설명해도 학생들이 알아듣지 못하는 것 같아 가르칠 맛이 나지 않는다고 했다. 시험 문제를 가르쳐주고 시험을 봐도 절반 이상이 빈 답지를 내는데 무엇을 더 기대하겠느냐고 답한 교수도 있었다. 대학에서 수학할 수준이 안 되는 학생들을 대상으로 강의를 해야 하는 교수의 고통을 이해하지 못하는 것은 아니다. 그러나 이들을 학생으로 받아들였다면, 그리고 이들을 가르쳐야 한다면 이들이 배워야 할 내용을 이들의 수준에 맞게 재해석하고 조정해야 한다.

미하이 칙센트미하이는 《몰입》에서, 즐거움을 느낄 때 나타나는 현상의 하나로 '시간 개념의 왜곡'을 이야기한다. 몰입 여부에 따라 몇 시간이 몇 분처럼 느껴지고, 몇 분이 몇 시간처럼 느껴지기도 한다는 것이다. 사랑에 빠지는 순간 시간이 멈추거나 아주 느리게 흘러

가는 것처럼 느껴졌다는 말은 몰입의 효과를 극적으로 표현한다. 강의에 몰입한 교수는 시작한 지 얼마 안 된 것 같은데 벌써 강의 시간이 끝나간다고 생각하고, 노래하는 가수처럼 강의를 하면서 즐거움을 느낀다. 물론 상대방이 몰입하도록 이끌지는 못한 채 혼자만 몰입하는 경우는 명교수라 불리기 어려울 것이다.

명교수, 명가수, 명선수는 자기의 안목으로 주어진 대상을 새로 태어나게 할 능력이 있는 사람이고, 몇 번을 반복하더라도 늘 처음처럼 신명 나게 몰입할 수 있는 사람이며, 자기 활동을 상대에게 맞춰 번역하는 능력을 갖춘 사람이다. 물론 이러한 능력을 갖추려면 타고난 능력을 바탕으로 폭넓고 깊이 있는 지식을 쌓고 필요한 기능을 끝없이 연마해야 할 것이다.

·07·

청중의 마음
문 열기

그동안 다양한 주제로 상당히 많은 강연을 해왔다. 늘 만나는 학생들을 대상으로 하는 강의와 달리 강연을 할 때는 들머리에 청중의 마음 문을 열기 위한 활동을 먼저 하고 있다. 강사가 연예인이나 정치가 또는 유명 강사처럼 청중에게 이미 친숙한 사람이거나, 청중이 강연을 들으려고 스스로 찾아온 경우에는 이 과정을 생략해도 된다. 그렇지만 이런 경우에도 대부분 강사들은 마음의 문을 열기 위한 자연스러운 활동으로 강연을 시작하곤 한다.

  보통은 유머로 강연을 시작한다. 그런데 그날 강연 주제나 분위기에 어울리지 않는 유머라면 오히려 장내를 썰렁하게 한다. 노래에 재능이 있는 사람은 기타를 연주하며 청중이 좋아할 만한 노래를 하고, 한 발 더 나아가 합창을 유도하며 청중을 감동시키기도 한다. 아이스 브레이킹ice breaking 활동이라며 이상한 활동을 시키는 강사도 있는데, 이 또한 잘못하면 오히려 청중을 더 얼어붙게 할 수도 있다.

  내가 사용하는 방법의 하나는 얼굴색이 검은 편에 속하는 내 외모에 대해 농담을 하는 것이다. 내가 단상에 올라서면 대부분의 경우 주최 측에서 PPT가 잘 보이도록 하려고 조명을 끈다. 그때를 놓치지 않고 곧바로 불을 켜달라고 부탁하며 한마디 한다. "제 얼굴이 까매서 잘 보이지 않으니 청중을 위해 조명을 그냥 켜주세요." 이렇게 이야기하면 청중 사이에 가벼운 웃음이 퍼진다. 바로 이어서 약간 곱슬머리라서 학창 시절 라면발이나 베토벤으로 불리던 내가 "언뜻 보면 한국 사람 아닌 것 같죠."라고 말하면 웃음은 더 커진다. 이때 한두 가지 에피소드를 곁들인다.

IMF 외환위기 때 광화문 교보문고 버스 정류장에서 내려 미국 대사관 앞 지하도를 통해 정부종합청사로 가려고 막 지하도에 접어드는데 전경이 날 잡았다.

"검문 있겠습니다. 신분증 제시해주십시오."

기분이 나빠 혹시 이유를 알 수 있는지 물었다. 전경이 나를 위아래로 훑어보며 대답했다.

"불법체류 외국인 검문 중입니다."

황당해서 국립대 교수 공무원증을 보여주었다.

"죄송합니다."

전경이 사과하며 경례를 붙이고 돌아섰다.

이 이야기를 들려주면 박장대소를 하며 웃는 사람이 많다. 그러면 바로 본 강연으로 들어간다. 상황에 따라서는 다음의 에피소드를 추가로 들려주기도 한다.

2000년 미국에 교환교수로 나가 있던 때, 아이들을 데리고 워싱턴에 있는 박물관을 구경하러 갔다. 스미소니언 우주박물관에 들어서니, 발 디딜 틈 없이 많은 사람들로 북적거렸다.

달나라에서 가져온 돌을 만져보려고 줄을 서 있다가, 우연히 저만치에서 인파를 헤치며 내 쪽으로 오는 아시아계의 한 노인과 눈이 마주쳤다. 얼굴에는 반가움이 가득했다. 전혀 기억에 없는 사람이었지만 혹시 아는 사람인가 해서 나도 미소를 지었다. 그랬더니 다가와서 손을 덥석 잡으며 계속 이야기를 해댔다. 전혀 알아듣지 못해 어색한 표정을 지었더니, 같이 온 딸이 어느 나라에서 왔느냐고 물었다. 내가 한국에서 왔다고 대답하자, 이내 미안하다며 상황을 설명해주었다. 자기 아버지가 난생처음 베트남에서 미국에 놀러 왔고, 오늘 돌아다니며 마주친 그 많은 사람들 가운데 베트남 사람이 없어서 아버지가 실망했는데, 멀리서 나를 본 아버지가 너무 기뻐하며 자기 손을 끌고 왔다는 이야기였다. 내가 베트남 사람이 아니라 한국 사람이라는 말에 그 선한 눈망울의 노인은 크게 낙담하며 돌아섰다.

나는 얼굴색이 상당히 짙고 깡마른 작은 체구라서, 동남아에 가면 자기 나라 사람이라고 생각하는 경우가 종종 있다.

이러한 몇 가지 이야기를 곁들이면 대부분 청중은 마음의 문을 활짝 열고 강연에 귀를 기울인다.

사람들은 대부분 우월감과 열등의식을 동시에 가지고 있다. 강사가 자신의 외모를 희화하면 청중은 은연중에 우월감을 느낀다. 청중은 강사가 자기들보다 월등한 다른 존재일 것이라고 생각했다가 친근감을 느끼게 된다. 한강의 연작소설 《채식주의자》의 두 번째 소설 〈몽고반점〉을 보면 주인공인 그가 대학 동기 M의 작업실을 빌리러 간 장면에 M의 열등의식과 은근한 우월감, 그리고 M을 보며 '옹졸한 위안'을 받는 주인공의 심리가 잘 묘사되어 있다.

> 동기들 중 가장 빠른 나이에 수도권 대학의 전임으로 안착한 M은 이제 얼굴이나 옷차림, 태도에서 교수다운 관록이 느껴졌다.
> "뜻밖이었어. 네가 나한테 부탁 같은 걸 다 하고."
> "이런 일이라면 언제든지 이야기해. 난 낮에는 학교에서 보내는 시간이 많으니까."
> M의 아랫배가 그의 아랫배보다 더 동그랗게 나와 있는 것을 눈여겨보며 그는 열쇠를 받아들었다. 드러내지 않을 뿐, M에게도 욕망이 있을 것이고 그에 따른 번민이 있을 것이다. M의 감춰진 결핍을 동그란 배의 선이 드러내주는 데에서 그는 일종의 옹졸한 위안을 받았다. 최소한 M에게는 살찐 배에 대한 고민, 약간의 수치, 무너져버린 젊은 날의 육체에 대한 그리움쯤은 있을 것이다.

혹시라도 강사가 은근히 혹은 노골적으로 자기 자신이나 가족에 대한 자랑을 하면 청중은 곧바로 거부반응을 보이며 마음의 문을 닫는다. 나 스스로 이를 잘 알고 있기 때문에 조심한다고 하는데도 한 번은 이런 전화를 받았다. 그의 주위에는 나에 대해 크게 칭찬하는 사람과, 맨날 자기 자랑만 하고 다닌다며 비판하는 사람들이 있단다. 그러던 차에 어느 포럼에서 내 강연을 듣고, 정말 어떤 사람인지 이야기를 나눠보고 싶은 생각이 들었다는 것이다. 조심한다고 해도 이러한 비판을 받는 것을 보면, 나 자신에 대한 이야기를 할 때에는 더욱더 조심해야겠다는 생각이 든다.

이러한 이야기들은 몇 가지 예일 뿐이다. 그날그날 청중의 분위기와 규모, 강연장의 상황 등을 고려해 함께 나누기에 적합한 내 이야기를 선택한다. 대부분은 강연을 준비할 때, 아니면 강연장에 도착해 그날 청중에 대해 파악하면서 어떤 이야기로 강연을 시작할지 미리 결정한다. 그러려면 자신만의 재미있는 실수나 실패담, 다양한 경험들을 잘 정리해둘 필요가 있다. 직접 경험한 일이 아니라도 강연에서 사용할 만한 이야기들을 신문이나 방송 매체 등에서 접할 때마다 잘 모아두면 도움이 된다.

이를 적용할 때 명심할 점이 하나 있다. 만일 강사가 우월감을 가지고 있다면 스스로를 희화하는 농담을 하더라도 청중이 마음의 문을 열지 않는다는 것이다. 설령 잠시 마음의 문을 열었다가도 강의가 진행되면 다시 닫아버릴 것이다. 본심은 호주머니에 감춰놓은 송곳과 같아서, 아무리 감추려고 애써도 한순간의 방심으로 뚫고 나온다. 특히 성인을 대상으로 하는 강연에서는 더욱 그러하다.

대학원 시절 한 은사님께서 중등 교사를 대상으로 하는 강연을 다녀와서 하신 말씀이 생각난다. 쉬는 시간에 연수생인 대학 동기가 다가오더니 농담처럼 한마디를 툭 던지더란다.

"학교 다닐 때 너는 나보다 공부 못했잖아. 발령을 못 받고 대학원에 진학해 교수 연구실에서 라면 끓여 먹으며 빌빌거리던 네가 유학 다녀와서 교수 되었다고 나를 가르치러 왔구나. 현장도 모르면서 뭘 가르치겠다는 거니?"

1960년대 국립사대 교육학과는 발령이 잘 나지 않아 대학 성적순으로 자리가 날 때마다 발령을 내주었다고 한다. 대학원에 진학한 사람들 중에는 발령을 오래 기다려야 했던 공부 못한(?) 사람들이 있었는데, 이들이 미국 대학 초청으로 유학을 다녀온 뒤 교수가 되어 교사 대상 연수에 강사로 나선 경우가 많았던 것이다.

물론 이 경우는 연수생이 친구이고, 더구나 열등의식까지 가진 아주 독특한 상황이다. 아무튼 내 은사님은 그 이후로 교사 대상 연수에는 가급적 강연을 하러 가지 않는다는 말씀을 하셨다.

강연은 강사가 청중을 일방적으로 가르치는 활동이 아니라, 강사와 청중이 가진 것을 함께 나누며 서로가 서로에게 가르치고 배우는 장이 될 때 더욱 성공적일 수 있다. 어쩌면 그 교수님은 강연을 하면서 학교 다닐 때 학점이 좋지 않았던 자신의 열등의식을 만회하려고 무의식중에 자신의 실력을 드러내 보이고자 했을지도 모른다.

우리나라가 국제사회로부터 원조를 받던 나라에서 원조하는 나라로 바뀌면서, 국제개발협력ODA 사업의 일환으로 제3세계 국가 교육자와 교육 행정가를 대상으로 강연할 기회가 많아졌다. 이때 내가 특히 강조하는 것은 나눔sharing이다. 그들이 한국에 온 이유는 한국 교육을 일방적으로 배우기 위함이 아니라, 자신들의 경험을 한국 교육자(학자)들과 나누고 공유하기 위해서임을 강조한다. 그리고 내 강연 제목에도 이러한 목표가 드러나게 한다.

내가 이렇게까지 하는 것은 지난날 이른바 선진국 학자들이 우리나라에 와서 자기 나라 교육에 대해 강연할 때 내가 가졌던 느낌 때문이다. 선진국에서 태어난 학자라는 이유로 특별할 것 없고 우리 상황에 맞지도 않는 내용을 우월감까지 드러내면서 가르치려 들 때 마음이 편하지 않았다.

서로가 가진 것을 나누는 자리임을 강조하면 제3세계 국가에서 온 청중의 자세가 크게 바뀐다. 좀 더 적극적으로 임하면서 내 이야기에 대해 자신들의 생각을 더하고, 자기 나라의 사례를 이야기해주기도 한다. 이 과정을 통해 실제로 나도 많은 것을 배운다. 한 가지 유의할 점이라면, 이러한 방식으로 강연을 진행하면 시간이 부족할 수 있다는 것이다.

강연에서뿐만 아니라 세상을 살아가는 좋은 방법의 하나는 상대가 베풂으로써 나에 대해 우월감을 느낄 수 있도록 기회를 만들어주는 것이다. 벤저민 프랭클린의 《덕의 기술》에 보면, 그를 강하게 비판하던 정적政敵이 열렬한 지지자로 바뀌는 이야기가 나온다.

그의 서재에 매우 희귀한 책이 있다는 소식을 듣고, 나는 그 책을 며칠 동안만 빌릴 수 없겠느냐고 편지를 썼다. 그는 곧 책을 보내주었고, 나는 일주일 후에 그것을 돌려주면서 감사하다는 편지를 함께 적어 보냈다. 우리가 의회에서 다시 만났을 때 그는 전에 없이 아주 정중하게 말을 걸어왔다. 이후로는 항상 나를 지지해주었다. 그래서 우리는 아주 좋은 친구가 되었고, 이 관계는 그가 죽을 때까지 계속되었다. 이 일은 내가 배운 옛 속담이 진리란 걸 또 한 번 증명했다. "당신이 친절하게 대해준 사람보다 당신에게 한번이라도 친절을 베푼 사람이 당신에게 또 다른 친절을 베풀 것이다."

•08•

어제의 적이
내일의 동지로

미국에 1년간 교환교수로 나가 강의를 하던 때인데, 같은 과 교수에게서 국제전화가 걸려왔다. 요지는 졸업생 한 명이 대학 홈페이지에 자신이 대학 4년간 들은 강의에 대해 교수의 실명을 거론하며 간략하게 평을 올렸고, 부정적으로 거론된 교수들이 상당히 상처를 입었다는 것이다. 그러면서 내 강의에 대한 평도 있다며 이야기해주었다. "박남기 교수, 그는 무서운 사람이다. 30분만 강의를 들으면 어제의 동지가 내일의 적이 된다." 그 말을 전해 들으며 그 교수와 함께 크게 웃었다. 맹랑한 녀석. 그러나 나로서도 그의 평을 반박하기 어려웠다.

돌이켜보면 한 달 내내 점심시간마다 내 연구실 문 앞에 와서 무릎 꿇고 기도하던 여학생도 아마 그러한 심정이었을 것이다. (교대는 당시 12시부터 1시까지를 점심시간으로 하여 강의를 넣지 않았다.) 점심을 먹고 들어오다 보면 비가 내리는 날에도 내 연구실 앞 복도에 신문을 깔고 기도하고 있었다. 그 여학생이 보기 싫어서 일부러 조금 늦게 돌아오면 연구실 문에 그 여학생이 곱게 써서 붙여놓은 성경 구절이 남아 있곤 했다. 다른 학생들을 통해 알아보니, 그 여학생은 잘 알려지지 않는 어느 교회 단체에 속해 있는데 나에게 사탄이 씌었다고 생각하여 나를 위해 매일 기도를 올린다는 것이었다. 한 달쯤 지났을 무렵 그 여학생을 연구실로 들여 이야기를 나누었다. 이야기인즉슨 내가 수업을 하며 기독교에 대해 언급한 적이 있는데 그날 내 이야기를 듣고 그 여학생을 포함하여 많은 아이들의 믿음이 흔들리게 되었다는 것이다. 자신들을 혼란에 빠뜨리는 것은 사탄이거나 사탄에 씐 사람이라고 말했다. 내가 했던 이야기를 여기에 소개하기는 어렵지만, 어쨌든 나의 짧은 이야기를 듣고 많은 학생들의 믿음이 흔들렸다고 하니 나도 좀 문제가 있기는 한 모양이다.

실제로 나는 첫 강의에서부터 아이들을 혼란에 빠뜨리는 작업을 시작한다. 첫 강의에서 한 시간은 한 학기 강의 운영에 대해 상세히 설명하고, 조금 쉬었다가 이른바 '학문의 세계'에 대한 특강을 한다. 특강에서는 토머스 쿤의 《과학혁명의 구조》를 비롯한 몇 가지 자료에 근거하여 학문이란 무엇이고, 그중에서 인문사회과학은 자연과학과 비교해 어떠한 특성을 가진 학문이며, 인문사회과학을 공부하는 교수와 학생들의 역할은 무엇이 되어야 하는가를 설명한다.

"어느 한 패러다임에 안주하지 않고 다양한 패러다임을 여행하고 탐구하며 그를 바탕으로 자신만의 이론 세계를 구축하는 것이 인문사회과학을 공부하는 학생의 역할이다. 한 패러다임에 반하여 더 이상 새로운 패러다임을 여행하기를 중단한 채 그 패러다임만을 신봉하며 되뇌는 사람을 가리켜 우리는 그 패러다임의 개라고 한다."

설명을 마치고 나면 학생들이 눈을 반짝이며 새로운 세계를 여행한 기쁨을 드러낸다. "이해되었습니까?"라고 물으면, 학생들이 큰 목소리로 "예."라고 대답하거나 고개를 끄덕인다. 그러면 이러한 반응을 기다렸다가 반문한다. "여러분이 예라고 대답하거나 고개를 끄덕이며 공감하는 순간 여러분은 무엇이 되는 줄 아나요?" 대부분의 경우 갑작스런 반문에 어리둥절하다가 한두 명이 작은 목소리로 답을 한다. "교수님의 개요."

"내가 주장한 것은 나의 이론일 뿐입니다. 나는 각각의 이론과 패러다임은 어떤 현상을 설명하는 데 있어서 다른 이론과 패러다임보다 더 적합한 자기 고유의 강점을 가지고 있다고 생각하는 비판적 실용주의자critical pragmatist입니다. 여러분은 내 설명을 들으면서 고개를 끄덕일 것이 아니라 '박남기의 주장은 어떠한 한계를 가지고 있을까? 나는 어떻게 그의 주장을 극복할 수 있을까?'를 생각해야 합니다. 이번 학기 동안 여러분은 끝없이 'overcoming 박남기', 즉 '박남기 뛰어넘기'를 시도해야 할 것입니다."

기껏 필기하며 교수의 설명을 잘 이해하고 새로운 관점을 얻게 되어 기분이 좋은 상황이었는데 갑자기 교수의 개가 되었다고 하니, 학생들로서는 황당하기 그지없을 것이다.

그리고 나는 학생들 전체를 상대로 찬반 토론도 즐겨 한다. 교대를 종합대에 통폐합하겠다는 정부의 정책이 발표되자 학생들이 시위에 나섰다. 그래서 미리 그 주제를 주고 나서 수업 중에 찬반 토론을 했다. 나는 교대 폐지 입장에 서고 학생들은 교대 유지 입장에 서서 찬반 토론을 하는데, 만일 학생들이 토론에서 지면 당장 교대는 폐지

될 것이라면서 논쟁을 한다. 학생들이 코너에 몰려 어쩔 줄 모르고 얼굴이 붉으락푸르락하면, 이번에는 학생들이 교대 폐지 쪽에 서고 내가 교대 유지 쪽에 서서 다시 토론을 시작한다.

이 주제로 밥을 먹고 사는 나와 학생들이 논쟁을 하면 결과는 뻔하다. 그러나 이렇게 하는 이유는 깊고 폭넓은 연구와 고민을 통해 자신의 관점을 세우지 않으면 잘못된 결론에 이를 가능성이 있고, 설령 자신의 주장이 옳다고 하더라도 상대와의 논쟁에서 패하게 되며, 결국 자신이 옳다고 생각하는 것을 지켜낼 수 없음을 보여주기 위함이다.

이렇게 수업을 진행하다 보면 몇몇 학생들의 얼굴이 수업 내내 발갛게 상기되어 있는 것을 볼 수 있다. 때로는 강의가 끝나고 나면 뭐가 뭔지 더 이상 모르겠다는 이야기를 하는 학생들도 있다. 그런 학생들에게는 "내 강의의 목적은 너희를 혼란에 빠뜨리는 것이며, 그 혼란을 스스로 극복하면서 답을 찾는 것은 너희의 몫"이라고 이야기해준다.

이렇게 첫 시간부터 당하고 한 학기를 끌려 다니니, 학생들이 나를 무서운 사람이라고 하는 것도 과한 말은 아닐 것이다. 다행히 최근 어떤 교수가 그 학생의 표현을 이렇게 바꿔주었다. "박남기, 그는 대단한 사람이다. 그의 강의를 30분만 들으면 어제의 적도 내일의 동지가 된다."

배너와 캐넌의 《훌륭한 교사는 이렇게 가르친다》에는 다음과 같은 구절이 나온다.

어떤 면에서는 새로운 사고가 포함되지 않은 가르침이란 있을 수 없다. 그 말부터가 벌써 모순이다. 단순한 가르침에도 새로운 자각의 세계로 정신을 발전시켜 나가는 행위가 늘 포함되기 때문이다.

강의를 들을 때마다 지금까지 보지 못한 것을 보게 되고, 새로운 관점에서 세상을 보게 되며, 새로운 세계가 열리는 느낌이 들 때 학생들은 배움의 여행길을 가르치는 나와 함께하고 싶을 것이다.

•09•

연속극처럼
기다려지는 강의

한류 열풍은 우리나라 연속극K-drama에서부터 시작되었다. 텔레비전을 보다가 우연히 한 연속극에 빠져들어 쉽게 헤어나지 못한 경험을 하면서 이를 실감하게 되었다. 밤늦은 시간에 하는 월화 드라마였는데, 그날이 되면 특별한 일이 없는 한 집에 가서 텔레비전 앞에 앉게 되고, 혹시 다른 일이 있어서 귀가가 늦어지면 밖에 있더라도 그 시간에 그 극이 생각나기도 했다. 그 드라마를 보다가 시간이 벌써 다 된 것은 아닌가 싶어 종종 시계를 쳐다본 적도 있고, 한참 재미있게 보다가 갑자기 여주인공의 얼굴이 클로즈업되기 시작하면 끝나는 모양이다 싶어서 아쉬움이 들기도 했다. 한 회가 끝나면 다음 회 내용이 궁금해져 미리 볼 수는 없을까 하는 생각마저 들었다. 아마 다른 사람들도 나와 비슷한 모양이다. 인기 드라마가 방영되는 날이면 길거리가 한산해진다는 보도가 있는 것을 보면.

지금은 퇴직하신 한 교수님께서 "학생들이 우리 강의를 인기 있는 연속극처럼 좋아하게 할 수는 없을까?"라는 말씀을 하셔서 강의에 연속극을 벤치마킹할 방법을 생각하게 되었다. 학생들이 우리 수업을 이렇게 기다리고, 학기 말이나 학년 말에 헤어질 때 이 강의 끝나면 이제 무슨 재미로 살지 싶은 마음이 들게 만들 수는 없을까?

연속극과 수업은 매 회마다 그날의 주제가 있고 일정 기간 동안 이어진다는 점에서 유사하다. 연속극은 대부분 사람들이 쉽게 다가갈 수 있는 사랑이나 일상생활 등을 주제로 하지만, 연속극의 소재 중 상당 부분은 수업 때 다루어졌던 내용들이다. 수업은 대본 형태로 존재하는 교재를 가지고 만들어내는 연속극이라고 생각할 수 있다. 따라서 다음 연속극을 기다리게 하는 기법들을 벤치마킹하는 것도 도움이 될 것이다.

연속극을 생각하면서 내 강의를 들여다보니, 연속극은 다음 회를 기대하도록 상당한 노력을 기울이는데 나는 그러한 노력을 별로 하지 않았음을 알게 되었다. 사람들이 다음 연속극 시간을 기다리는 이유는 재미있기 때문인데, 이러한 재미를 가져오는 요소와 다음 회를 기대하게 하는 기법들은 눈여겨볼 만하다.

재미를 유지하는 데 가장 중요한 것은 탄탄한 구성이 첫째이다. 다음은 몇 해 전 크게 인기를 끌었던 '해를 품은 달' 14회의 한 장면이다. "너무나 가혹하고, 슬프지 않소? 과인도, 중전도, 형님도, 그리고 그 아이도." 손을 벤 중전의 상처를 어루만지던 훤은 흐느끼는 중전을 품에 안고 이렇게 되뇐다. 그 넷을 가혹하게 얽은 운명이 바로 '해를 품은 달'의 원동력이었다.(〈'해품달', 이렇게 비슷할 줄은 몰랐다〉, 《오마이뉴스》) 한 학기 전체의 강의 구성뿐만 아니라 매시간의 강의 구성도 탄탄한 이야기 구조를 갖춰야 한다. (이에 대해서는 '한 편의 영화 같은 강의'에서 더 다루겠다.)

둘째, 그 극이 한참 재미있는 부분에서 갑자기 끊어 아쉬움을 남긴다는 것이다. 책을 소개하는 경우 전체 개요를 평이하게 설명하기보다는 학생들이 가장 흥미를 보이는 부분에서 중단한 후 나머지는 직접 읽어보게 하는 것도 말이 목마르게 하는 하나의 방식이다. 그래서 나는 종종 주제에 대해 학생들의 흥미를 불러일으킨 뒤에 내용 소개를 다음 시간으로 미루면서 조건을 단다. 그 내용에 대해 미리 연구해서 나름대로 답을 찾아 오면 내가 추가로 더 이야기해주겠노라고. 그날의 주제에 대해 그날 모두 답을 해주면 다음 시간을 기다리는 마음이 별로 커지지 않을 테니 한두 가지는 다음 시간으로 답을 미룰 필요가 있다.

셋째, '맛 보여주기' 기법이다. 대형마트에 가보면 다양한 시식 코너가 있는데, 실제로 시식을 하게 하면 판매량이 크게 늘어난다고 한다. 연속극도 다음 회를 궁금해하는 사람들을 위해서 그날 방영분이 끝난 후 다음 회 내용을 간단히 보여준다. 이는 다음 시간을 기다리게 하는 데 효과가 있는 것 같다. 강의에서도 다음 시간에 배울 핵심적인 내용을 간단히 소개할 필요가 있다. 많은 경우 예습을 해 오라는 이야기는 하지만 학생들이 다음 시간 강의를 기다리도록 맛을 보여주지는 않는 것 같다.

넷째, '현실과의 접맥' 기법이다. 연속극에서는 과거를 다룬 사극일 경우에도 최근의 현실과 접맥시키려는 노력을 한다. 사극이 인기 있는 이유는 그 안에서 현실 이슈를 다루고, 그에 대한 답을 주기 위해 노력하며, 현실에서 사람들이 목말라 하는 부분을 채워주는 역할을 수행하기 때문이다. 강의에서도 그 주제가 우리의 일상생활과 전혀 관계가 없는 것처럼 생각될지라도, 학생들이 자신들의 관심사나 현실 세계와의 관련성을 찾을 수 있도록 강의 내용을 재구성하고 최근의 사건 일화를 포함시킬 필요가 있다. 그것은 학생들의 몫일 수도 있으나, 학생들에게만 맡겨두기보다 교수가 노력해야 할 부분이기도 하다.

이때 하나 더 관심을 가져야 할 것은 매년 같은 과목에서 같은 주제를 다루더라도 일화는 지속적으로 바꿔가야만 학생들이 강의를 진부하게 느끼지 않는다는 점이다. 《정의란 무엇인가》의 저자 마이클 샌델에게, 동일한 주제를 매 학기 가르치다 보면 학생들이 이미 알고 있으므로 참신한 느낌을 갖기 어려울 텐데, 이 문제를 어떻게 해결하는지 질문했더니, 그도 전 세계의 뉴스를 토대로 강의 주제와 관련된 일화를 매년 바꿔간다는 답을 해주었다.

다섯째 기법은 '엑스트라 활용'이다. 대부분 연속극에는 의미 있는 엑스트라가 나오고, 그들의 연기가 돋보인다. '해를 품은 달'에서 인기를 얻은 내시 형선이 그 대표적인 예이다. 대학 강의에도 엑스트라가 필요하다. 한번은 학기 후반부에 반영할 생각으로 내 나름의 강의 중간평가를 실시했다. 상당수 학생들은 강의 중간중간에 주제와 관련해서 소개해준 책과 인생 이야기, 그리고 당시 사회적 이슈와 이론을 관련지은 설명 등이 좋았다고 말했다. 강의가 언제나 끝나려나 지루해하며 시계를 보는 행동을 하지 않도록 하려면, 강의 주제와 관련된 엑스트라를 종종 등장시켜줄 필요가 있다.

스티브 잡스는 한 시간 강연에서 10분 단위로 시간을 나누어 매

10분마다 짧은 동영상이나 게스트를 등장시킴으로써 분위기를 이어간 것으로 유명하다. 이 또한 일종의 엑스트라 활용 기법으로 이해할 수 있다. 내가 담당한 '학교와 학급경영' 강의에서는 매주 5~10분씩 할애하여 '놀이경영'을 별도로 운영하고 있다. 놀이경영 도우미를 임명해 쉬는 시간 직후 놀이경영 자료를 소개하고 직접 시연하거나 전체 학생들과 놀이를 하도록 하는데, 모두가 아주 좋아한다. 물론 이러한 방식을 취할 수 없는 강의가 대부분이겠지만, 두 시간 연강일 경우 쉬는 시간 직후에는 강의와 관련하여 뭔가 학생들의 관심을 끌 수 있는 부분을 찾아내어 별도로 매시간 지속적으로 발전시켜가는 것도 좋은 방법이다.

여섯째 기법은 '인간적인 만남'이다. 드라마의 특성상 모든 주제는 삶과 직결되어 있다. 비록 무거운 주제를 다루더라도 진한 사랑 이야기나 삶의 아픔을 어루만져주는 내용이 녹아 있을 때 인기를 이어갈 수 있다. 대중문화 평론가 황정현은 "'해품달'에서 훤(김수현)의 고민은 정치적 왕으로서의 번민이라기보다는 연우(한가인)와 이루어지지 못한 첫사랑을 그리워하는 '인간 훤'으로서의 고민에 비중이 맞춰져 있다."라고 말했다.(〈'해를 품은 달' 폭발적 인기 비결은〉, 《미디어오늘》) 그것이 인기 비결이었던 것이다.

딱딱한 주제를 다루는 강의에서는 이 기법을 어떻게 벤치마킹할 수 있을까? 하나는 강의 중에 때로 교수 자신의 인생 이야기를 들려주는 것이다. 학생들은 교수의 대학 시절 이야기, 연애담, 방황하던 시절의 이야기를 들으며 교수를 한 인간으로 바라보고 마음의 문을 연다. 아울러 한 학기에 한 번쯤은 학생들의 현재 고민을 듣고 생각을 나누는 열린 대화의 시간도 필요하다. 반복적으로 이야기하지만 가르침은 만남이자 소통이고, 만남과 소통은 상대방이 스스로 마음의 문을 열어줄 때 가능하다. 갈수록 고독한 현대인들, 고독한 학생들이 늘어나고 있다. 강의 시간이 단순히 지식을 주고받는 시간이 아니라 교수와 학생들의 인간적인 만남과 소통의 시간이 되도록 할 때 원하는 지식 공유도 성공할 수 있다.

마지막으로 인기 있는 연속극을 보면 아무리 무거운 주제를 다루더라도 코믹한 등장인물과 대사가 포함되는 것을 알 수 있다. 자칫 무거워질 수 있는 사극임에도 '해품달'은 곳곳에 웃음을 주는 요소를 배치했는데, 이를테면 '연우 낭자의 뇌 구조' 같은 것이다. 연우의 마음을 몰라 답답해하는 훤 앞에 내시 형선은 "연우 아가씨의 머릿속 생각을 그림으로 그려본 것"이라며 준비해 온 그림을 펼쳐놓는다. 이는 누리꾼들 사이에서 인기를 끌었던 '뇌 구조'를 사극에서 재현한 것이다.(〈'해를 품은 달' 4가지 인기 비결〉,《오마이뉴스》)

강의를 하는 사람은 강의를 듣는 사람의 고통을 모른다. 강의 듣는 사람 중에는 조는 사람이 많지만 강의하는 사람 중에는 조는 사람이 없다는 말은 이를 환기시켜준다. 남의 강의를 억지로 들어야 할 일이 생기면 느끼다가도 자기가 강의를 할 때에는 잊어버리곤 한다. 그래서 많은 교수들은 강의록에 농담 내용까지 포함시킨다고 한다. 물론 농담을 잘못 사용하면 극 중에서 억지로 웃기려고 하는 경우처럼 역효과를 가져올 수도 있다.

나도 종종 강의 내용과 관련된 유머를 섞어가며 강의를 한다. 한번은 아직 농담을 시작하지도 않았는데 한 학생이 웃기 시작했다. 깜짝 놀라 그 학생에게 다가가 보니, 내 강의 내용을 꼼꼼히 적은 지난 학기 학생의 노트를 보고 있었다. 거기에는 유머까지 다 적혀 있었던 것이다. 교육대학교의 필수 강좌는 한 학년을 전반과 후반으로 나누어 수강 과목을 학기별로 바꿔주는데, 1학기가 끝나고 학생들이 다른 집단 학생들과 교재뿐만 아니라 노트까지도 서로 교환하면서 발생한 일이었다. 교대에서는 강의 내용 일화만이 아니라 농담까지도 업데이트해야 하는 상황이다.

　교수 혼자서 만들어가는 연속극이 아니라 교수와 학생들이 함께 만들어가는 연속극이 되게 할 수도 있다. 이어지는 다음 강의 내용서 다뤄져야 한다고 생각하는 부분과 그 구체적인 내용 등을 준비하여 발표하게 하는 것은 학생을 연출이나 조연출이 되게 하는 것과 같다. 더 나아가 한 학기 강의 내용을 학생들이 스스로 구성하게 유도할 수도 있다. 공연장은 앞자리부터 채워지고 강연장은 뒷자리부터 채워진다고 한다. 하지만 한 학기가 다 끝날 때까지도 뒷자리부터 채워진다면 자신의 강의를 다시 한 번 점검해볼 필요가 있다.

·10·

오늘은 내가,
내일은 우리가

내가 교대 근무를 시작할 때 나이가 만 서른셋이었다. 교수는 30대 때가 꽃이라던 어느 선배 교수님 말씀대로 학생들과 친구처럼 혹은 선후배처럼 어울리며 재미있게 지냈다. 수강생이나 지도학생들과 자주 어울려 식사도 하고, 내가 술을 잘 못해 술은 자주 마시지 못했지만 종종 노래방도 함께 갔다. 성인의 날이 되면 제자들에게 선물도 챙겨주며 내 사랑을 쏟았다. 이에 화답하듯이 학생들도 내 생일이나 스승의 날이면 조그마한 선물을 사 오고 축하도 해주었다. 그러면 또 학생들을 데리고 나가 저녁을 사주었다.

이렇게 정성을 쏟은 제자들이 드디어 발령을 받고 첫 월급을 탔다며 연락을 해왔다. 정성 어린 선물을 사 들고 연구실을 찾아온 제자들을 보니 자랑스럽고 기뻤다. 그래서 데리고 나가 저녁 식사를 했는데, 식사 이후에 모두가 그냥 자리에 앉아 있는 것이 아닌가! 나는 이제 월급을 타게 된 그들이 밥을 살 순서라고 생각했는데, 그들은 그렇게 생각하지 않는 것 같았다. 자신들이 선물을 들고 왔으니,

밥은 늘 하던 대로 교수가 사는 줄로 알았던 모양이다. 머릿속에서는 아니다 싶었지만 밥값을 지불했다. 그런데 다음번에 찾아온 제자들도 거의 그렇게 행동했고, 심지어 어떤 제자는 자신들보다 교수인 내 월급이 더 많으니 당연한 것 아니냐는 이야기를 하기도 했다.

밥값 내는 일은 사실 별문제가 아니다. 더구나 제자들이 찾아와준다면야 기꺼이 밥을 사주고도 남을 일이지만, 내가 제자들을 잘못 가르친 면도 없지 않다는 생각이 들었다. 그들이 보기에 교수는 늘 밥과 술을 사는 사람이었으니, 자신들이 직장을 갖든 말든 교수가 밥을 사는 것은 아주 자연스러운 일이었던 것이다. 그래서 그 이후로 제자들에게 밥을 살 때면 어느 영화에서 선생님이 했듯이 술잔을 들고 '오늘은 내가'라고 선창하고 제자들이 '내일은 우리가'라고 후렴을 하도록 가르쳤다. 그러면서 그 이유와 의미를 설명했다.

이렇게 몇 년을 했더니 역시 효과가 있었다. 드디어 제자들이 밥을 사기 시작했다. 심지어 어버이날 무렵에 자기 아버지 양복을 한 벌 사면서 내 양복까지 골라두었다고 선물권을 가져온 제자도 있었다. 백화점에 가서 보고 마음에 들지 않으면 색상이나 치수는 바꿀 수 있다고 했다. 너무 과한 선물이라고 사양했지만 마음으로부터의 감사 표시이니 받아달라고 하기에 백화점에 가서 양복을 받았다. 그 옷을 입고 캠퍼스에 나타나니 반응이 뜨거웠다. 원래 '발목 바지'나 '아메리칸 보이'라는 별명으로 불리며 사은회 때마다 학생들이 선발하는 단골 워스트 드레서였는데, 갑자기 차려입고 나서니 그럴 수밖에 없었을 것이다. 그러한 별명을 얻은 이유는 유학 시절에 입던 발목까지 오는 미국식 면바지를 그대로 입고 다녔고, 다른 교수들과 달리 넥타이를 매지 않고 편한 차림으로 강의에 들어갔으며, 고등학교 때까지 교복 하복과 동복만으로 지내오던 습관이 남아서 옷에 거의 신경을 쓰지 않았기 때문이다.

차려입은 나에게 무슨 바람이 불었느냐는 식의 질문이 많아서, 제자가 스승의 날을 기념하여 사준 옷이라고 말해주었다. 그랬더니 또, 남들은 꽃 하나도 얻기 어려운데 어떻게 하면 옷까지 사 오느냐고 묻기에, 내가 사 오라고 시켰다고 답했다. 그러면서 '오늘은 내가, 내일은 우리가'를 이야기해주었다. 그 말을 들은 교수들이 자신들도 제자 훈련을 잘 시켜야겠다며 웃었다. 물론 시킨다고 해서 사 올 제자는 거의 없을 것이다.

우리는 공자 이전 시대부터 해오던 말들, 이를테면 요즈음 아이들은 갈수록 버릇이 없다거나 예를 모른다는 이야기를 그대로 반복하고 있다. 그러나 내가 만나본 20세기 말 학생들과 21세기 초 학생들의 마음속에는 1970~1980년대 대학생들과 별반 다르지 않은 순수함과 기본예절이 살아 있었다. 다만 가르치는 우리가 잘못 가르치거나 가르치지 못한 부분이 있을 뿐인 것 같다. 예를 들어 2000년대 초반부터 손으로 쓰는 편지가 거의 사라져갔지만, 나는 그 시절에 학생들이 손수 써서 보내온 편지를 300여 통은 받았다. 그중 일부는 보관해두었다. 어쩌면 나중에 나를 보호해줄 방패가 될 수도 있고, 교단을 떠나고 나서 노후에 나의 삶을 반추해볼 때 좋은 추억거리가 될 것 같다는 생각으로.

이제는 주로 이메일이나 문자를 많이 받는데, 그도 고마운 생각이 든다. 학생들은 아직도 스물인데 30대 중반이던 나는 세월이 흘러 50대가 되었으니, 학생들의 입장에서는 젊고 풋풋한 교수가 그리울지도 모르겠다. 학생들과 함께 배우고 가르치는 길을 가려면 오늘의 학생들을 이해하고, 나 또한 그들과 너무 동떨어진 시대의 사람이 되지 않기 위해 노력해야겠다는 생각이 든다. 노인들이 젊은이들과 어울리려면 7-Up을 해야 한다는 이야기가 있는데, 그중 하나가 항상 먼저 지갑을 열어 밥값 내기open-up이다. 이젠 나의 슬로건도 바꿔야 할 때가 된 것 같다.

"오늘은 내가, 내일도 내가."

·11·

지구 별
이 자리에서

대학에 부임하여 첫 학기 강의를 마치던 종강 날이었다. 학부 2학년 강의였는데, 20년간 배운 것을 한 학기에 다 가르치고 싶어 하는 신임 교수 신드롬 때문에 한 학기 동안 여러분이 고생했다는 말을 하고 나서려 하자, 학생 중 한 명이 "선생님, 저희가 준비한 것이 있어요."라며 일어섰다. 그러고는 남학생들이 주섬주섬 일어서서 강의실 뒤로 나가고, 여학생들은 한군데로 모여 앉았다. 그러더니 '이별의 노래'와 다른 한 곡을 화음까지 넣어가며 아름답게 불러주었다. 오늘을 위해 지난 일요일에 특별히 학교에 모여 연습을 했다는 것이다. 신임 교수인 나로서는 그저 감격스러울 뿐 아무 말도 나오지 않았다. 그래서 나도 답가로 통일선봉대가 부른 '엉겅퀴'라는 노래를 불렀다. 그 슬픈 곡조 때문인지 앞줄에 앉아 있던 한 여학생이 눈물을 감추지 못했고, 그 여학생을 보다가 나는 그만 노래 가사를 잊고 말았다. 신세대라고 일컬어지던 1993년도 학생들이 1960년대 대학 강의실에서나 일어남직한 일을 연출해준 것이다.

그 이후로 나는 매 강좌의 마지막 시간에 종강파티 계획을 세워 운영했다. 종강파티 준비는 종강파티준비위원회가 맡는다. 준비위원회는 한 학기 동안 내 수업 도우미로 활동한 학생과 놀이 도우미로 활동한 학생들이 주로 맡는다. 이 학생들은 종강파티 프로그램을 만들고, 프로그램 진행에 필요한 소품과 간식거리 등을 준비하며, 실제로 프로그램을 운영한다. 간식거리를 준비하는 데 필요한 종잣돈은 일부 내가 내고, 나머지는 학생들이 알아서 준비한다. 전체 한 시간 중에서 30분 정도는 준비위원회가 활용하고, 나머지 20분 정도는 내가 쓴다.

나에게 주어진 20분은 학생들이 평생 간직하며 살아가기를 바라는 이야기로 시작하고, 전체 학생들의 이름에 '○○○ 선생'이라고 호칭을 붙여 마지막 출석을 부른다. 이제 교사가 되기 위한 첫 관문은 통과했다는 의미이다. 그리고 미리 준비한 편지글을 학생들에게 나누어주고, 내가 직접 낭송한 후에 강의실을 떠나는 것으로 그 시간을 마무리한다. 편지글의 기본 양식은 동일하게 하되 1학기와 2학기, 그리고 담당한 학생들의 특성을 반영하여 조금씩 변화를 준다.

종강파티를 꼭 하는 이유는 강의의 시작이 있으면 끝이 있어야 하고, 맺음이 있으면 풀림이 있어야 한다는 생각 때문이다. 강의로 맺어졌던 학생들과 나의 인연이 뒤풀이를 통해 풀리면서 새로운 관계로 승화되어 어디에선가 다시 맺어지기를 바라는 마음으로 꼭 종강파티를 한다. 물론 종강파티를 하지 못할 때도 있다. 돌이켜볼 때 내 스스로 최선을 다하지 못했거나, 시국이 어수선하거나, 학생들의 수업 거부 같은 상황적인 요인 때문에 한 학기 마무리를 종강파티로

PART 2
학생을 사로잡는 교수법

• 166

할 만한 상황이 아니라고 판단되면 하지 않는다. 여건이 갖춰지지 않은 상황에서 분위기를 연출하며 종강파티를 하고자 하면 공감을 이끌어내기는커녕 자칫 코미디가 될 수도 있기 때문이다. 내 기억에 두어 번 정도는 종강파티를 하지 못했던 것 같다.

2005년 겨울 영어과 종강파티에서 나에게 또 다른 충격적(?) 사건이 발생했다. 진행을 맡은 학생이 두어 가지 게임을 끝낸 뒤 이번 강의에 대한 소감을 각자 다섯 글자로 이야기하는 순서를 마련했다. 모두 돌아가면서 자신의 생각을 다섯 글자로 이야기하는데, 한 학생이 자기 순서가 되자 얼굴을 붉히며 일어서더니 다섯 손가락을 하나씩 꼽아가며 "아·빠·사·랑·해."라고 했다. 모든 학생이 웃음을 터뜨렸다. 다른 아이들도 한마디씩 거들었다. "저 애는 평소에도 자기가 교수님 딸이라고 그래요."

그 시간 이후로 나는 내 청춘을 접었다. 학생들에게 늘 농담처럼 던지곤 하던 말이 있었다. 여러분이 나이를 먹어 40대 중년의 뱃살 공주가 되어 찾아와도 나는 여전히 갓 스물을 넘긴 또 다른 여러분과 미소를 주고받으며 강의를 하고 있을 것이라는 얘기였다. 허나 내 제자들이 그 나이가 되면 나도 늙는다는 것은 생각지 못했었다. 그런데 이제 스무 살 아이들의 눈에 내가 아빠로 보이나 보다. 하긴 내 아이도 1년만 있으면 대학을 가는데, 뭐 그리 놀랄 만한 일도 아니리라.

'아빠, 사랑해.'라는 말을 되뇌며 지난 세월을 돌이켜보았다. 대학에 발을 들인 이듬해인 1994년 가을에는 학생회 주관 설문 조사에서 '명강의'로 뽑혀 가을 축제 기간에 특강을 하기도 했다. 그래서 나는 내가 강의를 아주 잘 한다고 생각했다. 그런데 학생들의 감동 어린 눈은 학기가 지남에 따라 조금씩 줄어감을 느꼈다. 지금은 아주 열심히 강의 준비를 해야만 겨우 몇몇 학생들의 감동 어린 눈빛을 만날 수 있을 정도이다.

강의를 시작한 지 4년 가까이 되자 나 스스로도 강의가 서서히 지겹게 느껴졌다. 이때 우연히 마주친 광대에 관한 글귀가 내가 다시 서도록 하는 힘이 되었다. 광대는 남과의 비교 평가가 어려워 자만에 빠지기 쉽다. 자신이 최고라는 자만심 가운데 상당한 시간을 지낸 후에야 비로소 자신도 남과 다를 바가 없다는 것을 깨닫는다. 그러나 그 깨달음을 얻는 순간 심리적으로 디프레스 상태에 빠진다. 훌륭한, 그리고 진정한 광대가 될 수 있는가가 결정되는 중요한 시점은 바로 이때이다.

무당에는 강신무와 세습무가 있다. 강신무는 어느 날 갑자기 신이 내려 운명적으로 무당이 된 경우를 일컫는데, 신통력이 뛰어나다고들 한다. 반면 세습무는 부모가 무당이어서 직업을 세습하듯 몇 가지 춤사위와 기능을 배워 무당이 된 경우로, 효험은 적다고들 한다. 대학에 발을 디딘 초기에는 강신무의 신통력으로 사람들이 많은 것을 얻을 수 있듯이 신임 교수의 강의로 학생들이 많은 것을 배울 수 있을 것이라며 열정을 보이기도 했다. 하지만 강신무도 늘 자신을 정갈하게 하고 갈고닦지 않으면 초라한 세습무로 전락한다.

학생들은 아직도 그대로 스물인데 나는 계속 나이를 더 먹어가고 있다. 총장직과 연구년을 마치고 강의실로 돌아와 보니, 내가 교대에 근무하기 시작한 이후에 태어난 아이들이 내 강의실에 앉아 있었다.

이 학생들의 눈에 나는 어떤 모습으로 비칠까? 오랜 세월이 흐른 시점에서 나는 나에게 다시 물었다. 아직도 강신무 같은 신통력을 가지고 있는지, 그리고 가르침을 향한 열정을 유지하고 있는지.

2015년 겨울 종강파티에서 제자들은 나에게 또다시 큰 선물을 주었다. 교육학과와 특수교육과 2학년 학생들이 내 이름 '박남기'로 삼행시를 지은 동영상을 제작해 선물한 것이다. 강의실에서, 기숙사에서, 혹은 각자의 자취방에서 자신들의 사랑을 듬뿍 담아 전해준 동영상을 보며 용기가 생겼다. 나 스스로에게 물어 자신이 있는 순간까지는 강의 첫 시간마다 나를 이렇게 소개할 수 있을 것 같다.

"여러분이 어느 별에선가 생의 마지막 숨을 가쁘게 몰아쉬고 있던 그때에도 나는 지구 별의 이 자리에서 한결같은 모습으로 여러분을 기다리고 있었습니다."

·12·

칭찬도
습관이다

개나리, 진달래, 벚꽃이 한꺼번에 피어나 꽃 천지가 된 4월 초순, 서울대 교육연수원에 가서 강의를 했다. 전국 교육청에서 선발된 교장 선생님들을 대상으로 한 '최고의 교수법'이라는 주제의 강의였다. 늘 그렇듯이 내 강의에서 발견한 문제점 세 가지와 좋은 점 한 가지를 적어 보내주면 내가 갖고 있는 좋은 파일을 보내겠다고 했다. 강의 후 많은 분들이 다양한 글을 보내주어 기쁨으로 한 주일을 보냈다.

보내온 글은 문제점보다 입가에 미소를 머금게 하는 내용이 많았다. "20년 정도는 젊어 보이는 외모, 맑고 울리는 목소리, 단 한순간도 졸지 않게 하시는 흥미진진한 강의 기법, 폭넓고 깊은 강의 내용으로 연수생들을 기죽게 합니다." "제 삶에 잊지 못할 시간이었습니다." "명강의로 각인되는 봄날을 주신 총장님께 감사의 말씀을 드립니다."

교육자를 살아 생동하게 하는 에너지원의 하나가 사람들의 이러한 반응이라며, 수업을 받는 내 학생들에게 은근히 자랑을 조금 했다. 그런데 공교롭게도 그날 지인에게서, 실패보다 성공 때문에 실패하는 사람이 더 많다는 헨리 포드의 글을 받았다.

"땀을 흘리면 작은 성공이 오지만 그 성공이 오히려 높은 자리에서 그들을 끌어내린다. 주위 사람들의 인정과 보상, 일상적인 칭찬 때문에 나아가지 못한 채 곤란을 겪는 사람이 참으로 많다."

오래 가르치다 보면 누구나 한두 번은 찬사를 받는 경험을 하게 된다. 만일 이러한 찬사만 기억으로 간직한 채 스스로가 뛰어난 선생님이라고 착각하며 살아간다면, 포드가 말한 '성공 때문에 실패한 사람'이 되고 마는 것이다. 그런데 요즘은 그러한 착각이라도 할 수 있게 누가 칭찬이나 감사를 보내주었으면 좋겠다는 이야기를 주위 선생님들에게 자주 듣는다.

초등학교 1학년 담임을 맡고 있는 제자 한 명이 어린이날을 맞아 작은 선물을 마련하고 손수 하나씩 예쁘게 포장도 해서 아이들에게 주었단다. 전해에 이렇게 했을 때에는 몇몇 학부모들로부터 아이가 참으로 기뻐했다며 고마워하는 문자를 받았는데, 올해는 단 한 줄의 글도 받지 못했다며 기대한 것은 아니지만 조금은 서운하다는 말을 했다.

학부모 대상 강연을 다닐 때 늘 하는 이야기 가운데 하나가 '아이들뿐 아니라 선생님도 칭찬을 먹고 자라는 나무'라는 것이다. 우리는 자신의 아이가 학교에서 선생님의 사랑을 듬뿍 받으며 잘 자라고 있을까 궁금해하며 걱정한다. 만일 지난 한 달 동안 선생님께 감사의 문자나 쪽지 한 장이라도 보낸 적이 있는 부모라면 전혀 걱정할 필요가 없다. 그 감사의 마음을 받고 신바람 난 선생님이 학생들을 위해 최선을 다하고 있을 것이기 때문이다. 학부모는 아니지만 대학원 지도교수로부터 칭찬받은 행복감이 드러나는 한 선생님의 페이스북 글을 소개한다.

"나의 말 한마디에 기분이 좋아 기분이 몽글몽글했다는 우리 반 아이의 일기를 보고 피식 웃었는데, 교수님의 따뜻한 응원의 메시지 한마디에 오던 잠도 물리치고 논문을 마무리했다. 남다른 지도법으로 늘 새 힘을 주시는 교수님 덕분에 매주 논문 지도 받는 것이 즐겁다. 오늘 나도 우리 반 아이들에게 사랑의 메시지를 날려줘야겠다."

서울백병원 정신건강의학과 우종민 교수는 '새빨간 거짓말, 그래도 해라!'라는 강연에서, 지금부터 하는 말은 거짓이라고 이야기한 뒤 상대를 칭찬하기 시작하더라도 칭찬을 듣는 사람은 칭찬에 취해 거짓말이라는 단서를 잊은 채 행복해하는 것을 짧은 실험을 통해 보여주었다. 그의 강의에 따르면, 일본 국립생리학연구소는 연구를 통해 칭찬받은 사람의 뇌와 카지노에서 돈을 딴 사람의 뇌가 비슷하게 활성화된다는 사실을 발견했다. 이 연구 결과는 대뇌의 선조체線條體는 정신적 보상인 '칭찬'과 물질적 보상인 '돈'을 유사하게 인식함을 보여준다. 말로만 보상을 받아도 선조체가 활성화되고 도파민이 분비된다. 도파민이 증가하면 의욕이 상승하고, 동기가 부여되며, 그 과정을 통해 자연스럽게 특정 행동을 학습하게 된다. 미국의 심리학자 마셜 로사다Marcial Losada에 따르면, 칭찬과 질책을 6 대 1 비율로 하는 것이 최적이다. 긍정적인 말과 부정적인 말의 비율이 2.9 대 1 이하로 떨어지면 개인과 조직의 성과에 부정적 영향을 미칠 가능성이 높아진다고 한다. 물론 칭찬의 황금 비율은 문화에 따라 다를 것이다. 특히 칭찬에 인색한 동양권에서는 마셜이 제시한 비율보다 최적 비율이 더 낮을 가능성이 있다.

우리 둘째의 초등학교 시절 이야기다. 반장을 하고 싶다고 하기에, 1학기 때에는 못 하더라도 매 학년 2학기에는 반장이 될 수 있는 비법이라며 한 가지 가르쳐주었다. 매일 세 명씩 정해놓고 그 친구들을 잘 보고 있다가 수업 중에 했던 좋은 질문, 예쁜 머리핀, 혹은 착한 행동 등등 눈에 들어오는 좋은 점이 있으면 바로바로 칭찬을 해주라고 했다. 입이 아니라 마음의 눈으로 보고 진심을 담아 칭찬하라는 말도 덧붙였다. 어린아이나 어른이나 자기를 마음으로부터 칭찬해주는 사람을 좋아하는 것은 인지상정이다. 내 아이는 이렇게 한 학기를 보낸 결과 2학기 선거에서 반장이 되었고, 6학년 때에는 전교 회장도 했다.

내 아이가 처음에는 반장을 하고 싶다는 욕심으로 칭찬을 시작했을지 모르지만, 칭찬받은 아이가 짓는 환한 미소와 다른 친구가 되돌려주는 칭찬을 보며 아이는 칭찬의 기쁨을 깨달았을 것이다. 그리고 점차 칭찬하는 능력도 커졌으리라 짐작된다. 칭찬을 잘하려면 칭찬하는 방법을 배우고 반복적으로 연습도 해야 하지만, 더 중요한 것은 주위 사람들에 대한 고마움과 감사를 마음으로 깨닫는 것이다.

초등학교 선생님들에게 칭찬의 중요성을 설명하면, 공감은 하면서도 칭찬하는 것이 생각보다 어렵다는 이야기를 한다. 온종일 아무리 지켜보아도 칭찬할 구석이 보이지 않는 아이들도 있다는 것이다. 그럴 때면 내가 농담처럼 하는 말이 있다. 제자리에 조용히 앉아 있기도 힘들어 하고 줄곧 떠들며 문제를 일으키는 아이라 하더라도,

유심히 지켜보다 보면 어느 순간 떠들다 지쳐서인지 잠시 조용히 앉아 있을 때가 있다. 그 순간을 놓치지 밀고 그 아이에게 다가가 등을 쓰다듬어주면서 "어쩌면 이렇게 숨을 예쁘게 쉬니!"라고 하면, 발갛게 상기되는 아이의 얼굴을 볼 수 있을 것이다. 그때가 변화의 순간이다. 특수아가 아닌 경우 그 후부터 아이는 선생님이 미소를 지으며 바라보면 조용히 앉아 있으려 할 것이다. 이는 칭찬을 힘들어 하는 선생님들을 위한 농담이다.

입에 발린 말로 하는 칭찬은 효과가 별로 없다. 아이를 바라보는 관점이 바뀌어야 아이를 바라보는 시선도 따스해지고, 마음에서 우러나는 칭찬이 가능해질 것이다. '길 잃은 양을 찾아 떠난 목자'에서 이야기한 것처럼, 이 아이들만 없으면 좋겠다고 생각하는 대신 이 아이들이 선생님의 '밥줄'임을 깨달을 필요가 있다. 선생님의 도움을 필요로 하는 이러한 아이들이 없다면 우리 사회는 군이 인간 교사를 필요로 하는 대신 저렴한 기계 교사를 사용할 것이기 때문이다.

마음은 있는데 표현이 서툰 것이 우리나라 사람들의 특징이라고 한다. 하지만 감사의 마음을 말이나 글 또는 행동으로 표현하지 않으면 주위 사람이 알 수가 없다. 칭찬과 감사도 습관이다. 처음에는 어색하지만 자주 하면 자연스럽게 몸에 밴다. 특히 선생님은 마음으로부터 우러나는 칭찬에 익숙해져야 한다.

·13·

화학은 인상파 화가의
그림과 같다

때로는 열심히 준비하여 아주 세밀한 부분까지 상세히 설명을 했는데도 가르치는 우리 의도와는 달리 학생들이 전혀 감을 잡지 못하고 헤매는 것을 보기도 한다. 왜 그럴까?

하버드대학의 더들리 허슈바흐Dudley Herschbach 교수는 '인상파 화가 그림 감상'이라는 비유를 통해, 가르치는 입장이 아니라 미지의 세계를 탐험해야 하는 학생의 입장에서 새로운 현상을 가장 잘 이해할 수 있는 방식이 무엇인지를 고민해야 한다고 강조하고 있다.

지난 2007년 EBS 다큐 프라임 〈최고의 교수〉 방송을 준비하기 위해 하버드대학교 화학과를 방문한 적이 있다. 1986년 노벨 화학상 수상자인 더들리 허슈바흐 교수가 촬영 팀을 반갑게 맞았다. 각 시간별로 준비해놓은 강의 자료를 보니, 이제는 학부 1학년생을 대상으로 한 화학 입문 강의에 연구 열정을 쏟고 있음을 알 수 있었다.

그에 따르면, 교양 강좌의 가장 중요한 목표는 학생 스스로 질문하고 생각하는 습관을 서서히 형성시켜주는 것이다. 화학 입문에는 기술적인 내용이 상당 부분 포함되지만, 그는 "위대한 업적뿐만 아니라 수많은 약점으로 가득 찬 굉장한 분자의 세계"를 학생들과 함께 탐구하는 데 초점을 맞추고 있다고 했다.

허슈바흐는 〈화학을 인문학적으로 가르치기〉라는 논문에서 자신의 교수법을 소개한 적이 있다.

> 화학과 관련하여 학생과 교사를 혼란시키는 것은 원자와 분자를 이루는 쿼크 자체가 아니라 쿼크를 바라보는 관점과 학생들에게 설명하는 방식이다. 나는 내 학생들에게 이를 설명하기 위해서 "화학은 인상파 화가의 그림과 같다"라는 비유를 사용한다. 그 그림은 너무 가까이에서 보면 우리를 당황케 하는 수많은 붓 터치에 불과하다. 하지만 일정 거리를 벗어난 먼 거리에서 보면 어렴풋하고 희미하게 보여 그 그림이 무엇인지 알아보기 어렵게 된다. 정확한 거리에서 바라볼 때 비로소 우리는 그림에 들어 있는 놀랍고 사랑스러운 모습을 알아볼 수 있게 된다.

어떤 과목을 가르칠 때 너무 구체적인 사실에 초점을 맞추고 그러한 사실을 이해시키는 데에만 집중할 경우, 학생들은 한 학기 내내 '수많은 붓 터치'만 보게 될 것이다. 학생들은 결국 그 그림이 표현하고자 하는 세계를 이해하지 못한 채 수많은 붓 터치에 질려서, 나중에라도 인상파 화가의 그림을 대하면 인상만 쓰게 될 것이다. 반대로 가르치는 과목의 너무 큰 대강만 이야기하면서 지나갈 경우, 학생들은 해당 과목에 대한 흐릿한 인상만 가지고 한 학기를 마치게 될 것이다. 그래서 무엇을 배웠는지 물으면, 흐릿한 그림만 수없이 스쳐 지나왔을 뿐이라고 답할 것이다.

가르치는 사람은 자신이 인상파 화가의 그림을 이해하지 못했던 시절을 떠올리고, 그 그림을 이해하기 위해 노력하던 과정에서 겪은 어려움을 회상하면서, 학생들이 그 그림을 제대로 감상하기 위해 어느 위치에 서야 하는지 모색하고 실험하도록 하면서 함께 그 지점을 찾아가야 할 것이다. 물론 이러한 가르침을 주려면 가르치는 사람이 인상파 그림에 대해 일가견이 있어야 하고, 인상파 그림의 '놀랍고 사랑스러운 모습'에 심취해야 하며, 학생들이 자기처럼 그 그림을 감상하고 싶도록 만들 수 있어야 한다는 필요조건을 갖춰야 한다.

· 14 ·

한 편의
영화 같은 강의

'연속극처럼 기다려지는 강의'에서는 한 학기 동안 학생들의 관심과 흥미를 지속적으로 이어가기 위해 수업을 어떻게 구성할 것인가에 초점을 맞추어 기법을 소개했다. '한 편의 영화 같은 강의'는 한 차시의 강의에 학생들이 몰입할 수 있도록 하려면 수업 내용을 어떻게 구성할 것인가에 관한 것이다.

보통은 수업을 시작할 때 수업 목표를 명확히 제시하고, 전체적인 수업의 구성과 내용 개요까지도 소개한다. 이를 영화에 빗대면, 이 영화를 통해 전하고자 하는 메시지와 영화의 구성 및 큰 흐름을 먼저 소개하면서 영화를 시작하는 것과 같다. 영화를 이런 식으로 만든다면 관객들이 재미를 느끼기 힘들 것이다. 역사와 철학 등 인문사회 관련 과목에서는 일반적인 김 빼는 형식의 수업 구조가 아니라, 흥미와 몰입을 유도하는 이야기 구조를 활용해 수업을 전개하는 것도 좋다.

기노시타 하루히로의 《강요하는 초보 감동시키는 프로》에 따르면, 이야기나 활동의 순서 하나만 바뀌어도 큰 감동을 느끼거나 반대로 감동이 사라지게 된다. 마술사가 보자기를 펼쳐 보이면서 "잘 보세요, 이 보자기 안에서 비둘기가 나올 겁니다."라고 하면, 관객들은 마술사가 보자기를 흔들 때 어떻게 눈속임을 하는지에만 관심을 기울일 뿐 보자기 안에서 비둘기가 나오더라도 전혀 감탄하지 않을 것이다. 대부분의 수업은 이처럼 일부러 감동이나 감탄을 빼앗으려는 듯 구성되어 있다.

재수하던 때 세계사 선생님은 매시간 한 편의 영화를 보는 것 같은 느낌이 들 정도로 흥미진진하게 수업을 진행하셨다. 그는 이야기 전개 구조나 이야기의 4원칙을 의식적으로 반영해 수업을 진행했다기보다 타고난 이야기꾼이었던 것 같다.

주위에 보면 별로 재미있는 소재도 아닌데 아주 재미있는 이야기로 변화시켜 우리의 관심을 끄는 능력을 가진 사람이 있는가 하면, 아무리 재미있는 유머라도 그의 입만 통하면 '썰렁 시리즈'가 되게 하는 능력을 가진 사람도 있다. 이 책 서문에서 '최고의 교수법'은 따로 존재하는 것이 아니라 자기에게 맞는 교수법을 개발하기 위해 끊임없이 기울이는 노력 그 자체, 그리고 그 결과로 만들어진 자기만의 역동적 교수법이라고 정의했다. 최고의 교수법을 갖추려면 가르치는 사람이 자신의 재능과 특성을 파악하여 그에 맞는 교수법을 찾고 만들어가야 한다.

타고난 이야기꾼이라면 이야기 구조를 활용한 강의를 하는 것이 좋다. 그러한 사람은 별다른 노력을 기울이지 않아도, 심지어 적응 무의식 상태에서 가르쳐야 할 내용을 이야기의 전개 구조와 4원칙에 맞추어 재구조화할 수도 있을 것이다. 물론 '썰렁 시리즈'의 대가 라고 해도 남들보다 더 많은 노력을 기울이면 이야기 구조를 응용한 재미있는 수업을 할 수 있다.

이야기 구조
벤치마킹

앞서 '연속극처럼 기다려지는 강의'가 되도 록 하기 위해 가장 중요한 것은 탄탄한 구성이라는 말을 했다. 재미 있는 이야기 같은 탄탄한 구조의 강의를 하려면 이야기 구조를 벤치 마킹할 필요가 있다. 이야기 구조를 벤치마킹하는 것이 필요한 이유 는 무엇이며, 어떻게 해야 할까?

대니얼 윌링햄Daniel Willingham의《왜 학생들은 학교를 좋아하지 않을 까》에 의하면, 인간의 마음은 이야기를 이해하고 기억하는 방향으로 정교하게 설계되어 있다. 한 편의 영화를 보거나 짧은 소설을 읽고 나면 그 줄거리를 의식적으로 기억하지 않아도 감동과 함께 전체 스 토리 흐름이 머릿속에 저절로 기억된다. 수업도 이야기 형태로 구성 할 수 있다면 이처럼 학생들의 이해와 기억을 돕는 데 효과적일 것이 다. 오래도록 기억에 남는 학창 시절의 수업들은 돌이켜보면 이러한 이야기 구조와 원칙을 차용하여 구성한 수업이었음을 알 수 있다.

이야기는 보통 발단, 갈등, 절정, 그리고 대단원이라는 4단계로 전 개된다. 이야기 전개 구조의 핵심인 '이야기의 4원칙'은 인과성, 갈 등, 복잡성, 그리고 인물이다.(4원칙을 4C라고도 한다. 4C는 casuality, conflict, complications, character를 의미한다.) 도입부는 등장인물을 소개하고 이들이 처한 상황을 설명하면서 서서히 중심 갈등을 등장시키는 단계이다. 갈등이 시작되면 독자나 관객이 이야기에 빠져들어 등장인물이 겪는 고난을 함께 걱정할 수 있도록 준비시키는 단계이기도 하다. 할리우드 영화에서 중심 사건을 위한 갈등은 영화가 시작되고 20분 정도는 지나야 등장한다.(윌링햄, 《왜 학생들은 학교를 좋아하지 않을까》). 이 같은 이야기 구조를 강의에 적용해보면, 한 시간짜리 강의의 도입부는 10분 정도, 두 시간 이상 이어지는 강의는 그보다 길어야 할 것이다.

강의에서도 이야기의 발단에 해당하는 도입 부분에 공을 들이지 않으면 학생들이 흥미를 갖고 몰입하도록 유도하기가 힘들다. 도입 부분에 복선이 깔리고 흥미를 불러일으키는 다양한 장치가 마련되어 있을 때, 그리고 전혀 예상치 못한 반전이 전개될 때 학생들은 강의에 빠져들고 오래 기억하게 된다.

내 강의를 일례로 들어보겠다. 내 강의 첫 주에는 먼저 상호 소개를 하고 교재 및 읽을거리, 강의 개요와 과제, 강의 시간에 적용될 규칙과 수칙 등을 안내한 후 특강이라는 이름으로 한 시간짜리 강의를 하나 한다. 특강에서는 '이론과 실제의 관계'라는 주제도 다룬다. 이때 배우는 것은 이론인데, 교대에서 배운 이론은 실제와 다르며, 심지어 학생들을 가르치는 데 전혀 도움이 되지 않는다고 생각하는 학생들도 있다. 이러한 마음의 틀을 가지고 있으면 교수가 가르치는 내용을 제대로 받아들이기가 어렵다. 그래서 토머스 쿤의 《과학혁명의 구조》에 의거하여 자연과학과 달리 인문사회과학은 왜 하나의 패러다임이 지배하는 것이 아니라 여러 개의 패러다임이 공존하는 복합 패러다임multiple paradigms 학문일 수밖에 없는지, 그리고 그러한 복합 패러다임 아래서 가르치는 사람과 배우는 사람의 역할은 자연과학과 어떻게 다른지를 설명해준다.

"신이 만든 자연현상과 달리 끝없이 변화해가고 다양한 측면을 가진 인간이라는 존재가 만드는 인문사회 현상은 하나의 패러다임이 아니라 다양한 패러다임을 동원해야 더욱 완벽한 설명이 가능하다. 망치는 못을 박는 데, 톱은 나무를 자르는 데 적합하듯이 갈등주의 패러다임은 사회의 갈등 현상을 설명하는 데, 기능주의 패러다임은 사회 각각의 조직이 유기적으로 움직여가는 현상을 설명하는 데 더 적합하다. 그런데 가령 사회의 갈등 현상을 설명하는 데 적합한 마르크스 이론이 아주 완벽해 보인다고 해서 세상에 마르크스 이론 이상의 것은 존재하지 않는다며 그 이론만을 신봉하고 되뇌는 사람이 있다면, 우리는 그를 마르크스의 개라 부른다.

아무리 마음에 들더라도 다양한 패러다임의 세계를 탐험한 후에 그래도 역시 마르크스 이론이 최고라고 느끼면서도 그의 이론이 현재 대한민국이라는 시공에 적합하려면 어떻게 달라져야 하는가를 깨닫고 자기만의 세계를 구축할 때, 우리는 그를 네오 마르크스주의자라고 부른다. 따라서 복합 패러다임의 학문인 인문사회과학을 공부하는 학도인 여러분은 한 이론 혹은 패러다임이 완벽해 보이고 마음에 든다고 해서 다른 패러다임의 세계를 탐험하는 것을 멈추고 그 패러다임만을 천착해서는 안 된다."

갑작스런 총격전으로 시작하는 영화처럼, 도입부에서 갑자기 갈등과 긴장을 조성할 수도 있다. 예컨대 강의 시작과 동시에 그날 배울 내용에 대해 간단한 퀴즈를 만들어 미리 풀어보도록 유도하거나, 예습 여부를 확인하는 질문을 던지는 등의 방법이 있다.

인과성 원칙

이야기 구조를 차용할 때 기억하기 쉬운 이유는, 이야기는 대부분 이야기 4원칙의 첫 번째인 인과성 원칙에 따라 구성되기 때문이다. 인과성이란 이야기에 제시되는 사건이 원인과 결과로 연결된다는 뜻이다. 인과성적으로 구성된 이야기는 줄거리의 한 부분만 기억해도 인과관계의 고리로 연결된 전후의 내용이 저절로 떠오르기 때문에 기억하기가 쉬운 것이다.

우리 뇌는 원인과 결과 추론에 적합하게 발달되어 있다. 따라서 구체적으로 설명하지 않고 생략을 해도, 그리고 어느 정도 힌트만 주어도 인과관계를 찾아낼 수 있다. 대부분 이야기는 인간의 이러한 추론 능력을 전제하고 불필요한 구체적 부분은 생략하면서 진행된다.

여기서 관심을 가져야 할 한 가지라면, 인간은 자신이 가진 인과성 추론 능력을 어느 정도 활용할 여지가 있을 때 이야기에 재미를 느낀다는 점이다. 그런데 추론 능력에는 개인차가 있다. 보통의 연속극은 중학생 수준의 지적(추론) 능력을 갖춘 사람을 염두에 두고 만들어진다는 우스갯소리도 있다. 추론 능력이 그보다 뛰어난 사람은 보통의 연속극 이야기가 너무 구체적으로 느리게 전개되어 지루하다고 느낄 수도 있다.(인과관계 추론은 머리를 써야 하는 활동이기 때문에 휴식을 위해 생각을 잠시 중단하고 드라마를 즐기는 경우에는 진행이 너무 느리지만 않으면 지루하게 느끼지 않을 수도 있다.) 반면 어린아이나 노인은 너무 빠른 이야기 전개를 따라가지 못하고 주위 사람들에게 자꾸 질문을 하곤 한다. 이야기에서 깔아놓은 복선도 인간의 인과관계 추론 능력이 있기 때문에 의미가 있는 것이다.

드라마가 아니라 일상의 대화에서도 우리는 이러한 경험을 하고 있다. 함께 이야기를 나눌 때 듣는 사람을 지루하게 하는 사람과 늘 모두의 귀를 사로잡는 사람이 있다. 지루하게 하는 사람은 필요 이상으로 어떤 사건을 구체적으로 부연해 설명하는 사람이다. 반면 귀를 사로잡는 사람은 듣는 이들의 경험과 이해 수준을 감안해 불필요한 이야기는 과감히 생략하면서 필요한 부분만을 강조해 감칠맛 나게 이야기를 끌어가는 사람이다.

강의에서도 마찬가지다. 학생들의 인과성 추론 능력 수준과 선행 지식 수준을 감안해 불필요한 부분은 생략하고, 나아가 적절한 추론 여지를 주면서 진행 속도가 조절되는 강의를 학생들은 좋아한다. 추론 여지가 있다는 말은 강의를 들으면서 학생들이 스스로 의미를 생각해야 한다는 뜻이다. 생각의 여지를 주고 생각을 하도록 유도해야 하는 이유는 의미를 생각할 기회를 가졌을 때 배운 내용을 잘 기억하기 때문이다.

> 기억은 생각의 잔여물이다. 학생들을 잘 가르치려면 학생들이 수업활동 과정에 실제로 무엇을 생각할지를 신중히 고려하며 수업활동을 구성해야 한다. 생각하는 내용이 기억에 남기 때문이다. 수업에서 이야기 구조를 차용하는 궁극적인 목적은 학생들이 의미를 생각할 기회를 주는 것이다.
>
> — 대니얼 T. 윌링햄, 《왜 학생들은 학교를 좋아하지 않을까》

연극이나 마당극처럼 학생과 더불어 실시간으로 만들어가는 강의는 학생들의 반응을 보아가며 어떤 부분을 생략할지, 아니면 더 부연하여 설명할지를 조절할 수 있다. 처음이자 마지막으로 만나는 사람들을 대상으로 진행하는 강연에서는 청중의 특성과 그날의 분위기 등을 감안하여 원래 전달하려고 계획했던 내용을 과감히 생략하고 계획에 없던 새로운 내용을 포함시키기도 한다. 인과성의 원칙을 활용하더라도 학생들과 교감하는 가운데 이러한 융통성을 발휘해야만 흥미진진한 강의를 할 수가 있다.

즉석에서 발휘되는 융통성과는 별도로 한 차시의 강의 계획을 수립할 때에는 학생들의 수준을 감안하여 추론의 여지, 즉 생각 난이도의 수준을 정해야 한다. 생각은 힘든 작업이지만 그래도 사람들이 생각하길 좋아하는 이유는 추론을 포함한 다양한 생각 활동을 통해 문제를 해결했을 때 맛보는 쾌락 때문이다.(윌링햄,《왜 학생들은 학교를 좋아하지 않을까》) 배움 활동을 하는 데 추론의 여지가 별로 없거나 인과관계가 너무 뻔하면 추론의 기쁨을 맛볼 수 없다. 반대로 인과관계 추론이 너무 어려운 경우에도 일찌감치 포기하게 되므로 흥미를 느낄 수 없다. 요컨대 이야기 구조 중에서 인과관계를 벤치마킹하려면 추론의 여지를 남겨두어 학생들이 스스로 생각하고 그 관계를 파악하도록 유도하되, 학생들이 추론의 기쁨을 맛볼 수 있을 정도에서 난이도 수준을 유지해야 한다. 인과관계 추론이라는 관점에서 볼 때 가르치는 사람이 질문을 던지는 것은 추론을 유도하는 활동이고, 학생이 질문하는 것은 추론 과정에서 이해되지 않거나 스스로 찾기 어려운 인과관계를 묻는 활동이다.

이야기 구조 차용이
적합한 강의

이야기 구조를 벤치마킹하기에 적합한 강의는 역사와 철학을 비롯한 인문사회학 관련 과목들이다. 다른 과목들에서도 일부 벤치마킹이 가능하다. 가령 수학이나 과학 등에서 이야기 구조를 차용하여 원리나 법칙이 나온 배경을 알아보고, 원리나 법칙을 바탕으로 현실을 이해하려고 시도할 수 있다.

2009 개정 교육과정에서는 수학에 대한 흥미와 관심을 높이고, 수학적 개념 및 원리에 보다 쉽게 접근하게 하며, 교사와 학생 또는 학생과 학생 사이의 의사소통이 더 효과적으로 이루어질 수 있도록, 나아가 수학적 창의력을 기르는 데도 도움이 되도록 하기 위해 '스토리텔링 수학'을 도입했다. 이를 비판하는 사람들도 수포자(수학을 포기한 사람)나 수학에 관심과 흥미도가 낮은 학생들에게 '약간의 흥미를 유발하는 도구'로서의 역할을 한다는 점은 인정하고 있다.

이미 수학을 재미있어 하거나 상당한 수준에 도달한 학생들에게는 굳이 스토리텔링식으로 수학을 가르칠 필요가 없을 것이다. '길 잃은 양을 찾아 떠난 목자'에서 이야기했듯, 교사를 필요로 하는 사람은 스스로 수학 공부를 잘할 수 있는 학생이 아니라 해야 할 수학 공부에 흥미를 느끼지 못하는 학생, 원리 자체를 추상적으로 설명하면 바로 이해하기 힘들어 하는 학생이다. 이러한 학생들에게는 이야기 구조를 차용한 수학 가르치기가 보탬이 될 수 있을 것이다.

수업은 이미 만들어진 영화가 아니라 관객과 함께 만들어가는 즉

석 영화이다. 교사 혼자서 시나리오 작가, 감독, 연출, 배우를 모두 하려고 하면 수준 높은 영화가 만들어질 수 없다. 사람들은 자신이 참여하여 만들어진 영화에 더 큰 관심과 흥미를 보인다. 수업이 갖는 즉석 영화로서의 강점을 살려 하루에 한 번 혹은 일주일에 한 번 정도는 학생들과 함께 살아 꿈틀대는 명작을 만들어보자.

· 15 ·

강의에도
스토리텔링이 필요하다

나는 박사 학위를 마칠 때까지 총 24년간 여러 선생님에게서 가르침을 받았다. 잘 가르쳤다고 기억되는 선생님들이 몇 분 머릿속에 남아 있는데, 그중 한 분이 고등학교를 마치고 재수하던 시절에 만났던 학원 세계사 선생님이다. 세계사 선생님의 첫 시간 첫마디는 이러했다. "나는 유능한 소대장이 아니어서 군들에게 적이 어디서 나타날지 미리 얘기해주지는 못한다. 그러나 어디서 적이 튀어나오든 즉각 사살할 수 있도록 군들을 이끌겠다." 당시 강의실을 가득 메운 학생들은 웃음을 터뜨렸다.

지금까지도 생각나는 강의의 한 장면이 있다. 아편전쟁을 소개하면서 당시 영국 의회의 회의 장면이 생생히 묘사되었다. 신사의 나라가 아편을 팔기 위해 전쟁을 일으켜서는 안 된다는 측과 실리를 챙겨야 한다는 측이 팽팽히 맞서다가 표결에 들어갔는데, 한 표 차이로 전쟁이 결정되었다. "인류의 역사는 한 표의 역사였다."는 선생님의 목소리가 귀에 쟁쟁하다.(나중에 알고 보니, 1840년 4월 10일 실시된 파병안은 부정한 전쟁이라는 영국 안팎으로부터의 강한 비판 속에서 표결에 부쳐졌고, 불과 아홉 표 차이로 통과되었다. 당시 선생님은 극적인 효과를 노리기 위해 한 표 차이라고 표현했던 것 같다.) 그러면서 당시 영국과 유럽의 실정을 이야기해주었다. 전쟁의 소용돌이에 휘말린 중국의 상황은 어떠했는지, 당시 조선에서는 어떤 일이 진행되고 있었는지, 그리고 미국은 어떠한 상황이었는지를 매우 생생하게 그려주었다. 그 선생님 수업이 끝나자 한 편의 영화를 본 듯 아편전쟁을 중심으로 한 당시 세계 상황이 머릿속에서 살아 숨 쉬었다. 나는 그 선생님을 통해 처음으로 세계사가 암기 과목이 아니라는 사실을 깨달았다.

그토록 생생한 강의가 가능했던 것은 교재에서 겨우 한 페이지를 차지한 아편전쟁 이야기의 뒤에 숨겨진 수백 페이지 분량의 역사를 교사가 통달하고 있었기 때문이리라. 성공적인 강의를 하기 위한 첫 번째 조건은 가르치는 내용에 통달해야 한다는 것이다. 완벽히 소화되지 않은 내용을 가르치는 것은 덜 익은 술을 제공하는 것과 같다. 너무나 당연한 이야기를 하는 이유는 교수들이 때로 자기 전공 분야가 아닌 강좌를 담당해야 하는 상황이 발생하기 때문이다. 이유야 어찌되었든 일단 한 강좌를 맡으면 자기 안에서 숙성시켜야 한다. 그렇지 않을 경우 재미있는 강의를 위한 각종 기법이나 첫 시간의 노력 등은 오히려 역효과를 가져오게 될 것이다.

반대로 동일한 강좌를 맡기 때문에 별다른 노력 없이 매년 유사한 강의록을 가지고 유사한 강의를 반복하는 경우도 있다. 이때에는 뚜껑이 열려 맛과 향이 사라진, 김빠진 술 같은 강의가 될 수 있다. 더 이상 배우지 않는 사람에게서 가르침을 받는 것은 고여 썩은 물을 마시는 것 같다는 비유도 있다. 동일한 주제의 강의가 반복된다고 해도, 지속적인 노력을 통해 최근의 연구 결과뿐만 아니라 가르치는 사람의 새로운 발견과 깨달음을 추가하는 등의 지속적인 관리 노력을 한다면 배우는 사람들이 오래된 술의 깊은 맛을 느낄 수 있을 것이다. 시대의 요구와 학생의 변화를 감지하면서 자신의 연구 노력을 반영해갈 때에만 가르치는 사람도 신명이 나서 강의에 몰입할 수 있게 된다. 그러한 노력이 없으면 과거의 명성이 서서히 사라지는 것을 체감할 것이다.

첨단 강의란 보통 첨단 교육 매체를 효과적으로 활용하는 강의라고 생각한다. 1990년대 후반 '미래 사회와 교육'이라는 주제의 강연을 수십 차례 한 기억이 있다. 그 주제에 어울리게 파워포인트 자료를 만들어서 당시 새로 나온 빔 프로젝터를 활용했다. 그런데 당시에는 아직 기계가 좋지 않아서, 빔 프로젝트를 쓰려면 불을 모두 끄고 강사인 나는 원고를 보기 위해 조그만 전등을 따로 켜야 했다. 이러한 강의를 한 시간 하다 보니 내가 잘못하고 있다는 생각이 들었다. 청중과 눈을 마주칠 수도 없고, 반응을 보기도 어려웠다. 그래서 다음 시간에는 불을 모두 켜고 이렇게 이야기했다.

"여러분은 지금까지 586 컴퓨터와 대화를 나누셨습니다. 이 시간에는 향후 100년이 지나도 개발되기 어려울 최첨단 바이오컴과 직접 대화를 나눠보도록 하겠습니다."

강의실에 있는 최첨단 매체는 인터넷이 연결된 컴퓨터나 프로젝터 또는 화상 강의 시스템이 아니라, 바로 강의를 담당하고 있는 교수이다. 교수 한 명을 길러내는 데 들어가는 비용은 강의실의 어떠한 첨단 강의 매체를 구입하는 비용보다 더 높을 것이다. 훗날 나는 미국 CIES 학회에서, 카네기멜론대학의 한 교수가 교육공학 관련 발표를 할 때에 첨단 강의를 보여주겠다면서 앞의 발표자들과 달리 프로젝터를 끄고 분필을 집어드는 것을 보았다. 첨단 강의는 교수가 최대한 활용되는 강의인 것이다. 다시 말해 나의 세계사 선생님이 했던 강의는 최첨단 강의였던 셈이다.

훌륭한 스토리텔러 되기

영화를 보는 것은 재미있다. 그러나 구수한 이야기를 듣는 것도 그 못지않게 재미있다. 재미있게 읽은 소설이 영화화되었을 때, 감독이 우리의 상상력을 뛰어넘는 영상을 만들어내지 않는 한 소설 이상의 재미를 맛보기 어렵다. 그래서 구수한 이야기처럼 이끌어가는 미래형 강의를 '스토리텔링으로서의 강의'라고 하기도 한다. 스토리텔링이란 '스토리story'와 '텔링telling'의 합성어로서, 상대방에게 알리고자 하는 바를 있는 그대로 무미건조하게 전달하는 것이 아니라, 재미있고 생생한 이야기story를 입혀 설득력 있게 전달tell하는 것을 말한다. 구연동화라는 말에서 보듯이 스토리텔링을 우리말로 구연口演이라고 번역하기도 하지만, 요새는 그냥 스토리텔링이라는 용어 그대로 사용하는 경우가 더 많다. 스토리텔링으로서의 강의란 어떤 주제를 설명하거나 학생들과 함께 그 주제를 여행하고자 할 때, 학생들이 재미있는 옛날이야기를 듣는 것처럼 푹 빠지게 하는 강의라고 할 수 있다.

선생님들을 대상으로 연수를 할 때의 일이다. 한 선생님이 내게, 내 앞 시간에 강의한 모 교수님이 참으로 존경스럽다는 이야기를 했다. 끝이 닳아 탈색된 넥타이를 매고 강의를 하더라는 말이었다. 나역시, 참으로 검소한 교수님이로구나 하는 생각이 들었다. 그날 그분을 만났을 때 수강생에게 들은 이야기를 전했더니, 웃으면서 이렇게 말씀하셨다. "사람들 눈에는 그냥 오래된 낡은 넥타이로 보이겠지만 내게는 각별한 의미가 담긴 것이라네. 내 첫사랑이 주고 떠난 것이거든. 그래서 오늘처럼 비 내리는 날 문득 지난날이 그리워지면 꺼내서 한 번씩 맨다네." 노교수님의 말을 듣고 나니 오래되고 낡은 넥타이가 달리 보였다. 그 넥타이는 노교수에게 젊음이요, 아직도 살아 가슴 설레게 하는 첫사랑이었던 것이다. 여선생님들에게 그런 이야기를 전하면, 집에 가서 오래되어 낡았는데도 버리지 않고 간직해둔 넥타이가 있는지 살펴봐야겠다며 웃는다. 하지만 그 추억이 어디 넥타이로만 존재하겠는가?

스토리는 이처럼 낡아빠진 넥타이를 값비싼 명품보다도 더 가치 있는 것으로 만들 수 있다. 강의 주제에도 이렇게 스토리를 입힌다면, 오늘날과 너무 동떨어진 과거의 이야기나 일상생활과는 거리가 먼 듯 느껴지는 주제라도 시간을 넘고 공간을 지나 오늘 여기에서 살아 숨 쉬는 생생한 주제로 다시 태어날 것이다. 그렇게 해주는 것이 가르치는 길목에 서 있는 최첨단 강의 매체인 인간 교사가 해야 할 역할이다.

그럼 훌륭한 스토리텔러 같은 교수나 교사가 되려면 어떻게 해야 할까? 스토리텔링은 자기 이야기를 브랜드화하는 것이다. 그래서 가르치는 사람은 많은 경험을 하고, 많은 책을 읽고, 많은 여행을 하고, 많은 생각을 해야 한다. 그래서 가르치는 사람에게 남들이 하기 어려운 경험, 힘들었던 경험, 남다르게 살아온 어린 시절의 경험은 더욱 의미가 있다. 부유하고 어려움 없이 자라온 사람들은 나중에 자기 이야기 브랜드화라는 최고의 차원에서 한계에 부딪친다고 한다. "초년고생은 사서라도 한다."는 말은 여기에도 적용되는 것 같다. 나는 책에서, 신문 기사에서, 방송에서, 그리고 사람들과의 대화에서 접하는 일화라도 교육과 관련되거나 새롭게 다가오는 것이 있으면 모두 기록해두었다가 활용한다. 물론 여행길에서 마주친 장면과 일화는 더욱 소중한 경험이 된다.

최근에는 디지털 기술을 환경 또는 표현 수단으로 활용해 이루어지는 디지털 스토리텔링 기법이 발전하고 있다. 어떤 젊은 부부가 이야기하기를, 아이에게 동화책을 주었더니 그림을 손가락으로 키우려 하다가 안 되니까 바로 무관심해지더라는 것이다. 태블릿 PC에 이미 익숙해진 어린아이에게 움직이지 않고 크기 조절도 안 되는 그림책은 이제 재미가 없는 것이 되고 말았다. 이렇게 가상 세계에 익숙한 현재의 학생들에게는 인간 교사가 디지털 스토리텔링 기법으로 제작된 매체의 도움을 받으며 강의를 할 때 더 효과를 거둘 것으로 생각된다.

·16·

무위의
교수학습

가르침은 도달하고자 하는 목적이 있고, 그 목적을 위해 필요한 여건을 만들고, 계획한 활동을 학생들과 함께하면서 그 목적을 향해 나아가는 인위적인 일이다. 그 자체가 목적인 놀이와 달리 교수학습 활동을 해야 하는 학생들의 경우, 이미 배우고자 하는 열망이 높은 상태가 아니라면 그것을 일로 받아들이고 힘들다고 느낄 것이다.

그렇다면 배움을 놀이처럼 즐겁게 하도록 유도하는 방법은 없을까? 한 가지 방법은 인간의 학습 본능이 자연스럽게 발현되도록 계획하는 것이다. 학습 목표에만 초점을 맞춰 학생들을 이끌어가는 것을 '인위적 교수학습법'이라고 한다면, 학습 본능과 놀이 본능 등을 토대로 생활에서(혹은 학교에서) 자연스럽게 학습할 수 있도록 이끌어가는 것은 '무위無爲의 교수학습법'이라고 할 수 있다.

동물들은 무리와 어울리면서 자연스럽게 사회성을 기르고, 새끼는 어미의 사냥을 지켜보고 사냥감을 가지고 놀면서 사냥술도 익힌다. 어미가 새끼를 가르칠 때에는 사냥술을 가르치겠다고 밝히면서 사냥술의 의미와 목적, 활용되는 기술 유형 등을 알려주는 식의 인위적 학습을 시키지 않는다. 일상의 삶과 놀이 가운데 자연스럽게 필요한 기술을 익히도록 살아 있는 먹잇감을 던져주는 식의 무위의 교수법을 활용한다. 우리 인간도 학교가 생기기 전까지는 가족 및 주위 사람들과 살아가면서 삶 속에서 필요한 것을 자연스럽게 가르치고 배우는 무위의 교수학습법을 활용했다.

죽음에 관한 교육을 예로 들어보자. 죽음에 대해 생각할 기회를 갖거나 주위 사람을 통해 체험하면 이해심과 자비심이 커진다고 한다. 대가족을 이루고 친척들이 모여 살며 자주 왕래하던 시절의 아이들은 치매에 걸리거나 죽음을 눈앞에 둔 할아버지나 할머니, 이웃 친척들과 함께 지내면서 자연스럽게 삶과 죽음에 대해 고민할 기회가 있었다. 따라서 인위적인 '공부'를 하는 시간은 그렇게 길지 않아도 되었다. 그런데 오늘날은 일부러 죽음 간접 체험 프로그램을 만들어 이를 교육시켜야 한다. 이러한 인위적 교육은 무위의 교육보다 효과가 낮지만, 그래도 배워야 할 것은 배워야 한다. 이를 자연스럽게 배울 여건이 되지 않은 탓인지 요즈음은 아이들뿐 아니라 성인들마저 영원히 살 것처럼, 그리고 산 채로 생이별해야 하는 치매가 자신에게는 일어나지 않을 일처럼 살아가는 사람이 많은 것 같다.

기존의 인위적 교수법을 넘어서는 교수법, 즉 무위의 교수법으로 헤드 페이크head fake 교수법과 놀이 본능을 활용한 호모 루덴스Homo Ludens용 교수법이 있다. 미래 교수법 혁명은 학교나 교육학자가 아닌 다른 곳에서 시작될 것이라는 세간의 예측은 학교와 교육학자가 인위적 교수법에 갇혀 무위의 교수법이라는 새로운 세계를 보기 어렵다고 생각하기 때문에 생겨났을 것이다.

헤드 페이크
교수법

《마지막 강의》는 미국뿐 아니라 우리나라에서도 오랫동안 베스트셀러였는데, 2008년 봄에 암으로 세상을 떠난 카네기멜론대학의 랜디 포시Randy Pausch가 마지막 강의를 마치고 펴낸 책이다.

2007년 미국 피츠버그에 있을 때 랜디 포시 교수와 그의 마지막 강의에 대한 이야기를 들었다. 그러나 나는 거의 관심을 갖지 않았다. 우리나라에도 이보다 훌륭한 사람이 얼마든지 있다고 생각했기 때문이다. 실제로 그해 12월에 성균관대학 법대의 이기용 교수가 작고했다는 소식을 접하기도 했다. 그는 암 투병 중이었는데 강의를 중간에 그만두면 학생들에게 피해가 간다며 입원 치료를 미루다가, 마지막 수업을 마치고 갑작스럽게 쓰러진 뒤 세상을 떠나 세상을 안타깝게 했다.

나는 포시 교수가 세상을 떠난 뒤 한국에서 그의 책을 접하고는, 세상을 보는 나의 안목에 한계가 있음을 깨달았다. 그의 마지막 강의를 듣고 그를 만나서 이야기를 나눌 수도 있었는데, 나의 오만함으로 지나치고 말았다. 그래서 늦게나마 인터넷으로 그의 강의를 보면서 그와 대화를 시도했다. 그는 강의를 마치면서 다음과 같이 이야기한다. "오늘 강의는 어린 시절의 꿈을 이루는 것에 관해서였습니다. 그런데 헤드 페이크는 찾아냈습니까?"

그가 마지막 강의에서 중요한 교수법으로 제시한 헤드 페이크^{head} fake란 무엇일까? 그에 따르면 "그것은 바로 과정에 푹 빠져들 때까지 배우는 사람으로 하여금 자신이 진정 배우고 있는 것이 무엇인지 모르게 하는 속임수다. 헤드 페이크 전문가가 되려면 숨겨진 목표가 드러나지 않도록 주의하며 가르쳐야 할 것이다." 헤드 페이크는 미식축구에서 나온 말로, 선수가 머리를 어느 한쪽으로 움직여 상대방을 유인하면서 정작 자신은 반대쪽으로 나아가는 것을 의미한다.

아이들이 좋아하는 축구나 다른 집단 스포츠를 교육할 때 규칙과 기술뿐 아니라 훨씬 더 중요한 팀워크, 인내심, 스포츠맨십, 노력의 가치, 역경을 이겨내는 능력 등을 가르치고자 하는 것, 즉 '우회적인 가르침'을 헤드 페이크라고 일컬을 수 있다. 다시 말해 헤드 페이크는 "배우는 사람이 다른 흥미로운 것을 배우고 있다고 착각하게 만들어놓고 실제로는 다른 것을 가르치는 것을 말한다." 아이에게 맛있는 음식을 먹도록 하는데 실은 그 음식이 아이의 질병을 치료하는 약 역할을 하거나, 아니면 필요한 기능을 강화하는 보약 기능을 하는 것도 헤드 페이크라고 할 수 있다.

'앨리스(alice.org)'는 헤드 페이크의 대표적 사례로, 학생들이 쉽고 재미있게 영화나 비디오게임을 만들도록 돕는 무료 소프트웨어이다. 이 프로그램은 사실 학생들로 하여금 컴퓨터 프로그래머가 되도록 교육하고 있는 것이다. 앨리스를 이용하면 학생들이 컴퓨터 프로그래밍이라는 아주 어려운 공부를 하면서도 재미를 느끼며 능력을 향상시킬 수 있다.

박경수와 박상준이 펴낸《로빈슨크루소 따라잡기》도 헤드 페이크

기법을 이용한다. 이 책은 비행기 추락으로 무인도에 혼자 남게 된 노빈손이 소설의 로빈슨 크루소처럼 다양한 과학적 지식과 방법을 동원해 생존해가면서 무인도를 탈출하는 이야기로 구성되어 있다. 독자는 엉뚱한 캐릭터인 노빈손이 무인도에서 생존하고 탈출하는 이야기를 즐겁게 읽으면서 저절로 과학적 지식을 익힐 수 있다.

헤드 페이크는 "사람을 가르칠 때는 그 사람이 눈치채지 못하게 가르치라."고 한 18세기의 영국 시인 알렉산더 포프Alexander Pope의 말과도 일맥상통한다. 《갈매기의 꿈》을 쓴 리처드 바크Richard Bach도 다음과 같이 말함으로써 간접적인 가르침의 중요성을 환기한다.

눈치채지 못하게 가르쳐라.

배움은 아는 것을 찾아내는 것이다.
행함은 아는 것을 증명하는 것이다.
가르침은 다른 사람들에게
그들도 당신만큼 잘 알고 있음을 알려주는 것이다.

랜디 포시의 마지막 강의실은 강의하는 사람과 강의를 듣는 사람의 웃음으로 가득 찼다. 죽음을 앞둔 교수의 마지막 강연이라는 숙연함이나 눈물은 없었다. 세상과 작별하는 마지막 강의를 하면서도 그는 현대인의 코드에 맞췄다. 이별이 아무리 슬프더라도, 웃음이 없으면 현대인들이 오래 버티지 못한다는 것을 알고 있었던 것 같다.

가난하고 힘든 시절에는 학생들이 즐거움 가운데 공부하도록 배려하기도 어려웠을 뿐만 아니라 굳이 그렇게 하지 않아도 되었다. 다른 친구들은 일할 때 공부를 할 수 있다는 것 자체만으로도 감사함을 느끼는 경우가 많았다. 그러나 요즈음 학생들에게는 즐겁지 않은 것은 진리가 아니라는 말이 딱 들어맞는다. 즐겁게 배우도록 하는 것, 그것이 요즈음 아이들이 커서 대학생이 된 시점에서 대학에도 적용되는 말이 되었다.

포시 교수는 헤드 페이크와 함께 세계의 교수들에게 마지막 당부를 남기고 떠났다. 자기의 꿈을 이룬 교수가 해야 할 중요한 일은 다른 사람들이 꿈을 이루도록 돕는 것이라는 메시지이다. 그는 그 꿈을 다 이루지 못한 채 우리 곁을 떠났다. 어쩌면 교수인 내가 살아가는 동안 그에게서 배워 해야 할 일은 바로 그것인 것 같다. 헤드 페이크를 통해 내 제자와 세상 사람들이 자신들의 꿈을 이루도록 도와주는 것, 그것은 교수인 우리가 할 수 있는 매우 중요한 일이리라.

호모 루덴스용 교수법

무위적 교수법, 즉 간접적인 가르침의 또 다른 예로 놀이 요소를 가미하는 호모 루덴스용 교수법을 들 수 있다. 만일 공부가 노동이 아니라 놀이가 되게 마술을 부릴 수 있는 선생님이 있다면 말 그대로 최고의 선생님일 것이다. 그런데 놀이의 특성을 살펴보면, 배워야 할 내용이 항상 놀이가 되게 하는 것은 불가능하다. 요한 하위징아 Johan Huizinga 의 《호모 루덴스-놀이하는 인간》에는 놀이의 특성 세 가지가 제시되어 있다. 첫 번째는 자발적 행위이고, 두 번째는 '일상적' 혹은 '실제' 생활에서 벗어난 행위이며, 세 번째는 장소와 시간에 있어서 '일상' 생활과는 뚜렷하게 구분된다는 것이다. 이로써 놀이는 목적과 수단이 분리되지 않고 하나가 되며, 그 결과로 사람들은 흥미를 느끼게 된다.

따라서 일반적인 상황에서 교사가 부릴 수 있는 마술은, 배움이 놀이 자체가 되도록 하기보다 배움의 과정과 내용에 놀이의 첫 번째 특성인 자발성이 반영되도록 하는 것이다. 명령에 의한 놀이는 더 이상 놀이가 아니다. 놀이는 자유로운 행위이며, 자유 그 자체인 것이다. 교사가 수업 계획을 짤 때, 그리고 수업을 진행할 때 학생들의 자발성을 유도하려고 노력한다면 학생들이 배움의 과정에 자연스럽게 몰입하게 될 테고, 그 결과로 재미도 느끼게 될 것이다.

학생 주도형 수업에는 놀이의 첫 번째 특성인 자발성이 녹아들어 있으므로, 배우는 학생들이 놀이처럼 한판 신 나게 놀면서 교사가 의도한 것을 자연스럽게 배울 수 있다. 그리고 강요 때문에 한다는 좌절감은 느끼지 않게 된다. 나는 첫 강의에서 강의 계획서에 포함되지 않았지만 추가로 배우고 싶은 주제와 그 이유를 적어 내도록 하고, 수강생 중에서 수업 도우미와 놀이경영 진행자를 선발하며, 억지로 출석하지 않아도 된다고 하면서 학생들의 참여와 자율성을 어느 정도 보장하는 다양한 장치를 마련한다. 억지로 하는 것이 아니라 스스로 선택권을 갖고 자율적으로 하도록 기회를 보장하되 학생들이 결국은 해야 할 바람직한 활동을 하도록 유도하는 나의 기법을 '자발적 강제 기법'이라고 부르는 학생들도 있다.

그런데 인위적 활동인 교육 활동은 학생들의 자발성에만 의존하여 이끌어가는 데 한계가 있다. 교육 활동에서 놀이와 관련하여 추가로 활용할 수 있는 것은 놀이의 고유 속성인 '재미'이다. 우리는 재미가 없으면 놀이를 중단한다. 재미가 없으면 더 이상 놀이가 아니기 때문이다. 배움이 놀이와 유사해지도록, 즉 재미있고 기쁜 행위가 되도록 하는 방법은 아이들이 배움의 기쁨에 빠지도록 하는 것이다. 말이 목마르게 하는 것은 공부가 노동이 아니라 놀이와 유사해지도록 '선생님이 부릴 수 있는 마술'이다.

놀이와 노동의 가장 큰 차이는 수단과 목적의 일치 여부라고 한다. 수단과 목적이 일치하는 행위는 놀이이고, 수단과 목적이 서로 다른 행위는 노동이다. 놀이는 수단이면서 목적이기 때문에 우리는 그 놀이라는 것을 하면서 즐거움을 느낀다. 고기 잡는 노동을 하는 어부와, 고기 잡는 것 자체를 즐기는 낚시꾼을 비교해보면 이해할 수 있다.

여기서 하나 명확히 해야 할 점이 있다. 수단과 목적이 일치하지 않는 행위라고 하여 즐거움을 느끼지 못하는 것은 아니라는 점이다. 프로 선수들은 수단과 목적이 일치하지 않는 '일'을 하는 사람들이지만, 고통스러워하지만은 않는다. 행위의 결과로 주어지는 보상, 특히 심적 보상이 충분히 클 때에도 우리는 그 행위를 하면서 기쁨을 느낀다. 또한 어떤 행위 자체가 목적은 아니지만 자신이 좋아하는 목적을 달성하기 위한 중요한 수단일 때에도 기쁨을 느낄 수 있다. 새가 짝을 유혹하려고 집을 지을 때 그 자체에 몰입하며 아름답게 만드는 것을 볼 수 있다. 이 새가 집 짓는 노동을 고통스러워하는 것으로 보이지는 않는다.

나는 DNA에 이미 프로그램이 되어 있어 억지로(작위적으로) 하는 것이 아니라 자연스럽게 하면서 즐거움을 느끼는 것은 놀이이고, 프로그램이 안 되어 있는데 필요에 의해 해야 하는 특정 행위는 노동이라고 새롭게 정의한다. 이 정의에 따르면, 내적 욕구를 충족시키려고 하는 활동은 모두 놀이로 간주된다. 우리 DNA에는 학습 본능이 프로그램 되어 있다. 학습 본능은 호기심을 통해 드러난다. 언어를 익힌 영장류는 감정을 표현하거나 지적 능력을 보여주는 점에서 사람과 별로 차이를 보이지 않았다. 결정적 차이는 호기심 수준에서 드러났다. "천재 원숭이들은 언어를 배웠지만 사람과 달리 호기심을 품지 않았다. 자의식의 근본인 '나는 누구인가'와 같은 질문은 물론, 도구를 사용하면서도 그 작동 원리에 대한 흥미는 없었다."(《말을 배운 원숭이가 흉내 못낸 사람만의 능력은?》, 《한겨레》)

어린아이들은 타고난 인간만의 호기심을 토대로 끝없이 질문하며 세상을 배워간다. 이미 DNA에 프로그램 되어 있기에 호기심이라는 본능 충족은 재미있는 놀이가 될 수 있다. 이러한 호기심이 자연스럽게 발현되도록 돕는 교수법이 무위적 교수법의 핵심이다.

어느 유명 가수의 공연을 보러 간 적이 있는데, 노래와 함께 개인적인 이야기를 하는 데에도 상당한 시간을 할애했다. 그러자 무슨 말이 그리 많으냐며 여기저기서 볼멘소리가 터져 나왔다. 청중에게는 이미 그 가수의 노래를 듣고 싶다는 강한 동기가 있고, 굳이 사연을 길게 소개하지 않아도 이해하는 데 어려움이 없는 유행가였다. 그런데도 가수가 너무 친절하게 접근한 결과, 그리고 청중이 원래 기대한 노래를 듣는 시간이 줄어든 결과로 역효과가 난 것이다. 앞에서 이야기한 것처럼, 이미 배우고자 하는 열망으로 가득 찬 아이들에게는 굳이 놀이적 요소를 가미할 필요가 없다. 그러한 배려를 하는 교사는 노래 배경을 설명하는 데 시간을 보낸 가수처럼 비난을 받을 수도 있다.

학습과 놀이 비유의
한계 뛰어넘기

나는 유학을 떠나기 전까지 삶은 고해의 바다라고 생각하며 살아왔다. 젊은 시절이 그렇게 큰 고통으로 다가왔던 이유로는 의식주를 해결하는 데 따른 문제도 있었지만, 그보다는 공부라는 노동을 내 몸이 견뎌내기 어려울 만큼 강하게 했기 때문이다. 고등학교 때에는 길을 걷다가 의식을 잃고 쓰러지기까지 했다. 그리고 대학 시절에도 당시 많은 시골 출신들이 그러했듯이 학과 공부보다는 잠시 고시 공부라는 강도 높은 노동에 뛰어들기도 했다. 그러나 나는 그 노동의 고통을 견뎌내며 차츰 공부의 맛을 터득하기 시작했다. 그러다가 운 좋게 미국 대학의 장학금을 받고 유학을 가면서 삶이 즐거울 수도 있다는 것을 처음으로 깨달았다. 어쩌면 오늘날 학자의 길을 걷게 된 것은 생활의 달인들이 단순노동에서 나름의 즐거움을 찾아내듯이 나도 공부 과정에서 공부의 참맛을 찾았기 때문일지도 모른다.

학생들이 배워야 할 내용을 모두 재미있게 구성하는 것은 거의 불가능하다. 살아가면서 하고 싶은 것, 재미있는 것만 하며 살 수도 없다. 따라서 학생들에게 재미를 떠나서 자기가 해야 할 것은 최선을 다해서 완수하도록 하는 책임감과 인내력, 그리고 집중력도 함께 길러주어야 한다. 실제로 해야 할 어떤 일을 반복적으로 열심히 하다 보면 그 안에서 재미를 발견하고 더 열심히 하게 된다. '생활의 달인'이라는 프로그램에 소개되는 사람들은 모두 일을 놀이로 승화시킨 경우이다.

학생들에게 일을 놀이로 승화시킬 수 있는 능력을 갖춰주는 것, 그것이 유인원용이 아닌 호모 루덴스용 교수법이 주는 또 다른 시사점이다. 놀이인 테니스 하나를 즐기려고 해도 많은 시간과 노력을 투자해 기본기를 닦아야 한다. 무위는 인위(작위)를 통해 끝없이 자신을 연마한 학습의 결과로 도달하는 경지이기도 하다는 사실을 학생들이 깨닫게 할 필요도 있다.

PART 3
성공적인
수업 첫걸음

◉

내가 그의 이름을 불러주기 전에는 그는 다만 하나의 학생에 지나지 않았다.

내가 그의 이름을 불러주었을 때, 그는 나에게로 와서 꽃이 되었다. 제자가 되었다.

우리들은 모두 무엇이 되고 싶다. 너는 나에게 나는 너에게 잊혀지지 않는 하나의 눈짓이 되고 싶다.

잊혀지지 않는 영원한 스승과 제자가 되고 싶다.

◉

·01·

강의 첫 시간
활동

학생들은 잠깐 화면으로만 보고도 교수의 역량을 한눈에 파악할 수 있는 힘을 지녔는지도 모르겠다. "우리는 순간적인 인상을 형성하는 놀라운 능력을 지녔는데 더 놀라운 사실은 우리가 형성한 인상이 매우 정확하다는 점이다.(엠버디와 로젠탈)"(켄 베인,《미국 최고의 교수들은 어떻게 가르치는가》에서 재인용)

강의 첫 시간은 한 학기의 성패를 좌우한다고 해도 과언이 아니다. 첫 시간 프로그램을 잘 만들어 운영해야 학생들의 마음을 사로잡을 수 있다. 내가 생각하기에 첫 강의의 목적은 다음과 같다. 즉 교수와 학생의 상호 이해 촉진, 한 학기 동안 함께 공부할 내용에 대한 이해, 배워야 할 내용을 배우고자 하는 강한 동기부여 및 강의에 적극적으로 참여하고자 하는 의욕 고취, 강의에 사용될 기본 규칙 소개 및 기본 학습 훈련 등이다.

세일즈맨들은 첫인상이 3분 안에 결정된다는 말을 금과옥조로 삼는데, 한 학기 강의의 성패도 첫 강의에서 판가름 난다. 만일 강의 첫

날 오리엔테이션 때 가령 학생들이 아직 교재 준비를 안 했다는 등의 이유로 전체 주어진 시간을 다 활용하지 못하고 간단히 마칠 경우 한 학기 강의 성공 확률은 크게 떨어진다. 3학점짜리 강의인데 교수가 와서 20여 분 동안 책 소개, 강의 일정 소개, 보고서 안내 등을 하고 마친다면 그 자리에서 종강해버리는 학생이 나올 수도 있다. 따라서 첫 강의 운영 계획을 잘 준비하는 것이 필요하다.

조금 유치해 보일지 모르지만, 학생들의 이름과 환영 메시지로 꾸민 배너를 출력하여 칠판에 붙여둔다. 학생들은 칠판의 배너에서 자신의 이름을 보며 조금은 색다르다고 느낀다. 출력하는 대신 PPT로 제작하여 미리 띄워놓는 방법도 있다.

내가 첫 강의에서 첫 번째로 하는 일은 나에 대해 소개하면서 학생들이 나와의 인간적 만남을 느낄 수 있게 하는 것이다. 서로를 알고 인간적 만남을 느끼는 데 초점을 두는 이유는, 서로에 대한 이해 없이 소외된 상태에서는 가르치는 사람의 학문 세계와 배우는 사람의 세계가 서로 어울리는 만남으로서의 교육이 이루어질 수 없기 때문이다. 그런데 오늘날 대학 강의실은 따스한 가슴의 인간과 인간이 만나는 공간이 아니라, 서로에게서 소외된 교수와 학생이 만나는 공간으로 바뀌고 있다. 이를 극복하기 위해 내 홈페이지를 띄워놓고 나의 경력과 연구 업적 및 연구 관심사 등을 간단히 소개한 뒤 나에 대해 궁금한 점을 질문할 수 있는 기회를 준다.

두 번째, 독특한 방식으로 출석을 부르는 이유를 설명한 후 내 방식으로 출석을 부른다. 나는 성을 뺀 이름만 부른다. 호명된 학생은 나와 먼저 눈을 마주친 후 자신이 할 수 있는 가장 아름다운 미소를 보내야 한다. 그러면 나도 내가 할 수 있는 가장 화사한 미소로 답한다. 물론 이 방법은 학생 수가 너무 많을 때는 사용하기가 어렵다. 그리고 시도하는 교수 스스로가 미소를 짓는 데 어색하지 않은 경우에 사용함직한 방법이다. 어떤 방법이 되었든 인간적 만남을 느끼는 분위기를 연출할 필요가 있다. 첫 강의 마지막 부분에는 학생 개인에 대한 정보를 수집하는 설문지를 나눠주고 학생 이해를 위한 자료를 수집한다.

세 번째, 한 학기 동안 함께 공부할 내용을 간단히 소개하는 동시에 그 내용이 갖는 학문적 의미와 학생들이 추구하는 직업 세계에서의 활용성 등을 설명한다. 학생들이 배워야 할 내용에 지적 호기심과 갈증을 느끼게 하기 위함인데, 바로 이 부분이 첫 강의에서 가장 중요하다. 학생들의 지적 호기심을 유발하는 데 실패하면 다른 시도가 별다른 의미를 갖지 못한다. 물론 앞에서 하는 여러 가지 시도가 성공적이면 지적 호기심을 유발하는 것도 더 잘 되는 것이 사실이다.

네 번째, 강의 진행 중에 적용할 여러 가지 규칙을 설명한다. 물론 강좌 특성, 학생 특성, 강좌 규모 등에 따라 다르기는 하지만 성공적인 수업 경영을 위해서 초중등학교 교사들이 '기본 학습 훈련'에 많은 시간을 투자하듯이 대학에서도 첫 강의 시간의 일부를 수업 규칙을 설명하는 데 투자해야 한다. 앞에서 설명한 출석 부르는 방법도 강의에 임하는 규칙으로 볼 수 있다.

그 밖에도 강의 중 예습 정도 확인, 결석 강의, 좌석 배치, 수업 방해 행동에 대한 처리, 보고서, 성적 처리, 학생의 강의 활동 지원 및 참여, 교수 접촉 등에 관한 규칙이 필요하다.

이러한 활동을 끝내고 나서 시간이 된다면, 강의 내용과 직간접적으로 관련된 주제를 선택해서 특강을 한다. 특강은 학생들의 지적 호기심을 자극하고, 나아가 머리를 혼란스럽게 할 정도의 내용으로 이루어지는 것이 좋다. 이를 통해 학생들을 사로잡을 수 있다면 한 학기 강의는 성공적일 것이다.

첫 강의는 10분 정도 일찍 끝내고 학생들과 함께 첫 만남을 기념하는 사진을 찍는다. 그리고 강의용 SNS인 클래스팅(학급경영을 위한 앱의 일종)에 사진을 올려 학생들이 바로 볼 수 있게 한다. 종강 날도 같은 장소에서 같은 포즈로 사진을 찍어 한 학기 동안 변화된 모습을 비교해볼 수 있게 하고 있다.

첫 강의를 마친 후에는 강의실을 떠나는 학생들에게 그날 중으로 첫 만남에 대한 소감을 클래스팅에 올리도록 요청한다. 3 대 1 법칙에 따라 최소한 좋았던 점 세 가지와 보완했으면 하는 점 한 가지를 적도록 하고 있다. 실명으로 올려야 하고 내용도 공개가 되므로 대부분 긍정적인 반응을 보인다. 강의에 대해 긍정적 평을 올리고 나면 이후 강의에 대해서도 긍정적 기대를 하게 된다.

·02·

강의용
설문지 활용법

나는 첫 강의에서 강의 관련 자료를 모으기 위한 설문 조사를 한다. 강의 계획서와 별도로 설문지를 만들어 학생들에게 나눠주고 다음 시간까지 작성해서 제출하도록 요청한다. 설문 조사는 학생 개인 정보 확보, 선호 강의에 대한 견해 조사, 학생들의 의견 반영, 학생 개인 상담 자료 확보, 강의에 대한 기대감 제고와 학생 자신의 의욕 고취 등을 목적으로 한다.

수강생의 휴대전화 번호와 이메일 주소를 확보한 후 이메일 주소는 그룹 주소록으로 편집하여 활용한다. 학생 이름을 쉽게 외우기 위해 한자 이름, 본관, 독특한 취미, 좌우명 등을 적도록 하는 것도 방법이다. 하지만 강의 목적에서 벗어나 너무 많은 자료를 요청하면 오히려 역효과가 날 수 있으니 유의해야 한다. 확보된 자료를 토대로 이메일 주소록을 작성해두면 갑작스레 변경 사항이 발생했을 때, 혹은 전체에게 전달 사항이 있을 때 쉽게 연락을 취할 수 있다. 나는 2년 뒤 수강생들이 교원 임용고사를 볼 때 전체에게 격려 이메일을 보내는 데 활용하기도 한다. 휴대전화 번호는 개인 면담을 할 때 유용하다. 설문지에 사진을 붙이게 하여 평소에 가지고 다니면서 학생들의 얼굴과 이름을 외우고, 출석을 부를 때에도 그 사진을 보면서 학생 개개인을 기억하는 보조 자료로 활용하기도 한다. 설문지를 보면서 출석을 부르면 대리 출석을 방지하는 효과도 있다.

또한 지금까지 들은 강의 중에서 기억에 남는 강의명과 그 이유를 설문지에 적도록 하고 있다. 이 자료는 내 강의를 개선하는 데 도움을 준다. 그리고 강의 계획서와 강의 교재 등을 미리 살펴본 후 추가로 다루어지기를 바라는 내용이나 강의 진행 방식과 관련된 건의를 적도록 한다. 그 이유는 내 강좌를 듣는 학생들이 나를 통해 배우고자 하는 것이 무엇인지를 파악하여 그 의견을 조금이라도 반영하기 위해서이고, 학생들이 어느 정도 주인의식을 느끼도록 하기 위함이다. 물론 개인이 원한다고 다 포함시키는 것이 아니라 많은 수강생이 원할 경우 반영을 고려하겠다는 이야기를 반드시 해야 한다.

이와 함께 희망 학점을 쓰도록 한다. 희망 학점은 자신이 이 강의에 어느 정도 의욕을 갖고 참여할 것인가, 시간은 얼마나 투자할 수 있는가 등의 상황을 고려하여 적도록 하고 있다. 즉 희망 학점은 학생과 나의 약속임을 상기시켜준다.

희망 학점을 A+라고 적어놓고 자주 결석하거나 강의에 적극적으로 참여하지 않으면 나와의 약속을 어긴 대가로 최저 학점을 줄 것이고, 아예 B 이하로 적을 경우에는 설령 운 좋게 시험을 잘 보더라도 희망 학점 이상을 주지 않겠다는 이야기를 한다. 물론 이는 학점에 연연하도록 하기 위함이 아니라, 학생들이 자신이 듣는 강의에 최선을 다하도록 하기 위함임을 설명해준다.

설문지에는 강의와 직접 연관은 없으나 내 강의를 듣는 학생들이 자신의 전공 또는 대학과 관련하여 어떻게 적응하고 있으며 어려움은 없는지 파악하는 질문도 포함되어 있다. 이는 학생들의 수강 태도가 나의 노력뿐만 아니라 학과나 학교에 대한 만족도와 연결되기 때문이다. 이 자료는 방황하는 학생들을 대상으로 면담을 할 때 사용한다.

이 설문지에 학생들이 충실히 답하도록 하기 위해, 그리고 설문 실시 목적대로 강의에 대한 학생들의 기대감을 높여주고 참여 동기를 유발하기 위해서는 첫 강의가 반드시 성공적이어야 한다. 첫 시간에 학생들을 사로잡지 못하면서 설문을 실시하면 오히려 부담만 주게 되고, 결국엔 강의를 포기하게 만들 것이다. 학생들에게는 설문지 작성 방법을 상세히 설명하고, 설문 응답 내용을 어떻게 활용할 것인가에 대해서도 알려주어야 한다. 가령 희망 학점은 출석부 한쪽에 기재해놓고 강의를 진행하면서 활용할 것이라고 설명하는 것도 좋은 방법이다.

다음 설문지는 3~5개 과(학과당 학생 30여 명)를 대상으로 동일한 강의를 하고 있는 내 상황에 맞춰 만들어진 것이다. 상황에 따라 크게 달라질 수도 있으나, 기본 아이디어는 다른 강의에도 활용될 수 있기를 기대한다.

강의용 설문지 (교육행정 및 교육경영)

○○○○학년도 제○학기

담당교수: 박남기

1 │ 수강생 개인 정보
- 이름:
- 학번:
- 연락전화:
- 이메일:
- 블로그 주소:

2 │ 지금까지 만났던 선생님의 수업(강의) 중에서 가장 인상 깊은 혹은 기억에 남는 것은?
- 받았던 수업(강의)명 및 교수명:
- 인상 깊은 이유:

3 │ 이 강의를 통해 본인이 꼭 배우고 싶은 내용(혹은 토론하고 싶은 내용)을 기재하시오.
가.
나.

4 │ 강의 진행과 관련하여 건의하고 싶은 사항
가.
나.

5 │ 우리 대학에 진학하는 동안에 자신의 결정에 만족하며 보람을 느낀 적이 있습니까?
있을 경우 그 사례를 간단히 기록하시오.

6 │ 우리 대학에 진학하는 동안에 자신의 결정을 후회하며 방황한 적이 있습니까?
있을 경우 그 사례를 간단히 기록하시오.

7 │ 지난 1년의 경험에 비추어 우리 대학의 교육 내용, 교수 등등과 관련하여 고쳐지기를 바라는 사항이
있으면 기재하시오.

8 │ 희망하는 학점:
(자신이 이 강의에 투자할 수 있는 시간과 의욕을 고려하여 기재하시오.)

·03·

성공적인 수업 경영을 위한
규칙과 수칙

강연장은 뒷자리부터 채워지고 공연장은 앞자리부터 채워진다. 그렇지만 내 강의실은 늘 앞자리부터 채워진다. 내가 강의를 공연처럼 재미있게 하기 때문이 아니다. 강의 시간용 수칙을 통해 이러한 변화를 가져올 수 있다. 물론 학생들의 공감을 이끌어낼 수 있는 역량이 전제되어야 하지만 말이다.

수업과 관련해서 가르치는 사람들에게 매우 부족한 것은 '수업 경영 기법', 그중에서도 수업 중에 활용할 규칙과 수칙을 제정하고 운영하는 부분이다. 여기에서는 그 기법을 소개하고자 한다.

출결 관련
규칙과 수칙

한 학기 강의의 성패는 첫 강의에서 상당 부분 결정된다. 성공적 강의를 위해 첫 시간에 전달하고 학습시켜야 할 강의 관련 규칙과 수칙으로, 결석을 예방하기 위한 출결 관련 규칙과 적극적 참여를 유도하기 위한 예습 및 질의응답 관련 규칙이 있다. 이 내용은 강의 계획서에 명기해두어야 한다. 초등학교 교과 전담 교사의 경우 해당 학급에서 이미 사용하고 있는 규칙과 수칙을 확인해 최대한 활용하되, 해당 교과에 꼭 필요한 사항은 별도로 정할 필요가 있다.

보통 교수들은 출결과 관련해, 결석하면 몇 점 감점이고 총 4분의 1 이상 결석하면 학칙에 의해 학점이 나오지 않음을 알리는 식으로 처리한다. 결석 관련 규칙을 만들고 운영하는 목적은 궁극적으로 두 가지다. 첫째, 학생들이 가능하면 결석하지 않고 강의에 참석하도록 격려하는 것, 둘째, 만일 어쩔 수 없는 상황 때문에 결석하는 학생들도 학습 결손 부분을 보충해 다음 강의를 따라가는 데 지장이 없도록 하는 것이다.

내 강의에서는 결석을 해도 다음 두 가지 약속을 지키면 결석으로 처리하지 않겠다고 밝힌다. 우선 매주 정해진 시간 정해진 공간에서 나와 만나기로 한 약속을 지킬 수 없을 때는 긴급 상황이 아닌 경우 적어도 수업 시작 두 시간 전까지 전화나 팩스 또는 이메일로 알려 오기만 하면 결석으로 처리하지 않는다. 괜히 가족이 위급하다는 등의 거짓말은 하지 말고 그냥 "가을날이 아름다워 내장산에 갑니다."라는 메시지만 남겨도 결석으로 처리하지 않겠다고 하면 학생들은 환호성을 지른다. 출석 여부는 당연히 학교 규정에 의해 성적에 산입해야 하지만 예외를 인정하는 이유에 대해서는 이렇게 밝힌다. 즉 억지 참석이 아니라 학생 스스로가 원해서 참석하도록 하기 위해서이고, 마음은 두고 몸만 오는 것은 출석하지 않은 것이나 마찬가지

일뿐더러 오히려 강의 분위기를 흐려 다른 학생들의 학습까지 방해할 수도 있기 때문이라고 설명한다.

우리는 스스로에게 통제권이 있을 때와 그렇지 않을 때 상황에 대해 느끼는 고통의 크기가 다르다. 데이비드 글래스David Glass와 제롬 싱어Jerome Singer는 사람들을 아주 큰 소음에 노출시키는 실험을 했다. 한 그룹에게는 버튼을 누르면 소음을 없앨 수 있다고 말해주면서 꼭 필요한 경우가 아니면 버튼을 누르지 말라고 주문했고, 다른 그룹에게는 선택권을 주지 않았다. 이들 가운데 버튼을 누른 사람은 없었다. 글래스와 싱어는 이 실험을 통해 "자기에게 어떤 형태의 통제력이 있다는 믿음은 그 소음이 덜 고통스럽게 느껴지게 함"을 발견했다. 이어진 실험에서 자신에게 통제권이 있다고 생각한 피험자들은 어려운 퍼즐 문제를 풀 때 더 끈기를 발휘한 반면, 통제력이 없는 상태로 소음을 경험한 피험자들은 더 쉽게 포기했다.(조너선 하이트,《행복의 가설》) 결석 선택권을 주는 것은 소음 제거 스위치 사용권을 주는 것과 비슷하다.

두 번째 조건은 그다음 강의 전까지 결석한 날의 강의 내용에 대해 5쪽 분량의 개인 보고서를 제출하는 것이다. 결석으로 해당 주일 분량을 배우지 못할 경우 다음 강의를 따라가기 힘들기 때문에 반드시 학습을 해야 한다고 설명한다. 그러면 학생들은 차라리 출석하는 것이 낫겠다는 반응을 보인다. 내 뜻을 몰라주고 자주 '내장산 가기'를 시도할까봐 강의 첫날 배포하는 설문지에 보완 장치도 마련해두었으나, 20여 년이 흐르는 동안 좋은 학생들을 만나서인지 내 취지를 악용하는 학생은 별로 없었다. 아무 연락도 없이 결석한 학생에 대해서는 첫 시간 설문지를 통해 조사해놓은 휴대전화나 이메일 주소로 연락해 대화를 나누고, 두 번 이상 반복되면 연구실로 찾아오도록 요청하거나 다른 편한 장소에서 별도의 면담을 하는 등의 조치를 취한다. 이 정도 정성을 기울이면 결석생이 거의 없고, 출석하는 학생들도 자신들이 원해서 참석한 강의인 만큼 더욱 적극적으로 임하게 된다.

언젠가 사전 연락 없이 결석한 학생에게 이메일을 보낸 적이 있다. 참고로 소개하면 다음과 같다.

> 박○○ 선생,
>
> 잘 지내고 있나요? 강의 중에 얼굴을 볼 수 없어서 전화를 했지만 통화도 되지 않아 별일 없기를 바라며 글을 보냅니다. 이번 주 월요일 날 ○○가 참석하지 못했던 강의가 다행히 다음 주 화요일과 수요일에 다른 과에서 있을 것입니다. 그 수업에 참석하기 바랍니다. 시간이 모두 겹치면 오늘 수업과 관련하여 읽기로 되어 있는 1~3장 내용을 읽고 새로 배운 점, 느낀 내용, 궁금한 점 등을 정리하여 4페이지 정도의 보고서를 제출하기 바랍니다.
>
> 박남기

참여 유도를 위한 예습 및 질의응답 관련 수칙

학생들의 적극적인 참여를 유도하기 위한

예습 및 질의응답 수칙은 다음과 같다. 대학 강의는 3학점일 경우 총 45시간 동안 학생들을 만나게 되는데 시험, 축제, 휴일, 기타 등등의 이유로 실제로 만나는 시간은 40시간도 채 안 된다. 이 짧은 시간에 내가 강의에서 다루고 싶은 내용을 학생들이 모두 배우기를 기대하는 것은 무리이다. 따라서 대학 강의실은 교수에게서 새로운 것을 배우는 공간이 아니라, 학생들이 일주일간 연구해야 할 주제를 제공받고 예습 여부를 확인받는 공간이 되어야 한다. 실제로 강의에서도 교재의 내용을 하나하나 설명하는 방식을 취하는 대신, 큰 얼개를 설명한 뒤 학생들의 질문을 받고 이를 기초로 강의를 전개하는 방식을 취한다.

학생들은 예습을 통해 미리 질문거리를 적어 와야 한다. 우리 대학의 한 교수는 매시간 학생들의 질문거리를 해결하는 방식으로 강의를 진행하기도 한다. 학생들이 질문할 만한 문제인데도 묻지 않을 때에는 반대로 내가 질문을 던지는데, 아무도 대답이 없으면 정해진 사인을 보내는 학생을 시킨다. 대학에서는 손 들고 의사 표시를 하는 일이 드물기 때문에 질문에 대답하고 싶은 사람은 고개를 약간 숙이고 눈을 내리깔고 있으라고 미리 이야기해두는데, 이렇게 수칙을 정해놓고 질문을 던지면 졸던 학생들까지 고개를 들어 나와 눈을 마주치려 애쓴다. 사인 관리를 잘 못 해서 지적받은 학생에게는 노래 등의 벌칙을 부과한다는 수칙도 정해둔다.

이와 함께 예습을 철저히 해서 내 질문에 답을 잘할 수 있는 사람이 강의실 뒷자리에 앉도록 부탁을 하고, 실제로 사인을 보내는 사람이 없을 경우 뒷자리 학생부터 시키면, 학생들이 강의실 뒷자리부터 앉는 것을 방지할 수 있다. 만일 대답을 못 할 경우에는 질문에 대한 답과 함께 그 시간에 배운 내용을 요약·정리해 다음 시간까지 별도의 보고서로 제출하도록 한다. 이상의 수칙은 강의 상황에 맞게 변형할 수 있을 것이다.

·04·

김춘수의
〈꽃〉과 제자
— 출석 점검법

미소 나누기

　　　　　　　출석 점검이 시간 낭비라고 생각하는 교수들이 있다. 물론 학생 수가 많은 대형 강의라면 출석을 일일이 점검하기가 힘들겠지만, 그렇지 않은 경우에는 일주일에 한두 번밖에 만나지 못하는 학생들이니만큼 이름을 부르며 미소 띤 눈빛을 주고받을 필요가 있다. 이는 가르치고 배우는 활동의 출발점인 마음의 문을 여는 데 필요한 하나의 과정이다. 수업은 소통 활동이고 소통은 서로가 마음의 문을 열 때에만 가능하므로, 수업의 성공을 위해서는 곧바로 강의에 들어가기보다는 마음의 문을 열기 위한 절차를 밟아야 한다. 엄기호의 《교사도 학교가 두렵다》는 이름을 불러주는 것이 '널브러진 애들'과의 소통에 얼마나 큰 역할을 하는지 잘 보여준다. "(수업 중에) 1분단 뒤의 너 일어나라 하면 안 움직이던 학생들이, 이름을 불러주면 10분은 깨어 있어요. 이름을 불렀을 때 환해진 아이들이 많아요."

20여 년 전부터 출석을 점검할 때 사용하는 방식 중 하나는, 내가 이름을 부르면 학생은 나를 쳐다보고 대답을 하면서 자신이 할 수 있는 가장 화사한 미소를 짓고, 그러면 나도 내가 지을 수 있는 가장 아름다운 미소로 화답하는 것이다. 처음에는 쑥스러워하던 학생들도 몇 번 하다 보면 자연스럽게 환한 미소를 짓는다. 이렇게 훈련된 학생들은 교정에서 마주쳐도 활짝 웃으며 인사를 건넨다.

그런데 어느 날 한 학생이 이의를 제기했다. 살다 보면 집안에 안 좋은 일이 생기거나 개인적으로 힘든 상황에 처하기도 하므로 미소를 지을 수 없을 때도 있다는 이야기였다. 그동안 미처 생각지 못한 부분이었다. 그래서 그 학생의 건의를 바로 받아들였고, 미소를 짓기 어려운 상황이라면 그리 하지 않아도 된다고 이야기해주었다. 그 이후로는 이름을 부르고 미소를 교환할 때 학생들의 미소를 좀 더 세심히 살피고 있다.

혹시 미소 짓기 어려운 상황에 놓인 학생은 없는지, 몸이 아프거나 아주 피곤해 보이는 학생은 없는지 등을 살피면서 기록도 해둔다. 눈을 쳐다보기 어색해하는 학생들에게는 상대의 두 눈 중에서 자신에게 편한 쪽의 눈만 바라보면 된다는 등의 방법을 소개해준다. 미소 짓기를 어려워하는 학생들에게는 입만 웃는 것이 아니라 눈도 함께 웃는 방법, 그리고 거울 속 자신의 미소가 자연스러워질 때까지 계속 웃는 연습을 하면 도움이 된다는 등의 방법도 소개해준다.

한번은 이름을 부르는데 억지로 미소를 지으려 하지만 잘 안 되고, 슬픈 것 같기도 하고 화가 난 것 같기도 한 어느 학생의 표정이 눈에 들어왔다. 쉬는 시간에 다가가서 점심을 같이하자고 했다. 미리 음식을 주문해두고 강의 후에 바로 연구실에서 함께 식사를 하면서, "자네 표정을 보니 애인에게 차인 정도로 심각한 상황은 아닌 것 같군." 이라며 가볍게 말을 건넸다. 그랬더니 어떻게 알았느냐며 실은 여자친구와 헤어진 지 며칠 되지 않았다는 말을 했다. 스무 살의 그가 얼마나 큰 고통을 겪고 있을지 공감되었다. 그 아픔을 동급생들에게도 들키고 싶지 않아 미소를 지으려 했으나, 마음먹은 대로 되지 않아 교수님께 들킨 것 같다는 말을 했다.

함께 점심을 나누면서 그의 이야기를 듣고, 아픔을 위로하며, 나름 방향도 제시해주었다. 그리고 에리히 프롬의 《사랑의 기술》을 건넸다. 나와 함께한 식사와 대화가 실연의 고통을 견뎌내는 데 얼마나 보탬이 되었을지는 모르겠다. 그러나 미소를 주고받는 출석 점검 방식이 아니었더라면 그의 아픔과 고독을 알아채지 못했을 것이다.

30명이 넘지 않는 강의라면 시간을 아까워하지 말고 강의 시작할 때 학생들의 이름을 불러주고, 만일 미소가 어렵다면 눈인사라도 주고받자. 현실 세계의 학생들을 몸뿐만 아니라 마음까지 비현실 세계인 강의 공간으로 이동하도록 유도하려면 이행에 필요한 시간을 주고 필요한 절차도 만들어야 한다.

강의 중에
이름 불러주기

가르침은 만남이다. 상대가 내 이름도 기억하지 못하는데 제대로 된 만남이 이루어지기는 어렵다. 그래서 미소 나누기와 함께 사용하는 방법으로 질의응답을 할 때 반드시 학생들의 이름을 불러주기, 일화나 예를 들 때에도 특정 학생을 쳐다보며 그의 실명을 활용하기 등이 있다. 이처럼 이름을 불러주는 것이 효과가 있다는 사실은 가르치는 사람이라면 누구나 잘 알고 있다. 다만 문제는 여러 강좌를 맡은 경우 학생들의 얼굴을 보면서 하나하나 이름을 떠올리는 것이 생각보다 무척 어렵다는 점이다.

우리 대학의 한 동료 교수는 한 번만 출석을 부르고 나면 강의실뿐 아니라 교정에서 마주쳐도 누구든 바로 이름을 부를 수 있는 능력이 있다. 내 대학 시절에 교육학개론을 강의하던 김종서 교수님은 대학 졸업 직후 춘천사범학교로 발령을 받아 갔던 때의 이야기를 들려준 적이 있다. 서울대생이라며 학생들의 기대가 크다는 이야기를 듣고, 그는 뭔가 상응하는 모습을 보여야 할 것 같아서 출석부를 미리 받아 2박 3일 동안 각 반 전체 학생의 이름을 외웠다. 첫날 출석부 없이 1번 강설영, 2번 김국화 하면서 쭉 불렀더니 역시 대단하다며 학생들이 모두 놀라더라는 것이다. 그 이후 강의는 아주 성공적이었다고 한다.

나는 서울대 법학전문대학원 교수들에게 최고의 교수법 강의를 하기 위해 그 학교 학생들을 대상으로 설문 조사를 한 적이 있다. 법전원 강의 중 기억에 남는 강의와 그 이유를 적으라고 했더니, 이름을 기억하며 불러주는 교수의 강의라는 응답이 많았다. 이것은 유치원생부터 대학원생에 이르기까지 공통적으로 나타나는 반응이다.

나도 흉내를 내볼 요량으로, 해외 출장을 가는 길에 내 첫 지도학생들의 출석부를 미리 챙겨 오고가는 비행기 안에서 수없이 반복하며 외워서 지도교수 시간에 학생들을 감동시켰다. 그러나 며칠 지나고 나니 다 잊어버렸다. 나는 사람 이름과 지명 같은 고유명사나 특정 사건의 연월일, 전화번호 등을 잘 기억하지 못한다. 남들은 내가 관심이 부족해서 그렇다고 하는데, 사실은 그렇지 않다. 아무리 노력해도 금방 뇌리에서 사라진다.

티모시 윌슨의 《나는 내가 낯설다》에 따르면, 나 같은 사람은 '고유명사 기억상실증'이다. 대부분 사람들이 '유년기 기억상실증'으로 유년기를 잘 기억하지 못하듯이, 고유명사 기억상실증인 사람들도 고유명사나 무작위 숫자는 잘 기억하지 못한다는 것이다. 나는 이 증상을 극복하기 위해 암기법 등을 동원해보았지만 크게 효과는 없었다.

그렇다고 하여 학생들 이름 부르기를 포기할 수는 없기에 강의 첫 시간에 A4 용지를 제공하고 거기에 자기 이름을 적어 책상에 올려놓도록 하는 방법을 쓰고 있다. A4 용지를 짧은 방향으로 두 번 접어 한 면에 이름을 쓰고 세우면 된다. 반드시 보관했다가 가져오도록 훈련을 시키지만 그래도 빼놓고 오는 학생이 있기 마련이므로, 학기 초에는 매시간 A4 용지를 준비해 제공해줄 필요도 있다. 가져오더라도 책상에 올려놓는 것을 잊는 학생이 많기 때문에 내 강의 자료를 두는 책상에 내가 먼저 내 이름표를 올려놓으면 학생들도 자연스럽게 따라 한다. 일부 교수는 학회나 기타 행사 때 사용하는 목걸이형 명찰을 제작해 학생들에게 제공하고 매시간 착용하게 하기도 한다.

비록 이름표를 보고 이름을 불러주더라도, 그냥 손으로 가리키며 "자네가 답해보게." 혹은 "뒤에서 두 번째 노란 셔츠 입은 학생"이라고 부르는 경우보다 학생들의 반응은 훨씬 좋다. 내가 이름을 불러주면 학생들은 나에게로 와서 꽃이 된다. 수업 중 딴짓을 하거나 조는 학생이 있을 때 일부러 그 이름을 넣어 사례를 소개하면 다시 수업에 집중하게 할 수 있다. 그리고 한 학기 동안 이렇게 계속해서 이름을 부르며 강의를 진행하다 보면 그렇게 하지 않았을 때보다 훨씬 많은 학생의 이름을 기억할 수 있다.

학생들의 이름을 불러주는 것과 다른 의미이기는 하지만, 김춘수의 〈꽃〉은 이름을 불러준다는 것이 가진 위대한 의미를 깨닫게 한다. 이 시를 빌려 출석 부르기와 강의 중 학생들의 이름 불러주기의 의미를 한 번 더 되새겨보자.

김춘수의 〈꽃〉과 제자

내가 그의 이름을 불러주기 전에는
그는 다만
하나의 학생에 지나지 않았다.

내가 그의 이름을 불러주었을 때,
그는 나에게로 와서
꽃이 되었다.
제자가 되었다.

우리들은 모두
무엇이 되고 싶다.

너는 나에게 나는 너에게

잊혀지지 않는 하나의 눈짓이 되고 싶다.

잊혀지지 않는 영원한 스승과 제자가 되고 싶다.

·05·

규칙과 수칙
활용을 위한 기초

초등학교 교사와 달리 대부분의 중고등학교 교사와 대학교수는 구체적인 교과 내용 전달에 필요한 기법을 갖추면 수업(강의)을 성공적으로 이끌 수 있다고 착각한다. 어느 한 과목 수강생을 한 학기 동안 성공적으로 이끌려면 수업 경영이라는 관점을 반드시 이해해야한다. 교과 담당 교사들에게 수업 경영은 다음을 의미한다. 즉 학생들과 함께 교육 목표를 향해 나아가기 위해 첫째, 학생들을 명실상부한 학습 공동체로 만드는 것, 둘째, 교사와 학생 사이에 긴밀한 관계를 형성하고 이를 위해 학생을 파악하는 것, 셋째, 수업 시간 및 수업 외 시간에 따라야 할 제반 규칙과 절차를 제정하고 이를 적용하는 것, 넷째, 실제 수업 시간뿐 아니라 스마트 기기 등을 통해 한 학기 동안 지속적으로 학생과의 만남을 이어가는 것이다. 수업 경영이라는 관점을 이해하면 첫 시간 혹은 두 번째 시간까지는 기본 학습 훈련에 많은 시간을 할애해야 한다는 데 공감할 것이다.

선생님들이 규칙에는 익숙하지만 수업 중 활용할 수 있는 수업 수칙에 대해서는 그렇지 않다. 그래서 여기서는 성공적인 수업 경영을 위해 수칙을 활용하는 방법에 대해 알아보고자 한다. 이해를 돕기 위해 규칙과 수칙의 필요성, 규칙과 수칙의 차이 등에 대해 살펴보고, 이어서 수업 중 수칙 활용법을 소개한다.

규칙과 수칙의
필요성

1인당 평균 점유 공간이 적을수록 공동생활에 필요한 규칙과 수칙은 복잡해지고 그 적용 또한 엄해질 수밖에 없다. 과거 자취하던 시절 나 혼자 생활할 때에는 자유로웠는데 비용을 줄이려고 룸메이트를 한 명 구해 좁은 방에서 둘이 생활하다 보니 갑자기 많은 규칙이 필요했던 기억이 난다. 예를 들어 혼자일 때에는 원하는 시간에 자고 눈 뜨면 그냥 일어나 공부를 했지만, 두 사람이 함께 생활하면서부터는 상대에게 피해를 주지 않기 위해 잠자고 일어나는 시간을 정해야 했다.

좁은 공간에서 엄한 규칙에 따라 생활하는 곳으로는 감방이나 군 내무반 등이 있다. 만일 군 내무반에 엄한 생활 규칙과 따라야 할 수칙이 없거나 있더라도 느슨하게 적용된다면, 가령 밤에 충분히 휴식할 수 없게 되어 다음 날 훈련 때 안전사고가 발생할 가능성이 아주 높아질 것이다.

1인당 점유 공간이 더 좁은 곳이 있다. 바로 교실 또는 강의실이다. 더구나 이 공간은 단 5분도 조용히 앉아 있을 수 없는 에너지 덩어리들로 가득 차 있다. 만일 이러한 교실에서 모두가 지켜야 할 구체적인 규칙과 수칙이 잘 만들어져 있지 않거나, 있더라도 잘 적용되지 못한다면 교육이라는 목표를 이루기 어려울 것이다.

한 학급 학생들이 학급 담임과 하루 종일 한 교실에서 함께 생활하는 초등학교에서는 오래전부터 다양한 규칙과 수칙을 만들어 적용해왔다. 수업 중에 지켜야 할 규칙과 수칙, 다양한 활동 시간(아침 자습 시간, 쉬는 시간, 점심시간, 청소 시간, 학급 회의 시간, 체육 시간과 같이 운동장에서 보내는 활동 시간 등등)에 지켜야 할 규칙과 수칙, 심지어 장소를 이동할 때에 지켜야 할 규칙과 수칙까지 포함된다. 그런데 초등학교 선생님들과 달리 매시간 학생이 바뀌는 중고등학교 선생님들은 규칙과 수칙을 세우고 운영하는 데 상대적으로 관심을 덜기울이는 것 같다. 대학교수들은 최근까지 거의 대부분 규칙과 수칙에 대해 거의 관심을 갖지 않았다. 하지만 이제는 초등학교도 아닌데 무슨 규칙과 수칙이 필요하냐고 생각하는 선생님은 별로 없을 것이다.

규칙과
수칙의 차이

우리가 잘 알고 있는 규칙은 학생들의 행동 기준을 구체적으로 정한 것으로, 주로 상벌이 뒤따른다. 이를테면 수업 중 말을 하거나 자리를 뜨려면 반드시 교사의 허락을 받아야 한다거나, 휴대전화를 사용하려면 수업 시작 전에 교사의 허락을 받아야 한다는 것 등이다.

수칙은 말 그대로 어떤 일을 할 때 따라야 할 절차이다. 가령 번호

자물쇠를 열고자 할 때 "먼저 오른쪽으로 돌려서 번호를 맞추고, 다시 왼쪽으로 돌려서 번호를 맞춘 다음, 마지막으로 다시 오른쪽으로 돌려서 번호를 맞추시오."라고 되어 있다면, 이것이 열쇠를 열기 위한 절차이다. 그 절차를 따르지 않는다고 벌을 받지는 않는다. 다만 절차를 따르지 않으면 열쇠가 열리지 않을 뿐이다. (해리 왕·로즈매리 왕, 《좋은 교사 되기》)

규칙과 수칙을 결정할 때는 되도록 학생 인권 보호 차원에서 학생들을 참여시키고 동의를 얻는 절차를 거쳐야 한다. 학생들을 참여시키는 방법은 다양하지만, 중고등학교 교과 교사와 대학교수의 경우 필요하다고 생각하는 규칙과 수칙안을 사전에 만들어 학생들에게 설명하고 동의를 구하는 방식을 취하면 된다. 학생들이 이의를 제기한 부분이 타당하다면 곧바로 수정할 필요가 있다. 앞서도 말했듯이, 내 강의에서 출석을 부를 때 '눈 마주치며 미소 교환하기' 수칙은 한 학생의 의견을 받아들여 수정해 적용하고 있다.

수업 수칙 활용과 효과

수업 수칙이란 학생들이 수업 중 어떤 활동을 할 때 따라야 할 절차이다. 규칙과 달리 수칙은 상벌로 제어하지 않으며, 학생들이 자연스레 그렇게 행동하도록 인지시키고 훈련을 함으로써 원만한 공동체 생활을 할 수 있도록 이끄는 것을 주목적으로 한다.

가령 급한 사정으로 휴대전화를 받을 수 있게 허락을 받은 학생이 지켜야 할 '수업 중 휴대전화 사용 수칙'은 다음과 같다.

1 | 휴대전화를 진동 상태로 바꾼다.
2 | 진동이 울리면 조용히 밖으로 나가 전화를 받는다.
3 | 통화가 끝나면 휴대전화를 끄고 들어와 자리에 앉는다.

우리나라 초등학교 교실에서 수업 중에 학생들이 사용하는 수신 호도 선생님의 주의를 끌고자 할 때 사용하는 수칙의 하나이다. 그 밖의 수업과 관련하여 수칙이 필요한 사례는 다음과 같다. 즉 과제물을 제출할 때, 소집단 활동을 해야 할 때, 개인별 문제 풀이 시간에 질문이 생겼을 때, 수업 중 다른 친구의 물건을 빌려야 할 때, 연필심이 부러져서 깎아야 할 때, 급히 화장실에 가야 할 때, 비상벨이 울렸을 때, 외부 손님이 와서 선생님이 잠시 교실을 비울 때, 결석이나 지각할 상황일 때…. 이런 상황들에 대해 학생들이 어떤 절차에 따라 무엇을 해야 하는가에 대한 구체적 지침을 만들고, 이를 복사하여 학생들에게 제공한 후에 필요한 부분은 훈련을 할 필요도 있다.

규칙에만 의존할 경우 규칙이 많아지고, 그에 따라 학생들이 규칙을 지키지 못해 처벌을 받게 되며, 궁극적으로 그러한 처벌이나 지적 때문에 수업의 맥이 끊기고 시간을 손해 보게 된다. 반면에 명확한 수칙이 몸에 배도록 훈련된 학생들은 훨씬 더 자유로운 분위기 가운데 각각의 상황에서 어떻게 행동하는 것이 바람직한지 알고 실천하므로 수업 활동에 전념할 수 있게 된다. 물론 수칙을 잘 따르지 않는 학생도 있을 테니 수칙 지킴이를 임명해 도움을 받는다.

일관성 있는 적용

규칙 및 수칙을 만들어 적용할 때 우리나라 선생님들이 꼭 기억했으면 하는 것이 하나 있다. 수업 중 지켜야 할 규칙과 수칙 가운데 학생들에게만 적용되는 특별한 것이 아니라면 한 공간에서 같이 활동하는 사람으로서 교사도 당연히 함께 지켜야 한다는 점이다.

만일 수업 시작 전에 반드시 휴대전화를 꺼야 한다는 규칙을 만들고 그 규칙을 어겼을 경우에 받을 벌칙을 정했다면, 교사도 함께 따라야 한다. 휴대전화 벨이 울리거나 몰래 사용하다가 들킨 학생들에게는 벌칙을 가하면서 교사 자신은 휴대전화가 울리면 아이들에게 양해를 구하고 나가서 받는다면, 규칙이 잘 지켜지지 않고 벌칙을 가하기도 어려워질 것이다.

학생들만 지켜야 한다고 생각하며 교칙과 수칙을 만들 때와 달리, 학생에게만 적용되는 몇몇을 제외하고는 교사인 자신도 똑같이 지켜야 한다고 생각하며 규칙과 수칙을 만들 때에는 선생님의 자세가 더욱 유연해지지 않을까 싶다.

규칙과 수칙은 일관성 있게 적용하는 것이 아주 중요하다. 미국에서 생활하다 온 사람들이면 미국인들이 운전할 때 혹은 주차할 때 교통법규를 상당히 잘 지키며, 잘 지키지 않으면 어김없이 교통경찰이 나타나 범칙금을 부과하더라는 이야기를 이구동성으로 한다. 그러면 미국인들은 원래 이렇게 잘 지킬까? 서울 이태원 근처에서 몇 년간 살았는데, 외국인들이 오히려 중앙선까지 침범하며 난폭하게 운전하는 경우를 쉽게 볼 수 있었다. 그리고 미국에서 생활하다 온 사람들도 귀국해서 어느 정도 시간이 흐르면 다시 교통법규를 지키

는 데 융통성을 발휘하는 예전의 습관으로 되돌아가게 되더라는 이
야기를 한다. 그렇다면 왜 미국에서는 잘 지키던 사람들이 우리나라
에서는 잘 지키지 않을까? 그것은 규칙 적용의 엄격성이나 일관성에
서 차이가 나기 때문이다.

·06·

성공적인 수업 경영을
위한 수칙 활용

미국에서 탁월한 교사로 선정된 해리 왕Harry K. Wong은 규칙과 수칙 경
영, 특히 수칙 경영에서 탁월한 것으로 인정받고 있다. 해리 왕은 미
국 캘리포니아 주 멘로 파크라는 가난한 지역의 중학교 과학 교사였
다. 그 학교 학생들은 주 교육청이 실시하는 학력평가에서 늘 최하
위권을 맴도는데 이상하게 과학 성적만 몇 년간 최상위권을 기록했
다. 주 교육청은 그 이유를 확인하기 위해 장학사를 보냈고, 해리 왕
이라는 중국계 교사를 발견하게 되었다. 학생들이 해리 왕 선생을
존경하고 따르며, 그가 담당한 과학 과목도 좋아해, 결과적으로 성
적도 아주 좋게 나왔던 것이다. 이러한 일이 미국 전역에 알려지면
서 클린턴 대통령 시절에는 백악관에서 연설을 했으며, 탁월한 중등
교사 상, 우수 과학교사 상, 탁월한 생물교사 상 등을 수상했다. 그가
쓴 책《좋은 교사 되기》는 350만 부 이상이 팔렸고, 그의 강연 내용
테이프도 미국 전역의 교사들에게 널리 보급되고 있다.

　그 책의 첫 장에 다음과 같은 글귀가 있다. "이 책을 제가 뇌 전문

의가 되기를 바랐던 부모님께 바칩니다. 저는 부모님의 기대보다 훨씬 훌륭한 사람이 되었습니다. 저는 학자이자 교사가 되었습니다."

그가 잘한 일 중 하나는 수업 경영에 필요한 수칙을 잘 만들고, 이를 토대로 아주 재미있게 수업을 이끈 것이다. 과학 교사 해리 왕 선생은 우선 학생들보다 먼저 과학실 앞에 기다리고 있다가 들어오는 학생 하나하나와 인사를 나누며 그날 아이들의 기분이나 건강 상태 등을 파악한다.

선생님과 인사를 하고 과학실로 들어가 앉은 학생들은 칠판에 적힌 과제, 즉 책 몇 페이지에서 몇 페이지까지 읽어보기, 몇 페이지에 있는 문제 풀어보기, 오늘 질문하고 싶은 것 적어보기 등등 수업 시작 때까지 자리에 앉아 해야 할 일을 조용히 수행한다. 그리고 시작 종이 울리면 우리나라에서처럼 반장이 일어서서 상호 인사를 한다. 곧바로 과학의 노래를 합창하고, 이어서 교사가 '여러분의 선생님으로서 나의 약속'을 낭송하면 학생들이 '선생님의 제자로서 우리의 약속'을 낭송한다.

여러분의 선생님으로서 나의 약속

1 | 여러분 개개인을 존중과 사랑으로 대하겠습니다.
2 | 잘 정돈된 교실 환경을 제공하겠습니다.
3 | 필요한 훈육을 실시하겠습니다.
4 | 적절한 동기 유발을 위해 노력하겠습니다.
5 | 핵심 교과 내용을 잘 지도하겠습니다.

선생님의 제자로서 우리의 약속

1 | 선생님을 존경하고 사랑하겠습니다.
2 | 항상 수업에 참석하겠습니다.
3 | 선생님 말씀을 따르며 교실에서 문제를 일으키지 않겠습니다.
4 | 열심히 공부하겠습니다.
5 | 교과 내용을 완전히 이해하도록 노력하겠습니다.

위의 예시에서 조금 특이하다고 느껴지는 점이 있지 않은가? 바로 선생님의 약속이 먼저 나온다는 것이다. 우리는 규칙이나 수칙을 정할 때 주로 학생들이 지키고 따라야 할 것만 제시한다. 그러나 실은 학생들이 지켜야 할 규칙과 수칙뿐만 아니라 학생을 가르치는 선생님으로서 수업 중 지켜야 할 규칙과 수칙도 만들어 제시하고 지켜야 한다.

이러한 의식을 거친 후 수업을 시작한다. 학생들은 이미 알고 있고, 훈련까지 받은 수업 중 규칙과 수칙에 따라 행동한다. 선생님이 "지금부터 모둠 활동을 하겠습니다."라고 이야기하면, 학생들은 이미 훈련받은 대로 능숙하게 모둠 대형으로 책걸상을 이동하고 미리 정해진 모둠장의 지도 아래 모둠 활동을 한다. 혼자서 문제를 푸는 시간에 질문이 있을 때, 선생님이 설명하는데 질문이 있을 때, 휴대전화를 사용할 때, 친구에게 물건을 빌리고자 할 때 적용되는 다양한 수칙에 따라 학생들은 자유로우면서도 소란스럽지 않게 수업에 참여한다. 심지어 선생님에게 갑자기 손님이 찾아왔을 때도 학생들은 이미 훈련된 절차에 따라 반장의 지도 아래 바로 자율적인 학습 활동을 실시한다.

해리 왕은 상벌이 따르는 규칙보다, 매 학기 해당 학급 학생들이 따라야 할 절차인 수칙을 활용한다. 학생들과 함께 수칙을 확정하여 복사물로 나눠주고, 각 수칙의 의미를 상세히 설명하고 질문을 받는다. 그리고 필요하다면 대표 학생이 시범을 보이게 하고, 학생 모두가 따라서 직접 해보게 하는 훈련까지 시킨다. 물론 반항적인 학생들까지 선생님의 이러한 노력에 부응해 따르도록 하려면, 수칙 경영 능력에 앞서 교사가 뛰어난 교육 지도성과 학생들에 대한 헌신적인 태도, 그리고 뛰어난 실력 등 모든 것을 겸비해야 할 것이다. 하지만 이러한 역량을 갖춘 선생님이라고 하더라도 수칙 제정 및 운용 능력이 없으면 수업 경영에 어려움을 겪을 수 있다.

해리 왕의 사례에서 보듯이, 수업을 할 때 지켜야 할 수칙이 명확하고 학생들이 이를 잘 이해해 따른다면, 학생들도 편리하고 가르치는 사람도 문제 행동을 지적하다가 화를 내며 수업을 망치는 경우를 줄임으로써, 행복한 분위기에서 보다 쉽게 수업 목적을 달성할 수 있다. 이는 대학의 강의실에도 그대로 적용된다.

해리 왕에 따르면, 뛰어난 교사들은 200~400개 정도의 규칙과 수칙을 가지고 있다. 물론 이 많은 것을 한 학기에 모두 적용하는 것이 아니라 그중에서 꼭 필요한 것들만 골라서 적용한다고 한다.

·07·

과제는 어느 정도가
적정 수준일까?

내 강의 평가에서 점수가 가장 낮은 항목은 과제 분량의 적정성이다. 그도 그럴 것이 2학점짜리 강의의 경우, 학기 시작 전인 방학 때부터 수강생 연락처를 확보하여 강의 첫 시간에 가져와야 하는 '시업 전 과제'를 부과한다. 강의가 시작되면 매주 거의 한두 개 이상의 작은 보고서가 있고, 기말까지 제출해야 할 큰 보고서도 학기 초에 미리 부과한다. 매주 강의 전날이면 학생들이 과제를 올리는 블로그와 클래스팅의 실시간 알림음이 자정을 넘어 새벽 시간까지 이어진다. 그래서 내 강의가 끝나고 나면 한 주일이 끝난 것 같은 느낌이 든다는 이야기를 하는 학생들이 많다.

학생들에게 예습 과제를 주는 이유 중 하나는 "노력을 많이 들여 배운 지식일수록 더 깊이 남고 오래 간다. 쉽게 배운 지식은 모래 위에 쓴 글씨처럼 오늘 배우면 내일 사라진다."(뢰디거 외, 《어떻게 공부할 것인가》)라는 학습 원칙에 대한 믿음 때문이다. 졸업한 지 10년 넘은 제자들을 만났을 때 그들이 기억하는 것은 대학 시절 자신들이 힘들게 공부했던 내용들이다. 1990년대 중반 유학을 마치고 갓 귀국한 신임 교수 시절에는 교대 2학년들에게 영어 원서와 논문을 편집해 만든 책으로 강의했다. 그 내용을 예습하며 해석하느라 고생하긴 했지만 보람(?)도 느꼈다며, 지금도 만나면 그 이야기부터 한다.

학생들이 늘 이야기하는 또 하나의 유명한 과제는 '초등 교사의 하루'라는 보고서이다. 이 보고서는 현장 교사를 찾아가 새벽 시간 대문 앞에서부터 퇴근할 때까지 하루 종일 뒤따라 다니면서 보고 듣고 느낀 점을 쓰는 것으로, 현장 교사를 찾아갔던 교대 2학년 학생이 졸업 후 그 교사와 결혼한 사례도 있을 만큼 사연이 많다. 학생들이 제출한 보고서는 나의 책《초등학교 교실에는 지금》에 일부 포함되기도 했다.

교수가 모든 것을 떠먹여주는 식의 강의, 예습 과제를 내주지 않을뿐더러 파워포인트 파일까지 제공함으로써 필기할 필요마저 없게 하는 강의는 교수의 기대와 달리 학생들이 배운 내용을 오래 기억하지 못한다. 내용만 기억 못 하는 것이 아니라 그 교수에게 어떤 과목을 수강했는지, 심지어 그 교수의 강의를 들어본 적이 있는지조차 기억하지 못한다. 강의는 교수만 가르칠 내용에 대해 미리 준비하는 것이 아니라, 학생들도 배울 내용을 읽고 사전에 준비를 해 와야 성공할 수 있다.

예습 과제는 또한 학생들로 하여금 배울 내용을 미리 공부함으로써 스스로 그 내용에 대한 큰 그림을 머릿속에 그려보고, 모르는 부분을 발견함으로써 강의 중에 그림을 완성해가도록 유도할 목적으로 부과한다. 브라운 등의 표현을 빌리자면, 예습은 사전 '인출 연습

retrieval practice'이다.(뢰디거 외, 《어떻게 공부할 것인가》) 인출 연습이란 '기억 속에서 사실이나 개념, 사건을 떠올리는 활동'을 의미한다. 사전 인출 연습은 강의를 통해 어떤 내용을 배우기 전에 자기 주도적 학습을 통해 인출 연습을 하는 것이다. 최근 인기를 끌고 있는 거꾸로학습 혹은 거꾸로교실은 학생들이 예습을 하도록 유도하는 방법의 하나라고 할 수 있다.

학생들이 적정하다고 느끼는 과제의 양은 어느 정도일까? 신임 교수 시절, 2년제 교대를 마친 교사들을 대상으로 3주간 계절학기 학점을 이수하면 학사 학위를 주는 프로그램 강의를 한 적이 있다. 계절학기 강의이고 수강생도 나이 든 현직 교사들이었지만, 나는 일반 학부 학생들과 마찬가지로 많은 보고서를 요구했다. 그랬더니 3주간이라는 짧은 시간에 어떻게 그 많은 과제를 처리할 수 있겠느냐며 수강생들이 강하게 반발했다.

"여러분은 어제까지 칠판을 등지고 서서 가르치던 선생님이었습니다. 그런데 칠판을 바라보며 강의를 듣는 학생이 되었다고 숙제 타령을 하면 어떻게 합니까? 여러분은 학생들이 숙제 깎아달라면 깎아주나요?"

과제를 다 하지 않으면 학점을 줄 수 없다고 못 박아 말하고 연구실로 돌아왔더니, 총장실에서 면담 요청이 왔다. 총장의 과거 제자였던 수강생들이 하소연을 했던 모양이다. 강의 경력이 30년도 더 된 총장님이 웃으며 한마디 하셨다.

"이 사람아, 보고서를 네 가지 부과하고 싶으면 여섯 가지쯤 요구하게. 학생들이 너무 많다고 아우성치면 하나를 줄여주고, 그래도 많다고 하면 마지못해 하나를 더 줄여주듯이 선심을 쓰게. 그러면 학생들은 행복해하며 네 가지 보고서를 모두 잘 해 올 것이네."

그다음부터 노교수님의 그 지혜를 빌려 과제를 냈더니 학생들이 행복해했다. 물론 소문이 전수되는 일반 학부 학생들 강의에서는 이 방법을 사용하기가 어렵다. 과제가 아주 많다는 소문이 자자한 내 강의의 경우에는 학생들이 충분히 각오하고 들어오기 때문에 별다른 이의 제기를 하지는 않는다. 그래도 강의 중에 종종 선심 쓰는 척하면서 내가 생각하기에도 너무 과한 과제 부분을 생략하겠다고 이야기하면, 학생들은 환호성을 지르며 행복해한다. 부담의 과다 여부는 부담의 절대량뿐만 아니라 부담에 대한 사전 기대에 의해서도 결정된다. 과거 악명(?) 높았던 '초등 교사의 하루' 보고서를 생략해준다는 것만 언급해도 학생들은 다행이라는 듯 미소를 짓는다.

내가 학생들에게 부과하는 과제 중에는 추가로 더 공부하고 싶은 학생들을 위한 선택 과제라는 것도 있다. 실은 조삼모사인데, 선택 과제는 필수 과제와 달리 제출하지 않아도 점수를 깎지 않는다. 대신 선택 과제를 해 오면 가산점을 조금 준다. 선택 과제는 주로 강좌와 관련된 책, 관련된 내 블로그의 글, 관련된 논문 등 추가적인 자료를 읽고 2쪽 내외의 보고서를 제출하는 것이다. 선택 과제와 관련하여 강의 중 토의를 하기도 한다. 선택 과제라는 표현 자체가 학생들의 심적 부담을 줄여주고, 학생들은 자신들에게 선택의 기회가 있다는 생각에 자발적으로 참여하게 된다. 더 많은 학생들을 선택 과제에 참여시키려면 강의 때마다 강의 내용과 관련하여 더 공부하고 싶은 욕구를 느끼도록 충분히 동기를 부여해야 하다.

나의 책《초등교원 양성교육의 현주소》에 따르면, 보고서와 관련하여 학생들은 자신의 전문성을 향상시키는 데 직접적 도움이 되지 않는다고 생각할 때 큰 고통을 느낀다. 학생들은 자신의 성장에 직접 도움이 되는 보고서, 좋아하는 주제의 보고서나 활동 보고서는 힘들더라도 보람을 느끼며 작성한다. 따라서 과제를 부과할 때에는 그 과제를 통해 어떤 역량과 지식을 길러주고자 하는지, 그 역량과 지식이 강좌 목적과 무슨 연관이 있으며 학생들 개인이 성장하고 미래 진로를 준비하는 데 어떻게 도움이 되는지 충분히 설명해주어야 한다. 학생들이 그 설명에 공감한다면 비록 힘은 들겠지만 고통은 덜 느끼면서 열심히, 그리고 즐겁게 과제를 해 올 것이다.

내가 이렇게 과제를 많이 부과하는 이유는 학생들이 사고하는 능력과 글 쓰는 능력, 그리고 전문가로 서기 위한 역량을 충분히 기르기를 바라는 마음 때문이다. 종강 시간에 학생들에게 하고 싶은 이야기를 해보라고 하면, 힘은 들었지만 보고서를 쓰면서 참으로 많이 배웠다며 후배들에게는 더 많은 과제를 내주고 더 열심히 공부를 시켜달라는 주문을 한다. 그런 그들에게 자신이 재수강 대상이라고 생각하며 의견을 달라고 하면, 대부분 크게 웃는다. 이제 나이를 먹다 보니 과제 평가도 너무 부담이 된다. 앞으로는 과제를 더 줄여주면서 원하는 효과를 얻는 방법도 찾아봐야겠다.

·08·

명품 수업을 위한
교수의 활동 지침

나는 대학에서 학생들을 가르치면서 하는 내 활동들이 과연 타당한
지, 바람직한 활동 기준이 있다면 과연 무엇일지 늘 궁금했다. 그런
데 우연히 하트필드Hatfield가 제시한 '성공적인 대학 교육을 위한 교
수의 바람직한 활동 자기 평가 항목'을 접하게 되었다. 그는 교수의
자기 평가 항목을 크게 일곱 가지 영역으로 제시하고 있다. 그 내용
을 토대로 성공적인 교육 활동을 위한 교수의 활동 지침을 간단히 제
시하고자 한다. 대학생을 대상으로 하는 대학교수에 적합한 활동 지
침이지만 초중등학교 선생님들에게도 시사하는 바가 크다고 판단되
어 소개한다.

첫째, 너무나 당연한 이야기지만, 성공적인 강의가 되도록 하려면
먼저 학생들과의 인간적인 만남이 이루어지도록, 그리고 그 만남이
활성화되도록 노력해야 한다. 이를 위해서는 강의 시간이나 강의 시
간이 아닌 때에도 종종 학생들의 전공 분야와 관련된 직업 세계를
소개하고 지도 및 조언을 해야 한다. 이 과정에서 자신의 경험, 태도,

가치관을 학생들과 공유하는 것도 필요하다. 교수의 이러한 노력은 미래를 불안해하는 학생들에게 큰 도움이 될 뿐만 아니라, 학생들이 교수를 좋아하고 나아가 그의 강의를 좋아하는 밑바탕이 된다. 그리고 학생들이 원하면 언제든 연구실로 찾아오게 하는 것이 바람직하다. 물론 긴 이야기를 하고자 할 때에는 가능하면 사전에 약속을 정하도록 하거나, 아니면 학생 면담 요일 및 시간을 정해놓고 운영하는 것이 좋다. 학생들이 주최하는 행사는 되도록 참석하는 것이 좋다. 학생들의 진심 어린 초청을 받았으나 참여하기가 힘들 경우에는 글이나 꽃다발을 보내주는 정도의 성의 표시가 필요하다.

다음으로는 학생들을 개인적으로 알아가려는 노력을 해야 한다. 학생 수가 너무 많으면 불가능하지만, 그렇지 않다면 강의를 시작하고 2주 정도가 지났을 때 학생의 이름을 불러줄 수 있는 것이 좋다. 그리고 가정 환경이나 생활 여건이 다른 학생과 크게 차이 나는 학생들이 있는지 파악하고 특별한 관심을 쏟을 필요가 있다. 물론 이 경우 학생 본인의 의사를 존중하는 것이 중요하다. 학부 강의에서 이러한 인간적 만남을 위한 노력을 꼭 해야 하는가, 하는 회의가 들수도 있다. 대형 교양 강좌라면 모르되, 학과 전공 강좌에서는 이러한 인간적인 만남 없이 교육을 기대하기 어려울 것이다. 대학 강의실이 교수와 익명의 학생이 지식을 거래하는 공간이 아니라 인간과 인간이 만나는 장이 될 때, 강의실에서 생겨나고 있는 인간 소외 현상이 극복될 것이다.

초등학교 담임선생님은 자연스럽게 인간적인 만남의 장을 만들고 있다. 그러나 중학교 때부터는 담임이라고 하더라도 초등학교에서처럼 종일 같이 생활하며 인간적인 만남을 갖는 것이 아니어서, 선생님들이 이 부분에 더욱 신경을 써야 한다. 인간적인 만남이 이루어질 때 수업은 성공할 수 있다.

둘째, 강의 성패는 전체 학생들의 협력적 분위기에 의해서도 좌우된다. 따라서 학생들이 서로 협력하며 학습할 수 있도록 적극 유도하는 활동도 해야 한다. 여러 과의 학생들이 섞인 경우에는 학생들끼리 관심사와 배경에 대해 서로 이야기하는 기회를 제공함으로써 이해하고 친해질 수 있도록 유도하고, 스터디그룹이나 프로젝트팀 등의 '학습 공동체'를 만들도록 장려하며, 서로의 작업을 평가해보게 하는 등의 활동을 하는 것이 좋다. 이는 초중등학교의 수업에도 그대로 적용될 것이다.

셋째, 학생들이 강의에 능동적으로 참여하도록 유도해야 하는데, 그러한 활동의 예로는 먼저 사회 일반의 사건이나 행사를 강좌 내용과 관련지어보도록 하는 것을 들 수 있다. 물론 강좌 특성에 따라 다르겠지만, 관심을 갖고 노력하면 현재의 상황과 가르치는 내용을 관련지을 수 있다. 배우는 내용이 현실을 이해하는 데 도움이 된다고 확신할 때 학생들은 강의에 더욱 적극적으로 참여하게 될 것이다. 또한 학생들에게 구체적이고 실제적인 상황을 제공하고 분석하게 하는 것, 모의 학습과 역할극 학습, 강의와 관련된 현장 경험이나 봉사 활동 또는 인턴십 등을 할 수 있도록 계획하고 지원하는 것 등도 능동적인 참여 유도를 위한 좋은 활동이다. 앞서 소개한 '초등학교 교사의 하루'라는 보고서 역시 좋은 예이다. 이 보고서에 관한 상세한 안내문, 교사에게 보내는 내 편지글, 그리고 하루 실습을 허용해달라는 대학 총장의 공문 등 세 가지 서류를 학생들에게 제공하고 보고서 수행 요령도 자세히 설명해준다. 졸업생들에 따르면 대학 기간 중 가장 기억에 남으며 자신들을 크게 변화시킨 보고서의 하나라고 한다.

넷째, 성공적인 강의가 되도록 하려면 가능한 한 빠른 피드백을 제공해야 한다. 수업 중에 종종 간단한 쪽지시험이나 구두시험을 실시해 과제를 부과하고, 시험 결과와 보고서를 일주일 이내에 돌려주며, 학생들이 자신의 진척 상황에 대해 교수와 논의할 시간을 갖도록 하고, 학생들이 자신의 진척 상황을 기록하도록 하는 것 등을 예로 들 수 있다.

이어서 유념해야 할 것은 교수 스스로 자신의 교수 활동을 평가하기 위한 항목들이다. 학생들이 강의 수강에 필요한 학습에 투자할 시간을 강조하기 위한 활동, 높은 기대를 보여주기 위한 활동, 학생들의 다양한 재능과 다양한 학습 방법을 존중하는 활동 등에 대해 소개하면 다음과 같다.

첫째, 성공적인 강의가 되려면 교수가 강의를 잘할 뿐만 아니라 수강생들이 해당 강좌에 대한 예·복습 및 과제 준비에 필요한 만큼의 시간을 투자하도록 유도할 수 있어야 한다. 우리나라 대학생들의 공부하는 시간이 다른 나라에 비해 적다고 하는데, 이는 상당 부분 교수의 책임일 수 있다. 따라서 학생들이 학습에 투자할 시간을 보다 명시적으로 강조하는 활동을 해야 한다. 우리나라 일반 주간제 학부생과 대학원생 등은 일주일에 40시간 이상 일해야 하는 일반 정규 직업과 같은 것임을 깨닫도록 할 필요가 있다. 이를 바탕으로 학생들이 수업 준비를 하는 데 투자해야 할 최소한의 시간(양)을 명확히 이야기해주어야 한다.

요즘은 과외 선생님으로 교대생들에 대한 인기가 높아 상당수 교대생들이 고액 과외를 지도하는 데 일주일에 5~6일 정도의 시간을 보내고 있고, 그러다 보니 보고서가 부실해지고 수업 집중도가 떨어지는 일이 일어나곤 한다. 그래서 나는 강의 첫 시간에 '매춘 금지령'을 내린다. 매춘賣春이라는 글자를 풀면 '인생의 봄을 파는 행위'이다. 부모와 사회가 학습에 전념하도록 보장해준 값비싼 젊음의 시간을 좀 더 편안하고 즐거운 생활을 위해서 팔아버린다면 이 또한 매춘으로 간주될 수 있음을 학생들에게 상기시키고, 지금은 젊음의 시간을 팔 때가 아니라 미래를 위해 투자해야 할 때임을 강조한다. 생계를 위해서, 그리고 경험을 위해서 과외를 하나 정도 하는 것이야 금할 수 없지만 그 이상은 자제해달라고 간곡히 부탁한다. (2015년 한 학생이 서술형 강의 평가에서 "과외가 매춘이라고요? 제 가정 형편이 얼마나 안 좋은지, 그리고 제 상황이 얼마나 힘든지 교수님이 아세요? 아무리 세상을 오래 살았다 하더라도 아무도 자기 자신에 대해 알 수 없어요. 누구든 모르는 일을 그렇게 극단적인 말로 표현하는 것은 예의가 아닙니다."라고 써놓았다. 이 학생의 글을 읽은 후로 강의 중에 이 표현을 더 이상 사용하지 않는다. 약간 다른 방식으로 젊음의 시간을 자기 성장에 투자하도록 유도하고 있다.)

또한 규칙적인 학습, 전념, 속도 조절, 계획 수립 등의 중요성을 강조해준다. 학습 습관, 계획 수립, 그리고 공부에 전념하는 데 문제가 있는 학생이 있는지를 파악하고, 그러한 학생과 만나서 토론하는 시간을 가져야 한다. 다음으로 학생 스스로 학습을 통해 이루고자 하는 도전적인 목적을 설정하도록 돕고, 이에 대해 학생들과 소집단 토의와 전체 토의를 하는 것도 필요하다. 또한 구두 보고나 발표를 할 때에는 미리 예행연습을 하도록 가르칠 필요도 있다. 이와 함께 결석한 학생은 공부하지 못한 부분을 보충하도록 요구하고, 공부한 내용을 보고서 형태로 제출하도록 해야 한다.

대학생들을 대상으로 강의를 하다 보면 의외로 공부하는 법을 잘 모르는 학생들이 있음을 알게 되는데, 이들을 위해 책을 읽고 정리하는 내 나름의 방법을 알려준다. 책을 읽으면서 내가 새로 알게 된 사실이나 의미 있게 다가온 부분, 그리고 언젠가 글을 쓸 때 필요할 것이라고 생각되는 부분 등을 정확한 페이지까지 적어 책 제목으로 된 파일에 저장한다. 그 파일에는 책의 내용뿐 아니라 그 책을 읽으며 저자와 나누었던 대화, 즉 저자에 던지는 질문, 저자의 주장과 다른 내 생각, 그리고 해당 부분을 읽으며 떠오른 내 생각들은 청색으로 적는다. 파일들은 출력하여 바인더에 모아놓고 종종 읽으며 활용한다. 굳이 파일로 저장하는 이유는 글을 쓰거나 강의를 준비하다가 읽었던 책 내용에서 도움을 받아야 할 것 같을 때 해당 부분을 쉽게 찾기 위해서다.

나는 구체적인 사실은 잘 기억하지 못하지만 과거에 읽었던 책 내용의 큰 흐름을 어렴풋이 떠올릴 수는 있다. 원하는 내용을 크게 힘들이지 않고 찾는 데 이보다 더 좋은 방법은 없다. 학자들은 누구나 이렇게 하지만 이런 방법을 잘 모르는 대학 신입생들에게는 이러한 구체적인 안내가 도움이 되기도 한다.

강의 목적을 달성하려면 보고서를 제대로 작성하게 하는 것이 필수적인데, 이를 위해서는 학기 초에 한 학기 동안 제출할 보고서의 내용과 마감 시기 및 방법 등을 상세히 설명하는 것이 좋다. 학기 중반쯤에 설명하면, 여러 강좌에서 보고서가 한꺼번에 부과되는 상황에서 학생들이 보고서를 충실하게 작성하기를 기대하기 어렵다.

둘째, 학생들에게 교수의 높은 기대를 보여줌으로써 동기를 부여하는 활동을 할 필요가 있다. 이를테면 교수 자신이 강의에 최선을 다하겠다는 약속을 하고 동시에 학생들도 열심히 임할 것을 기대한다고 이야기하는 것, 학생들이 도전적인 학습 목적을 세우도록 돕는 것, 읽을거리와 쓸거리를 많이 제공하는 것, 학생들의 과제물 중 우수한 것을 뽑아 공표하고 다른 학생들이 참고할 수 있도록 하는 것, 그리고 이번 학기 강좌가 얼마나 잘 진행되고 있는가에 대해 주기적으로 토의하는 것 등을 들 수 있다. 한 학기 강의를 하다 보면 잦은 강의 결손 때문에 늘 시간이 부족함을 느끼지만, 그래도 종종 시간을 내어 강의 진행에 대해 학생들과 함께 토의할 기회를 가짐으로써, 바빠서 도끼날을 갈 시간을 갖지 못하는 나무꾼의 우를 범하지는 말아야 한다. 주기적인 토의 과정을 통해 강좌 내용을 조금씩이라도 개정한다면 강의 진행에 대한 학생들의 관심을 더욱 높일 수 있을 것이다.

셋째, 대학교수가 강의에서 잘 고려하지 않지만 실제로 필요한 활동 가운데 학생들의 다양한 재능과 수준 등을 존중하는 활동을 들 수 있다. 초중등학교와 달리 대학에서는 학생들의 수준이 모두 엇비슷하다고 가정한다. 과거에는 타당한 가정이었을지 모르나, 학생이 부족한 상황이 지속되면서 이러한 가정이 깨지고 있다. 변화된 상황에 대응하는 바람직한 강의 활동으로는 학기 초에 학생들의 공부하는 방식·흥미·배경·수준 등을 파악하고, 학생들의 광범한 욕구나 특성을 고려한 다양한 수업 활동을 전개하며, 기본 지식이나 능력을 갖추지 못한 학생들을 위한 보조 자료를 제공하고, 자신의 강좌에서 독립 과제를 수행하고자 하는 학생들을 적극 지원하며, 다른 학생들을 당황하게 하는 험담이나 빈정거림 등을 삼가도록 지도하는 것 등을 들 수 있다.

하트필드는 이상에서 제시한 교수 활동 지침과 함께, 학생들이 스스로를 평가해볼 수 있는 '성공적인 학습을 위한 바람직한 태도(활동) 자기 평가 항목'도 제시했다. 학기 초에 학생들에게 자기 평가 항목을 제공하고 스스로를 평가해보도록 기회를 주면, 자신이 갖춰야 할 바람직한 태도를 깨닫고 더 나은 학습자로 변모해가는 모습을 볼 수 있다. 이어지는 내용은 자기 평가 항목을 그대로 제시한 것이다.

성공적인 학습을 위한 바람직한 태도(활동) 자기 평가 항목

1 | 학생과 교수 접촉

항목	항상	자주	때때로	거의	전혀
1. 나는 한 명 혹은 그 이상의 교수의 도움에게 받기 위해 만날 계획을 세우고 있다.					
2. 내 보고서(작품)에 대해 교수에게 피드백을 받아보기 위해 길을 찾고 있다.					
3. 교수와 의견이 다를 때에는 질문을 한다.					
4. 강의실 밖에서도 내가 듣는 강좌나 기타 다른 일에 대해 교수와 의논한다.					
5. 내 교수가 담당하고 있는 다른 강의, 전문 분야, 그리고 관심 분야가 무엇인지에 대해 관심을 갖고 알아본다.					
6. 교수가 관여하고 있는 활동 혹은 행사에 참석한다.					
7. 내가 듣는 강의에 대해 교수에게 내 의견을 전한다.					

이상의 항목에 대한 내 평가 결과를 토대로 다음과 같은 활동을 하고자 한다.

1.

2.

이러한 항목을 내가 개선하고자 할 때 나를 가장 잘 도울 수 있는 집단 혹은 개인은 다음과 같다.

: _____

2 | 학생들 사이의 협력

항목	항상	자주	때때로	거의	전혀
1. 나는 같이 수강하는 학생들을 알려고 노력한다.					
2. 나는 같이 수강하는 다른 학생들과 함께 공부한다.					
3. 나는 다른 학생들과 함께 소모임 활동을 한다.					
4. 다른 학생들이 도움을 요청하면 도와준다.					
5. 다른 학생들이 잘했다고 생각하면 이야기해준다.					
6. 나와 관점, 배경이 다른 학생들과 함께 중요한 이슈에 대해 토론한다.					
7. 내가 잘 알고 있고 능력을 갖춘 분야에 대해서는 다른 학생들을 지도하고 조언하거나 자료 제공을 해준다.					

이상의 항목에 대한 내 평가 결과를 토대로 다음과 같은 활동을 하고자 한다.

1.

2.

이러한 항목을 내가 개선하고자 할 때 나를 가장 잘 도울 수 있는 집단 혹은 개인은 다음과 같다.

: _____

항목	항상	자주	때때로	거의	전혀
1. 수업 교재를 잘 이해하지 못하면 질문을 한다.					
2 수업 교재를 통해 얻고자 하는 것에 대해 질문을 한다.					
3 수업에 포함된 주제와 외부 사회의 행사 및 활동을 연관 지으려고 노력한다.					
4 수업을 보완하기 위해 실제 경험을 하려고 노력한다.					
5 수강하는 과목에 대한 나의 준비도와 수준을 면밀히 측정한다.					
6 수강하는 과목과 관련된 새로운 읽을거리를 찾고 관련 연구를 시도한다.					
7 수업 중에 자세하게 노트 정리를 한다.					

이상의 항목에 대한 내 평가 결과를 토대로 다음과 같은 활동을 하고자 한다.

1.

2.

이러한 항목을 내가 개선하고자 할 때 나를 가장 잘 도울 수 있는 집단 혹은 개인은 다음과 같다.

: _____

항목	항상	자주	때때로	거의	전혀
1. 교수에게 시험, 보고서, 혹은 다른 활동과 관련하여 피드백을 받으면 나의 장점과 약점을 파악하기 위해 그 내용을 살핀다.					
2. 피드백 내용 중에 명확하지 않은 것이 있으면 교수와 즉시 이야기한다.					
3. 내 보고서를 다시 작성하고 이에 대한 교수의 피드백을 요청한다.					
4. 수업 교재나 보조 교재에서 궁금한 점이 있으면 기록했다가 친구나 교수에게 문의하거나 스스로 답을 찾기 위해 노력한다.					
5. 친구들의 피드백을 받아들이고 어떻게 반응할 것인지에 대해 숙고한다.					
6. 내가 새롭게 배우고 있는 것을 반성적으로 기록해간다.					
7. 수업에서 배우고 있는 것을 깊이 생각하고 교수와 함께 그 내용을 토론한다.					

이상의 항목에 대한 내 평가 결과를 토대로 다음과 같은 활동을 하고자 한다.

1.

2.

이러한 항목을 내가 개선하고자 할 때 나를 가장 잘 도울 수 있는 집단 혹은 개인은 다음과 같다.

: _____

5 | 공부에 투자하는 시간

항목	항상	자주	때때로	거의	전혀
1. 과제물을 제때에 정확하게 처리하여 제출한다.					
2. 과제물을 제출하기 전에 다시 읽고 점검한다.					
3. 수업 중에 발표할 것에 대해 발표 전에 예행연습을 한다.					
4. 수업을 따라가기 위해 규칙적인 학습 계획을 정하고 준수한다.					
5. 항상 수업에 참여한다.					
6. 특별한 수업을 들을 계획이 있으면 내 교수와 상의한다.					
7. 나의 약한 분야를 파악하고 이를 보완하기 위하여 추가적인 노력을 기울인다.					

이상의 항목에 대한 내 평가 결과를 토대로 다음과 같은 활동을 하고자 한다.

1.

2.

이러한 항목을 내가 개선하고자 할 때 나를 가장 잘 도울 수 있는 집단 혹은 개인은 다음과 같다.

: _____

항목	항상	자주	때때로	거의	전혀
1. 수강하는 과목에 대해 나만의 학습 목적을 수립한다.					
2. 교수의 강의 목표에 대해 명확한 정보를 갖기 위해 노력한다.					
3. 비록 나의 전공이나 관심사와 직접 관련이 없더라도 수업 교재에 대해 열린 마음을 갖는다.					
4. 나의 학습 목적을 달성하기 위해 부과되지 않은 추가적인 작업을 한다.					
5. 내가 배우기 위해 하는 활동과 학점을 취득하기 위해 하는 활동 사이에 어떻게 균형을 이룰 것인가에 대해 깊이 생각한다.					
6. 각 강좌에서 최선을 다한다.					
7. 수강하는 강좌와 관련된 캠퍼스의 모든 자원을 최대한 활용한다.					

이상의 항목에 대한 내 평가 결과를 토대로 다음과 같은 활동을 하고자 한다.

1.

2.

이러한 항목을 내가 개선하고자 할 때 나를 가장 잘 도울 수 있는 집단 혹은 개인은 다음과 같다.

: _____

항목	항상	자주	때때로	거의	전혀
1. 나는 다른 학생들을 당황시키지 않도록 노력한다.					
2. 나의 학습 방식을 교수의 강의 방식에 부합시키기 위해 의도적으로 노력한다.					
3. 나에 관한 것과 내가 사용하는 효과적인 공부법을 다른 사람과 공유한다.					
4. 배경이 다르고 학습 수준이 다른 학생들도 존중해준다.					
5. 소외받는 사람들에 대한 내용을 교수가 강좌 내용에 포함시킬 때 이를 지지해준다.					
6. 다른 사람들이 성차별적, 인종차별적, 혹은 여타의 공격적 언어나 행동을 보일 때 이를 지적해준다.					
7. 나와 다른 생각에 대해 열린 마음을 갖고 있다.					

이상의 항목에 대한 내 평가 결과를 토대로 다음과 같은 활동을 하고자 한다.

1.

2.

이러한 항목을 내가 개선하고자 할 때 나를 가장 잘 도울 수 있는 집단 혹은 개인은 다음과 같다.

: _____

■ 기타 정보

1. 수업 시간 이외에 수업 준비나 공부를 위해 주당 평균 몇 시간이나 투자하는가?
   가. 20시간 이상
   나. 16~20 시간
   다. 11~15 시간
   라. 6~10 시간
   마. 0~5 시간

2. 다른 대학생의 관점과 비교하여 나는 학문적으로 성공하는 것이 얼마나 중요하다고 생각하는가?
   가. 아주 중요하다.
   나. 다소 중요하다.
   다. 남들과 비슷하다.
   라. 덜 중요하다.
   마. 아주 덜 중요하다.

항목	매우	상당히	약간	전혀
3. 스스로 공부하기				
4. 내가 필요한 자료 찾기				
5. 다양한 정보를 토대로 아이디어 창출하기				
6. 자료를 다른 사람에게 설명하기				

출처: Susan Rickey Hatfield, "The Seven Principles in Action: Improving Undergraduate Education", *Journal of General Education* Vol. 46, 1995, pp. 132~139.

·09·

요구 강의 계획서와
약속 강의 계획서

우리가 보통 생각하는 강의 계획서는 강의와 관련하여 학생들이 알아야 할 기본 사항(교수 소개, 강좌 목표, 성적 평가 등등)과 각 주별 주제, 학생들이 읽고 준비해야 할 자료와 보고서 등이 포함된 강의 안내서이다. 여기서는 기존 강의 계획서와 다른 '약속이 담긴 강의 계획서'를 소개하고자 한다. 이는《미국 최고의 교수들은 어떻게 가르치는가》의 저자 켄 베인 교수가 제안한 것으로, 대학뿐만 아니라 초중등학교에서도 응용해볼 수 있다.

지금까지 우리가 경험했고, 지금도 만들고 있는 대부분의 강의 계획서에는 교수의 요구 사항이 주로 담겨 있다. 학생들은 자신이 받을 교육에 대해 거의 영향력을 행사할 수 없다는 느낌, 즉 교육 과정으로부터의 소외를 경험한다. 켄 베인에 따르면, 교수의 요구가 담긴 강의 계획서로 공부를 시키면 아주 뛰어난 학생들까지도 심도 있는 학습을 하기보다 요구 사항을 따르고 좋은 학점에 필요한 것만 하는 데 신경을 쓰는 전략적 학습자로 전락한다. 켄 베인은 기존 계획서를 '요구 강의 계획서demanding syllabus'라고 부른다. 반면에 약속이 담긴 수업 계획서는 교사의 일방적 요구 사항이 아니라 교사와 학생이 서로에게 하는 약속의 의미를 담고 있다. '약속 강의 계획서promising syllabus'는 학생 주도 학습과 창의 인성 배양에 적합한 계획서이다.

약속 강의
계획서의 요소

학생들이 소외감을 극복하고 호기심을 발휘하도록 하려면, 그리고 '유쾌하면서도 도발적인 지적 혹은 예술적 축제로 학생들을 초대'하려면 통제나 요구가 아닌 희망과 약속이 담긴 '약속 강의 계획서'로 공부할 수 있도록 해야 한다. 켄 베인이 소개하는 약속 강의 계획서에는 일반적인 정보 이외에도 다음 세 가지 요소가 포함된다. 즉 약속, 약속을 구현하기 위한 방법(질문에 답을 해 가는 방법), 학생의 학습 진척 상황 이해 방안이다.

약속

여기서 말하는 약속이란 기존의 수업 목표에 해당하는데, 약속이 담긴 강의 계획서에서는 간단한 수업 목표 대신 해당 과목을 열심히 공부했을 때 학생들이 얻을 수 있는 것들을 명확히 알려준다.

약속은 수업을 통해 학생들의 지적·물리적·정서적·사회적 능력 발달에 어떻게 도움을 줄 것인가, 학생들이 어떤 종류의 질문에 대한 답을 찾는 것을 도와줄 것인가에 관한 내용이다. 즉 학생들이 해당 과목을 열심히 공부하면 무엇을 얻도록 교수가 도울 것인지 약속하는 내용이 담겨 있다. 나아가 학생들이 제기하는 질문까지 포함시킬 수 있는 열린 형태의 약속이 바람직하다. 이는 기존 계획서의 강의 세부 목표처럼 교수가 일방적으로 강요하는 목표가 아니라, '학생들을 축제에 초대하면서 참여 여부는 학생들이 결정하도록' 열어놓은 목표이다.

그 예를 하나 들면 다음과 같다.

약속을 끌어내기 위한 이야기

1970년대와 1980년대에 미국 전 상원의원 윌리엄 프록스마이어William Proxmire는 '골든플리스Golden Fleece'라는 이름의 상을 제정하여 수여했는데, 이 상은 공공기금을 낭비했다고 인정되는 프로젝트팀에 수여하는 비꼬는 상이었다. 이 불명예스러운 상이 수여된 사람들 중에는 터무니없이 사소하고 쓸모없는 주제를 연구했다고 판단된 과학자들이 포함되어 있었다. 상원의원 프록스마이어의 비판은 정당화될 수 있을까? 연구자들은 무엇을 하는 것일까? 왜 그들은 종종 정말 사소한 문제들을 연구하는 데 수년씩을 보내는 것일까? 우리 대학에서 수행되고 있는 연구에는 어떤 것이 있는가? 그것은 가치가 있는 것인가? 공공기금을 받아 진행되는 연구 중에는 이상한 것이 있을 수도 있다. 하지만 이상하게 보이는 연구 중에 실제로는 엄청난 가치를 지니고 있는 것이 있을 수 있다. 이 둘의 차이는 무엇일까?

약속: 질문

이 강의에서 여러분은 생체시계에 관한 흥미로운 연구 결과들을 탐색해보는 기회를 갖게 될 것입니다. 이 과정을 통해 여러분은 과학의 본질과 과학자들의 연구 생활에 관해서도 알게 될 것입니다. 여러분은 연구자가 될 수도 혹은 안 될 수도 있습니다. 그러나 언젠가는 어떤 연구에 연구비를 지원할 것인지 여부에 관여하게 될 것입니다. 이 강의는 여러분이 그러한 상황에서 현명한 결정을 내릴 수 있도록 도울 것입니다. 또한 인간과 모든 동물들의 생체시계가 어떻게 작동하는지에 대해 더 잘 이해할 수 있게 도울 것입니다. 왜 대학생들은 종종 밤 늦게까지 깨어 있기를 좋아하는 저녁형 인간인 데 반해 부모들은 일찍 자고 일찍 일어나는 새벽형 인간일까? 왜 사람들은 시차 적응에 어려움을 느끼는 것일까? 우리는 생체시계 작동에 대해 어떻게 알 수 있을까? 과학자들은 어떻게 결론을 내리는 것일까? 그 결론들은 얼마나 신뢰할 수 있는 것일까? 이에 대해 여러분이 추가하고 싶은 질문은?

약속을 구현하기 위한 방법

약속을 구현하기 위한 방법은 기존 강의 계획서에서 요구 사항 혹은 과제라고 했던 부분이다. 약속 강의 계획서는 명령이나 강요를 하는 기존 강의 계획서와 달리, 약속의 현실화를 위해 학생들이 자기 통제 아래 자기가 할 일을 계획하도록 돕는 역할을 한다. 따라서 학생들이 해야 할 일(기존의 '요구 사항')이 무엇인지 자상히 설명하되, 명령조의 언어는 피하고 학생들이 자기 학습에 대해 어느 정도 통제권을 가지고 있다는 확신을 심어주는 것이 중요하다. 앞에서 이야기한 것처럼, 자율성이라는 놀이적 요소를 포함시킴으로써 학생들이 배움의 즐거움을 느끼도록 유도해야 한다. 함께 약속한 것들을 구현해가는 과정을 통해 다양한 활동들이 자연스럽게 이루어지도록 계획해야 한다. 그리고 그 과정에서 학생들이 반드시 지켜야 할 약속이 무엇인지를 알려주어야 한다.

그 예를 들면 다음과 같다.

약속이 지켜지기 위해서는 여러분 스스로 자신의 학습에 대해 책임을 져야 하고 적극적인 학습자로서 참여해야 합니다. 연구자들이 무엇을 하는지를 배우기 위한 가장 좋은 방법은 과학자와 시간을 보내는 것입니다. 이 강의에서는 학생 한 명이 최소한 8시간 동안 연구자와 함께 보낼 수 있도록 준비를 해두었습니다. 연구자는 여러분에게 연구하는 방법을 가르쳐주고, 자신이 하고 있는 연구를 소개하며, 연구 과정을 이해할 수 있도록 도와줄 것입니다. 개인 지도 프로그램이 끝나고 나면 여러분이 경험한 것에 대해 5장 분량의 보고서를 작성하게 될 것입니다. 이 보고서는 여러분이 경험한 것을 토대로 더 많은 것을 배울 수 있게 도와주고, 여러분이 공부한 것을 평가하는 기초 자료가 될 것이며, 여러분에게 더욱 정확한 피드백을 제공할 수 있게 하는 기초 자료가 될 것입니다. 보고서 작성법에 대해서는 강의 시간에 더 상세히 설명하겠습니다. 물론 강의

를 통해 여러분의 학습에 필요한 핵심 개념과 정보도 제공할
것입니다.

강좌에서의 읽기, 쓰기, 생각하기

자기 자신의 교육에 대해 스스로 책임을 지기 위해서 여러분
은 반드시 읽을거리를 읽어내야 합니다. 매 강의마다 인터넷
을 통해 여러분이 읽고, 분석하고, 생각해야 할 읽을거리들을
제공하겠습니다.

여러분은 또한 특별히 관심을 갖고 있는 주제를 선택해서 그
에 대한 보고서를 쓰게 될 것입니다. 보고서를 쓰는 과정을 통
해 여러분의 생각이 다듬어지고 이해도도 높아지게 될 것입니
다. 만일 여러분이 글로 표현할 능력이 없다면 여러분의 생각
과 의지를 완전하게 발전시키기 어렵고, 그 결과 명확한 아이
디어 대신에 애매모호한 표현들과 감정들을 가지고 살아가게
될 것입니다.

학생의 학습 진척 상황 이해 방안

학습 진척 상황 이해는 기존의 '평가'에 해당한다. 그러나 이는 단
순히 학점을 매기는 방법에 대한 것이 아니라, 이른바 학습을 어떻
게 규정할지 교수와 학생이 함께 의견을 교환하고 이를 어떻게 판
단할지 상호 합의하는 과정과 결과물을 의미한다. '학생들이 배우고
생각한 것들의 본질과 발전 과정을 잘 이해하도록 돕기 위한 대화의
시작'이라고 할 수 있다. 기존의 강의 계획서에 제시된 성적 평가 방

법과 달리 훨씬 더 심화된 구체적 활동을 제시한다.

예를 하나 들면 다음과 같다.

우리는 여러분이 스스로의 학습과 사고 과정에 대해 좀 더 잘 이해할 수 있도록 돕고자 합니다. 이를 통해 자신의 학습은 자신이 책임지도록 하고자 합니다. 학기 중, 그리고 학기 말에 여러분 스스로의 학습 정도를 평가할 수 있어야 하고, 여러분이 어느 수준까지 도달했는지에 대해 설명할 수 있어야 합니다. (여기서 설명한다는 것은 단순히 결론만을 제시하는 것이 아니라 결론을 뒷받침할 증거까지 제시하는 것을 의미함.) 자신의 학습 수준을 설명하는 데 도움이 될 자기 평가 가이드라인은 다음과 같습니다.

[목적] 이 활동의 목적은 제 학습 수준을 측정하기 위함임을 저는 알고 있습니다. 성공적일 경우, 평가자는 제가 사고 과정에서 무엇을 배웠고 배우지 못했는지 명확하게 알 수 있을 것입니다. 저는 제가 비판적으로 사고했음을 나타내 보이겠습니다. 먼저 제가 받을 수 있을 것으로 생각되는 학점과 그렇게 생각하는 증거 자료를 첨부합니다. 이하의 평가 준거와 제가 공부한 것에서 발췌한 자료를 토대로 제 학점을 제시하고자 합니다. (참고: 아이로니컬하게도 여러분이 낮은 학점을 제시하면서 그 이유를 합당하게 잘 설명할 경우 오히려 제시한 학점보다 더 높은 성적을 받을 수도 있지만, 높은 학점을 제시하면서 그 이

유를 충분한 근거와 논리를 가지고 설명하지 못할 경우에는 오히려 더 낮은 학점을 받게 될 것입니다. 가장 바람직한 경우는 자신의 강점과 약점을 정확하게 분석하고 그에 합당한 학점을 제시하는 것입니다.)

[강좌 전체의 목적과 목표] 이 강좌의 목적은 주어진 질문과 이슈에 대한 답을 탐색하는 과정에서 사고력과 지식의 폭 그리고 이해력을 높이는 것입니다.

[나의 강점] 저는 아래에 제시한 사고력 분야에서 뛰어납니다.
①
②
③

[나의 약점] 저는 아래에 제시한 사고력 분야에서 취약합니다. 제가 공부한 내용과 내용에 대한 분석, 그리고 제 평을 그 증거로 첨부합니다.
①
②
③

이 강좌의 학점이 주어진 질문에 대한 답을 탐색하는 과정을 통해 제 사고력과 지식의 폭 그리고 이해력이 얼마나 향상되었

는가에 따라 부여된다면 제 학점은 _____이어야 한다고 생각
합니다. 첨부물은 제가 내린 판단의 근거를 요약한 것입니다.

약속 강의 계획서의 성공적 적용을
위한 전제 조건

약속 강의 계획서는 각 항목별 내용이 명
령이 아니라 학생들을 돕고자 하는 강한 의지가 담긴 어투로 상세히
서술되어 있고, 학생이 원한다면 강의에 참석하지 않고서도 주어진
강의 목표를 스스로 달성할 수 있도록 하고 있다. 그런데 우리가 가
르치는 학생 중 일부는 '신의 부름'이 아니라 '밥의 부름'에 따라 전
공을 택했고, 호기심의 싹도 거의 시들어 있으며, 일부 대학의 경우
학생 평가는 상대평가를 하게 되어 있어서 약속 강의 계획서를 적용
하는 데 어려움이 따를 수 있다. 하지만 약속 강의 계획서가 우리에
게 주는 의미는 크다.

강의 계획서는 가르치는 사람이 학생에게 하는 요구가 아니라, 가
르치는 사람이 학생들과 하는 약속이다. 교수의 일방적 계획 진술
공간이 아니라, 가르치는 사람이 제시하는 주제를 학생들이 자기 것
으로 받아들일 수 있도록 기회를 제공하는 장이다. 약속 강의 계획
서는 학습의 장에서 학생이 자기 주도권을 회복하고 자기 통제력을
발휘할 수 있도록 도우면 학습의 장이 교수와 학생이 함께 벌이는
축제의 장이 될 수 있다는 것을 다시 한 번 깨닫게 한다.

여기에 제시된 약속이 담긴 강의 계획서는 교수와 학생 사이에 신
뢰가 형성되어야 효과를 발휘할 수 있다. 따라서 약속이 담긴 강의

계획서를 적용하려면 이러한 형태의 강의 계획서를 사용하는 취지와 기대하는 효과 등을 충분히 설명하고 학생들의 공감을 얻어내야 한다. 그리고 동시에 학생들에게 강의 계획에 대한 피드백을 받아 수정 및 보완해갈 필요가 있다.

· 10 ·

어떻게 하면
읽어 오게 할 것인가?

교사 또는 교수라면 누구나 세계 최고의 교수처럼 질문을 던지고 학생들의 답을 토대로 다시 부연 설명을 하면서 역동적인 강의를 하기위해 학생들에게 읽을거리를 제공하고 반드시 읽어 오도록 요청한경험이 있을 것이다. 그런데 우리를 당황스럽게 하는 것은 상당수학생들이 아예 읽지 않고 수업을 받으러 나타난다는 사실이다.

학생들이 읽을거리를 읽어 오지 않으면 해당 내용을 설명하느라시간을 허비하게 되고, 원래 계획했던 학생 참여 활동이나 다양한추가 자료도 소개할 수 없게 된다. 즉 읽을거리를 반드시 읽고 예습과제를 완수해 오도록 하는 능력은 대학뿐 아니라 초중등학교에서도 성공적인 수업을 하는 데 필수 조건이다. (여기서는 대학의 수업에초점을 맞추어 설명했으니, 초중등 선생님들은 이 내용을 토대로 시사점을추출하여 활용하기 바란다. 최근 유행하는 거꾸로교실도 예습을 유도하는하나의 방법으로서 역할을 할 수 있다.)

읽을거리를 읽어 오게 하는
일반적인 기법

학생들이 읽어 오지 않는 이유는 다양한데, 일반적 기법은 학생의 능력과 흥미, 그리고 여건의 측면에서 별다른 문제가 없을 때 효과를 볼 수 있다. 학기 초에는 해당 강좌에 대한 흥미를 갖고 열심히 읽다가 어느 시점부터는 읽어 오지 않는 경우가 발생하지 않도록, 능력은 있으나 흥미가 없는 학생들도 흥미를 느끼며 열심히 읽어 오도록 하기 위한 방법은 무엇인가?

읽어 오도록 하려면, 무엇보다 학생들의 흥미와 능력 수준을 고려하여 적합한 교재 등의 읽을거리를 선택하는 것이 중요하다. 수강생들이 해당 강좌를 통해 반드시 배워야 한다고 생각하는 수준과 내용에만 초점을 맞추어 교재와 참고 자료를 선택한다면 실패할 가능성이 높다. 이와 함께 강의 첫 시간에 왜 특별히 그 읽을거리를 선택했는지를 충분히 설명해 학생들의 관심을 유도해야 한다. 또한 매 강의 시간 말미에 다음 시간의 읽을거리를 간단히 소개하고 각각의 의미와 가치를 설명해야 한다.

다음으로 유념할 점은 읽어 오도록 한 내용을 강의 중에 다시 재탕해서는 안 된다는 것이다. 학생들에게 읽어 오라고 해놓고 그 내용을 설명하고 요약하는 형태의 강의를 한다면, 처음에 읽어 오던 학생들도 차츰 읽지 않게 될 것이다. 읽을거리에 담긴 지식은 반드시 읽어야만 얻을 수 있게 해야 한다. 재탕 강의를 하는 대신 읽어 온 내용에 대해 질의응답 시간을 갖고, 자료가 제공하는 내용을 더욱 발전시켜가며, 읽을거리에서 습득한 지식을 고찰하고 활용할 수 있는 활동을 제시하고 이끌어야 한다.

반드시 읽게 하기 위한 방안의 하나는 반드시 읽어야만 할 수 있는 과제를 매시간 부과하고 제출하게 하는 것이다. 이를테면 요약 또는 관련 생각 정리하기, 읽은 내용을 토대로 문제 만들기, 각 장 끝에 제시된 문제 풀기, 읽을거리에 포함된 핵심 용어 세 개 이상에 대해 각각 한 문단으로 개념 정의하기, 읽을거리의 핵심 주제나 기본 아이디어가 활용된 다른 자료 찾기(예컨대 신문이나 잡지의 기사, 홍보물, 사진) 등이다.

또 다른 방법은 매시간 시작할 때마다 읽은 내용에 대한 퀴즈 시간을 갖고 그 결과를 학점에 반영하는 것이다. 퀴즈는 세세한 내용이 아니라 읽을거리의 핵심에 초점을 맞춰야 한다. 개인을 대상으로 한 퀴즈에 이어 집단별 퀴즈를 실시하면 학습 경험의 기회를 배가시킬 수 있다.

강의를 시작할 때 읽은 내용에 대한 1분 보고서 또는 소감을 글로 쓰게 하는 것도 방법이다. 그림이나 포스터, 개념 지도의 형태로 요약하도록 유도해볼 필요도 있다. 미리 준비해 온 것을 토대로 작성하게 해도 된다.

또 하나 널리 쓰이는 방법은 무작위로 지명하여 읽은 내용에 대해 발표하게 하는 것이다. 무작위로 하더라도 한 학기에 적어도 한 번 이상은 지명하도록 계획해야 한다. 읽을거리에 담긴 지식을 활용해야 하는 집중 토의, 역할극, 기자회견 같은 학생 활동을 시키되 아무라도 지명해 특정 역할을 맡기겠다고 하면 잘 읽어 오게 된다.

이상의 방법을 한두 가지 정도 사용하고 각 활동의 결과를 어떤 방식으로든 점수화하여 최종 학점에 반영한다면 더 많은 학생이 자료를 읽어 올 것이다.

읽을거리를 읽어
오지 않는 이유

일반적 기법을 사용하는데도 문제가 줄지 않는다면, 수강생들이 읽어 오지 않는(혹은 읽어 오지 못하는) 이유를 분석한 뒤 그에 맞게 처방을 해야 더 많은 학생들이 주어진 자료를 읽고 강의에 참여하게 될 것이다. 언젠가 읽을거리를 읽어 오지 않고 수업 중에 자꾸 조는 학생이 있어, 연구실로 불러 이야기를 나눠 보았다. 그 학생은 여러 집을 돌면서 일주일 내내 과외를 하고 있었다. 혹시 가정 형편 때문인가 싶어 물었더니 그것도 아니었다. 과외를 하면 시간에 쫓겨 읽을거리를 거의 읽어 오지 못하게 되는데, 면담 과정에서 이러한 학생이 점차 늘어나고 있다는 것을 알게 되었다. 그 이후로 수업 받을 준비를 제대로 해 오지 않을 경우의 벌칙을 구체적으로 정하여 소개하고 적용했더니 조금은 효과가 있었다.

읽을거리를 제대로 읽어 오지 않는 또 다른 학생을 면담해보니, 특기자 전형으로 들어와서 강의를 따라가기가 어렵다는 이야기를 했다. 그래서 그 학생에게는 기초적인 읽을거리를 따로 제공하고, 실력이 나은 학생을 멘토로 붙여주었다. 그 학생도 한 학기를 무사히 마칠 수 있었다.

수업 받을 준비를 해 오지 않는 학생을 개인의 능력, 흥미, 개인이 처한 여건 등의 세 가지 특성 변인에 따라 분류하면 총 여덟 가지 유형으로 구분된다. 각각의 학생 특성 변인에 따라 구체적인 사례와 읽어 오지 않는 학생을 줄이는 전략을 이 글 마지막에 표로 정리해 보았다.

흥미와 관계없이 점수에 맞춰 입학한 학생이 많은 전공, 필수여서 어쩔 수 없이 듣는 학생이 많은 강좌, 수강 신청 과정에서 밀려 내 강의를 선택하게 된 학생이 많은 경우에는 읽을거리 선택에서부터 학생들의 흥미와 동기 유발에 각별한 관심을 가져야 한다. 필수과목의 경우에는 이 과목이 해당 전공에서 필수과목으로 지정된 이유, 향후 진로에서 이 과목이 차지하는 비중, 읽을거리의 유용성 등에 대해 학생이 수긍할 수 있을 만큼 충분한 설명을 덧붙이는 것도 필요하다. 때로는 졸업생이나 상급생을 불러 해당 과목과 읽을거리의 중요성 및 유용성에 대해 자신들의 생각을 이야기하도록 하는 것도 도움이 된다. 내가 담당하는 필수과목 강좌에서는 강제 출석제를 폐지하여 정해진 절차를 따를 경우 결석해도 감점하지 않고, 과목과 관련되는 경우 학생들이 배우고 싶어 하는 내용과 읽을거리를 추가하거나 기존의 읽을거리를 대체하게 해주기도 한다.

기초 학력이 부족한 학생의 비율이 더 높은 경우라면 욕심을 버리고 교재와 보조 자료의 수준을 낮추는 것이 현명하다. 교수가 학생 수준을 고려하지 않고 학생들이 반드시 배워야 한다고 생각하는 수준과 내용에만 초점을 맞춰 읽을거리를 선택하면 일반적인 기법이 효과를 발휘하지 못할 것이다. 수준은 낮지만 의욕이 있는 학생이라면 책 읽는 방법을 가르치고, 해당 자료를 이해하기 위해 필요한 전 단계의 기초 자료를 소개하며, 상급 학년이나 대학원생을 멘토로 묶

어줌으로써 문제를 완화할 수 있다. 이러한 문제가 매년 지속된다면 대학 당국과 협의하여 근본적인 보완책을 마련해야 할 것이다.

직업이 있는 성인 학생이 주를 이루는 강의는 읽을거리의 양을 적절한 수준으로 조절할 필요도 있다. 직업 혹은 가사 때문에 어려움을 겪는 학생이 포함된 경우에도 그들과의 면담을 통해 방안을 모색하는 것이 바람직하다.

읽어 오지 않는 원인을 분석할 때는 주류 학생의 특성뿐만 아니라 일부 학생의 예외적 상황도 분석하는 것이 중요하다. 교수가 '한 마리의 길 잃은 양을 찾아 떠난 목자'가 될 때 읽고 수업 받을 준비를 해 오는 학생의 비율이 높아질 것이다.

학생 특성 변인			사례	완화 전략
능력	흥미	여건		
−	−	−	• 학위가 필요해서 직장에 다니면서도 미달된 학과에 억지로 다니는 학생	• 강좌에 대한 흥미 제고 • 수준과 흥미 고려한 교재 및 참고 자료 선택 • 읽을거리 이원화 • 공부법 강의 • 개별 면담을 통한 동기부여
−	−	+	• 졸업 후 놀 수 없어서 미달된 아무 학과나 다니는 학생	• 강좌에 대한 흥미 제고 • 수준과 흥미 고려한 교재 및 참고 자료 선택 • 공부법 강의 • 기초 학습 기회 제공 • 개별 면담을 통한 동기부여 및 부모 면담 • F 처리 경고
−	+	−	• 특별전형 학생(여건 어려움) • 일부 보결 합격자(여건 어려움) • 기초 학습 기회 미비(여건 어려움)	• 수준 고려한 교재 및 참고 자료 선택 • 공부법 강의 • 동료 학생, 과거 수강생, 대학원생 멘토 • 기초 학습 기회 제공 • 읽을거리 및 분량 이원화
−	+	+	• 특별전형 학생 • 일부 보결 합격자 • 기초 학습 기회 미비	• 수준 고려한 교재 및 참고 자료 선택 • 공부법 강의 • 동료 학생, 과거 수강생, 대학원생 멘토 • 기초 학습 기회 제공 • 읽을거리 이원화
+	−	−	• 성적에 맞추어 전공 선택 • 필수 강좌여서 억지로 수강 • 가정 형편 때문에 일을 함	• 강좌에 대한 흥미 제고 • 면담을 통한 동기부여, 학생 상황을 고려한 부담 경감 • 부모 면담
+	−	+	• 성적에 맞추어 전공 선택 • 필수 강좌여서 억지로 수강 • 어쩔 수 없어서 강좌 선택 • 동아리 활동 전념 • 소비를 위한 과외 과다	• 강좌에 대한 흥미 제고 • 소집단 활동 강화 • 무작위 지명 발표 강화 • 벌점 강화 • 면담 통한 동기부여 • 강한 벌칙 적용
+	+	−	• 가정 형편 때문에 일을 함	• 분량 이원화 • 장학금 주선
+	+	+	• 교수의 강의력 문제: 첫 강의 실패, 재탕 강의, 읽어 오도록 하는 동기부여력 부족, 상벌 제도 운영 미숙 • 학생 중심 학습 경험 기회 제공 결여	• 읽을거리 선택 이유 및 가치 설명 • 재탕 강의 금지 • 읽을거리를 과제로 부과 • 읽을거리에 대한 퀴즈 • 읽을거리를 활용한 학습 경험 활동 • 읽어 온 내용 발표

+ : 있음, 좋음 / − : 없음, 나쁨

·11·

학습에 공을 들이도록
이끄는 방법

보통은 가르치는 길목을 지키고 있는 교사(교수)라면 가르침과 배움
의 원리에 정통하리라는 믿음이 있다. 실제로 교수와 교사는 스스로
실험도 하고, 책도 읽고, 연수도 받으며 상황에 적합한 최고의 교수
법을 찾기 위해 지속적으로 노력한다. 여기에서는 브라운과 뢰디거
등이 펴낸《어떻게 공부할 것인가》를 바탕으로 배움의 원리를 응용
한 교수법에 대해 함께 생각해보고자 한다. 저자들은 사람들이 잘못
된 방식으로 배우고 있다면서, 이 책이 '인지심리학이 밝혀낸 성공
적인 학습의 과학'이라고 천명한다. 학습 방법에 대한 책이지만, 학
생들이 가장 잘 배울 수 있도록 하려면 어떻게 가르쳐야 할 것인가
에 대해 많은 아이디어를 제공하기도 한다.

  이 책을 읽고 '학습 원리를 진작 알았더라면 지금보다 훨씬 더 나
은 곳에서 꿈을 이루며 살아가고 있을 텐데.'라는 생각이 든다면, 저
자들의 주장대로 잘못된 방식으로 공부해왔을 가능성이 높다. 이 책
에 열거된 '효과가 검증된 학습법들'을 토대로 가르치는 기법을 함

께 나누고자 한다.

　교수법의 한 원리로 "많이 가르칠수록 적게 배운다."라는 것이 있다. 여기서 많이 가르친다는 말은 주로 교수 혼자서 많이 떠들어댄다는 의미이다. 이는 누구나 할 수 있고 많은 사람이 하고 있는, 가장 손쉬운 교수법의 하나이다. 하지만 이러한 식으로 가르치면 강의가 끝난 뒤 교수는 지치고, 학생들은 별로 배우지 못할뿐더러 배운 것을 오래 기억하지도 못한다. 교사가 주도하는 수업은 교사를 위한 학습에 가깝고, 뇌의 변화도 학생보다는 교사에게 강하게 일어난다.(이찬승, 〈학교교육 혁신 (8): 2035년 학교교육은 어떤 모습일까?〉), 물론 그렇다고 교수가 주도하는 강의는 효과가 없다는 말은 아니다. 학습자 중심, 학습자 주도의 학습이 되게 강의를 진행해야 하고 학습의 최종 책임자 또한 학생 자신임을 깨닫도록 이끌어야 하는데, 이렇게 하려면 더 많은 준비를 해야 하는 것은 물론 기본적으로 학습법과 교수법에 대해 상당한 노하우가 있어야 한다.

　가령 학생들이 수업 중에 스스로 생각하고 질문하며 토론하도록 하려면, 학생 참여를 유도하는 원리를 알고 활용할 능력이 있어야 한다. 왜 학습 과정에 열심히 참여해야 하는 깊이 깨닫도록 학습의 원리를 잘 소개함으로써 학생들의 공감을 끌어내고, 배우는 내용의 유용성을 확신시키며, 지속적으로 열심히 하도록 유도하는 시스템을 만들고 수업을 재구조화하는 것 등은 학생들 스스로가 배움에 공을 들이도록 유도하는 방법이다.

교수법과 학습 원리에 대한
설명이 필요한 이유

　　　　　　　　강의 첫 시간에 해야 할 기본 활동으로는
교수와 학생 서로 알기, 강의 계획 안내, 강의 시간에 적용할 규칙과
수칙 소개(동의 확보), 수강 과목에 대한 학습 의욕 고취 등이 있다.
학습 의욕을 고취하려면 학습 기본 원리를 소개하고, 학생들이 이를
받아들여 실천하도록 유도하며, 필요한 시스템을 마련하는 등의 활
동이 필요하다.

　브라운과 뢰디거 등이 제시한 학습 원리의 하나는 "노력을 많이
들여 배운 지식일수록 더 깊이 남고 오래 간다."는 것이다. 그들에 따
르면, 쉽게 배운 지식은 모래 위에 쓴 글씨처럼 오늘 배우면 내일 사
라진다. 가르침의 궁극적 목적은 가르친 내용을 학생들이 소화하여
자기 것으로 만드는 것, 즉 배운 지식과 태도 및 기능 등을 이해하고
기억하며 적용하도록 하는 것이다. 그런데 오늘 가르친 것이 내일
학생들의 뇌에서 사라진다면 헛수고만 하는 셈이다.

　교수가 과학적으로 입증된 학습 원리와 효과, 책 등을 소개하면
서 해당 강좌에 적합한 학습법과 자신이 사용할 교수법을 구체적으
로 소개한다면, 학생들의 공감 수준을 높일 수 있다. 가르침의 길목
에 서 있는 우리는 가르침과 배움의 기본 원리를 잘 알고 있고, 나아
가 이를 실제 가르침에 적용할 수 있어야 한다. 가장 적합한 교수법
은 가르치는 사람의 특성, 가르치는 내용, 교육 여건, 학생 특성, 환경
특성 등의 다양한 요인에 의해 좌우된다. 다양한 교수법을 알고 있
어야 그때그때 상황에 적합한 최고의 교수법을 활용할 수 있다.

배우는 내용의
유용성 확신시키기

학생들이 '노력을 많이 들여 배우도록' 유도하기 위한 또 하나의 방법은 가르치는 과목의 향후 유용성과 활용 가능성에 대한 확신을 심어주는 것이다. 강의 첫 시간에 학생들이 그 과목이 얼마나 중요한지 깨닫고 공감해야만 많은 공을 들여 공부하게 된다. 공부할 시간이 한정된 학생들은 첫 주 강의를 듣고 나서 어느 강의에 더 많은 시간을 투자할지 결정하기 때문에, 첫 주일은 교수들이 학생들의 공부 시간 쟁탈전을 벌이는 시기이기도 하다. 물론 여러 과목의 중요성에 공감할 경우 학생들은 자는 시간이나 아르바이트 시간을 줄여서라도 공부 시간을 늘리게 될 테니, 다른 교수들에게 미안해할 필요는 없다.

지속적으로 열심히 하도록 유도하는
시스템 만들기

다른 하나는 열심히 공부하도록 유도하는 시스템을 만드는 것이다. 비록 공감하여 해당 강좌 수강에 공을 들이다가도, 그 필요성이 사라지면 다시 수동적인 학습자가 된다. 읽을거리를 열심히 읽어 왔는데 교수가 강의 중에 다시 설명하거나 읽어 오지 않은 학생들이 어떤 불이익도 받지 않으면, 예습 열기는 점차 식어간다.

나는 매시간 시작할 때마다 읽어 온 내용에 대해 질문을 받고, 질문이 충분하지 않으면 반대로 내가 질문을 던지는 방법을 사용한다.

질문을 던졌을 때 읽어 오지 않은 것이 드러난 학생은 강의실에서 내보내고 결석으로 간주하는, 이른바 '사살 제도'라는 살벌한 제도를 첫 시간에 소개한다. 일부 교수들은 매시간 과제로 읽은 내용에 대해 간단한 요약과 질문을 적어 제출하게 하는 방법을 사용하기도 한다.

이와 유사하면서도 약간 다른 방법은 미리 교재를 읽은 뒤 핵심 내용으로 예상되는 개념과 그 뜻을 적고, 그것이 자신의 사전 지식과 어떻게 연결되는지 설명하도록 하는 생성 연습이다. 그리고 강의 중에 자신의 예상이 맞았는지를 확인하도록 한다.(뢰디거 외,《어떻게 공부할 것인가》)

생성 연습의 또 다른 사례로, 학생들에게 강의를 통해 해법을 가르치기 전에 먼저 그 강의를 들은 후에야 풀 수 있는 유형의 심화 문제를 제시하고 나름대로 풀어보도록 유도하는 방법도 있다. 이렇게 강의를 진행하면 예습을 해 오는 비율이 높아지고, 설령 예습을 하지 않았더라도 주어진 문제를 풀기 위해 애쓰는 경우에는 수업 집중도와 이해도가 높아진다.

최근에 사용하는 방법은 강의 첫 들머리에 '핑퐁PingPong'이라는 실시간 반응 앱을 활용해 퀴즈 시간을 갖는 것이다. 이 앱은 OX 문제, 선다형(5지선다까지 가능) 문제, 단답형, 그리고 그림으로 답하는 것까지 가능하고, 학생들이 자신의 스마트폰에 답을 올리는 순간 빔 프로젝터(혹은 전자칠판)를 통해 정답자와 오답자를 모두가 함께 볼 수도 있게 되어 있다. 이는 입증된 '시험 효과'를 활용하는 기법이다. "단순한 반복 학습보다 인출 연습이 훨씬 더 탄탄한 학습으로 이어

지며 이것이 바로 시험 효과다."(뢰디거 외,《어떻게 공부할 것인가》)

내가 가르치는 '학급경영' 강좌의 경우, 강의를 시작하면서 미리 읽어 온 자료를 바탕으로 주제와 관련해 자료를 읽기 전에는 몰랐던 원리와 기법을 열 가지 쓰도록 하고 있다. 이는 사전에 퀴즈 문제를 알려주는 방법이라 크게 효과가 없다고 생각할 수도 있지만, 일종의 '사전 인출 연습'을 시키는 것으로 효과가 크다. 인출 연습이란 학생이 자신의 기억 속에서 사실이나 개념, 사건을 떠올리는 것을 의미한다. 단순히 반복해서 교재를 여러 번 읽는 것보다 읽고 나서 스스로의 기억 속에서 끌어내는 연습을 하는 것이 학습에 훨씬 더 효과적이다. 인출 연습은 뇌에 저장된 것을 필요할 때 꺼내기 위해 밖으로 나오는 길을 만들어주는 것과 같다. 한두 번 인출 연습을 하고 말면 그 길이 묵어 사라지지만, 몇 번 더 반복하면 그 길이 확실하게 만들어져 필요할 때 쉽게 꺼낼 수 있다.

강의 시작 때 하는 사전 인출 연습과는 별도로 강의 끝날 무렵에 다시 퀴즈 시간을 갖는다면 학생들의 강의 집중력은 아주 높아진다. 이는 인출 연습을 한 번 더 하는 셈이므로 기억을 오래 유지시켜준다. 시험을 보는 것과 더불어 피드백을 주는 것도 기억을 유지시키는 데 보탬이 된다. 즉각적인 피드백보다 지연된 피드백이 장기적인 학습에 더 도움이 된다.

학생들이 새로운 개념을 이해할 때 힘든 점이 무엇인지 가장 잘 아는 사람은 교수가 아니라 다른 학생이라고 한다.(뢰디거 외,《어떻게 공부할 것인가》) 따라서 강의를 진행하면서 수강생 가운데 뛰어난 학생을 강의 진행 도우미로 활용할 필요가 있다. 사람은 남을 가르치면서 자신이 모르는 부분이 무엇인지 명확히 알아낼 수 있고 가르친 내용은 오래 기억하게 되므로, 궁극적으로는 도우미 역할을 하는 학생들에게도 보탬이 된다.

· 12 ·

스마로그
수업 경영

신인류 '스마트 피플Smart People'이 강의실을 채워가고 있다. 디지털 네이티브Digital Native 세대인 신인류는 다양한 기능으로 더 스마트하고 편리해진 최신 스마트폰을 언제 어디서든 능숙하고 손쉽게 활용한다. 콘텐츠에 접속해 조절하고 생산하며 저장과 공유가 가능한 스마트폰의 수용성은 교육을 크게 바꾸고 있다. 우리나라 학생 대부분이 스마트 기기를 가지고 활용하며 SNS에도 익숙하므로 스마트 기기를 활용한 수업 경영이 용이해졌다.

물론 스마트 교육이 아날로그 교육의 인간미와 교육의 본질을 훼손하고 인간을 더욱 기계적인 존재로 만들며, 그렇지 않아도 스마트 기기에 빠져 있는 아이들에게 학교에서까지 스마트 기기로 교육할 경우 스마트 기기 중독의 문제가 더욱 심해질 것이라는 우려를 표명하며 이를 반대하는 교사도 있다. 심지어 미국 실리콘밸리에서조차도 아예 컴퓨터나 인터넷을 활용하지 않는 초등학교(페닌슐라 발도르프 학교Waldorf School of the Peninsula)가 있다는 것을 예로 들기도 한다.

하지만 그들도 스마트 시대에 살고 있는 아이들에게 아날로그식 의사소통과 교육만을 강요하기는 어려운 실정임을 이미 알고 있다. 마크 프렌스키Marc Prensky에 따르면, 현 시대는 '디지털 이주민Digital Immigrant'인 교사나 부모 세대가 모바일 기기, 무선 기술과 새로운 디지털 미디어에 훨씬 더 나은 경험이나 전문 지식을 지닌 '디지털 네이티브' 학생이나 자녀들과 함께 호흡하고 있다. 스마트 시대의 아이들에게 아날로그식 교육의 강점을 내세워 그러한 방식의 교육만을 시도해야 한다고 주장하는 것은, 자칫 영어밖에 할 줄 모르는 교포 아이에게 한국말의 강점을 내세우며 한국말로만 교육을 시도하려는 것과 같은 결과를 초래할지도 모른다.

스마트 수업 경영은 다음과 같은 특성이 있다.

첫째, 시간과 공간의 제약을 극복한 실시간 의사소통 시스템을 바탕으로 한다. 따라서 가르침은 학교의 교육 시간 내에 강의실이나 학급(학교)이라는 공간에서 일어나는 활동에 국한되지 않고 시간과 공간을 초월하여 상시적으로 이루어진다. 둘째, 기존의 집단 지도가 주를 이루던 방법적 제약에서 벗어나 개별화된 지도에 더 초점을 맞춘다. 따라서 개별화되고 고급화된 학습자(학부모 포함)의 요구에 부응하기가 용이하다. 셋째, 협업 능력과 의사소통 능력을 바탕으로 창의성, 비판적 사고력 등의 역량을 고양시키는 데 초점을 맞춘다.

OECD에서 실시한 디지털 매체 읽기 검사 결과에 따르면, 우리나라 학생들의 인터넷 문제 해결 능력 점수는 OECD 평균인 499점보다 무려 69점이나 높은 568점으로, 전체 19개 참가국 가운데 1위였다.(OECD, "Education: Korea tops new OECD PISA survey of digital literacy") 우리 선생님들의 디지털 독해력 또한 다른 나라 교사들보다 월등히 앞설 것으로 짐작된다. 그리고 조금만 관심을 가지면 쉽게 배울 수 있는 다양한 프로그램과 배움의 기회가 제공되고 있다. 이들을 하나씩 배워가다 보면 어느새 자신도 수준 높은 스마트 피플로 변화되어 있을 것이다.

평균수명이 90세에 다가가고 있는 현실을 감안하면, 50대 교사들도 지금까지 살아온 만큼의 시간을 더 살아야 한다. 스마트 교육은 피할 수 있는 물결이 아니라 적극적으로 적응해가야 할 대세이다. 자신에게 남은 교직 생활뿐만 아니라 그 이후의 삶을 위해서라도 교사들은 스마트 피플로 진화해야 할 숙명인 것이다.

스마트 교육을 활용해서 교실에 혁명을 일으킬 수 있는 주체 또한 교사이다. 교사들은 이를 선도하는 그룹, 따라가는 그룹, 그리고 뒤처져서 걱정만 하는 그룹으로 나뉠 수 있다. 그러나 교육 개혁, 그중에서 학교와 학급 및 수업 개혁은 정부 주도로 시작되더라도 결국은 교사 주도가 될 수 있어야 한다. 그렇지 않으면 이처럼 거대한 시대적 변화를 반영하는 교육은 실패하기 마련이다. 스마트 교육을 스마트 교수나 스마트 학습이 아니라 스마트 학급 경영으로 확장하여 명시적으로 포함시키면, 그 효과에 대한 교사들의 확신이 커지면서 스마트 교육을 수동적으로 수용하는 차원에서 한 발 나아가 적극적이고 자발적으로 참여하는 쪽으로 바뀌게 될 것이다.

오늘날의 시대적 흐름에서 스마트 교육, 특히 스마트 수업 경영이 지향해야 할 바는 무엇일까? 스마트smart 교육과 아날로그analogue 교육의 융합 형태인 스마로그smarlogue 교육이 그 해답이다. 스마로그 교육은 교육 대상을 미성숙한 학습자로 보는 것이 아니라, 오늘을 살아가는 존중받는 한 '개인'으로 본다. 미래의 학생들은 개별화된 학습자 중심, 지식 중심, 학생의 수준에 따른 수업 설계를 통한 평가 중심, 바깥세상과의 연계성과 규범을 중시하는 공동체 중심의 교실 환경에서 학습하게 될 것이다.(천세영, 〈스마트 교육의 이해〉)

스마로그 수업 경영은 의사소통 시스템 혁신과 새로운 학급 문화형성을 지향한다. 의사소통 시스템 혁신이란 곧 기존 교실 환경에서 수업뿐 아니라 생활 전반에 걸쳐 상호 소통하는 것을 의미한다. 소통을 위한 조건이 충족되어야 성공할 수 있는데, 이는 바로 온라인과 오프라인을 통합하는 새로운 학급문화를 형성하는 것이다.

이러한 흐름에 맞추어 나도 대학 강의에서 '클래스팅' 어플을 기본으로 하면서 실시간 반응형 어플인 '핑퐁' 등을 다양하게 활용하고 있다. 이미 많은 교수들이 훨씬 더 다양한 방법으로 스마트 수업 경영을 하고 있으므로 큰 의미는 없겠지만 그래도 참고가 되기를 기대하며, 클래스팅을 활용하여 강의를 경영하는 사례를 간단히 소개한다.

클래스팅을
활용한 수업 경영

총장 임기를 마치고 강의에 복귀한 2013년부터 '클래스팅'을 활용해 강의를 진행하고 있다. 강의 시작 2~3주 전에 학과 대표 학생에게 연락하여 수강생 전체가 클래스팅에 개설된 내 학급에 등록하도록 안내한다. 학생들이 모두 등록하면, 공지 사항을 통해 강의 계획서뿐만 아니라 강의 전에 학생들이 준비해야 할 것들을 알린다. 그중 대표적인 것이 '사전 과제'로, 수업 내용으로 활용하기 위해 강의 첫날 제출하도록 부과한다. 이 과제가 없으면 첫날 아무런 준비도 없이 나타난 학생들에게 오리엔테이션을 하고 마치거나, 앞에서 언급한 특강을 해야 한다. 하지만 사전 과제를 부과하면 오리엔테이션을 마친 후 학생들이 미리 준비한 과제를 바탕으로 첫 만남을 의미 있게 만들 수 있다. 클래스팅에 공지 사항을 올리면 확인한 사람 명단과 인원수가 표시된다. 학생들과 교수의 실시간 비밀 대화도 가능하므로 강의 내내 유용하게 활용할 수 있다.

강의가 시작되면 강의 첫날 학생들과의 만남 사진부터 업로드하면서 자료를 축적해간다. 강의 중 사진과 종강 파티 때의 사진, 그동안 올려놓은 제반 공지 사항 등등 한 학기 강의의 모든 진행 상황과 학생들과의 대화 기록을 남길 수 있다.

·13·
상처를 주는
강의 평가 결과 활용법

강의 평가 결과가 나오면 상당수 교수들이 마음에 상처를 입는다. 학생들이 써놓은 서술형 평가 결과 때문이다. 이를 잘 소화시키면 강의력 향상에 도움이 되지만, 그렇지 못하면 소진 현상이 심해지면서 강단을 떠나고 싶은 마음이 커진다. 여기서는 서술형 평가 내용이 강의를 개선하는 데 보탬이 되게 하는 방법을 소개하고자 한다.

강의 평가 제도가 만들어지기 전에는 한 학기를 마칠 때 감사의 마음을 손편지에 담아 전하는 학생들이 꽤 많았다. 나도 그 시절 많은 학생들이 보내온 손편지를 잘 보관해두었다.

그러나 강의 평가 제도가 도입된 뒤로는 정반대의 현상이 생겼다. 가르침과 학생들에 대한 사랑으로 나름 최선을 다하면, 강의 평가 서술형 부분에 긍정적으로 고마움을 표하는 학생들의 글이 주를 이룬다. 그렇다고 해서 부정적인 반응을 올리는 학생들이 없는 것은 아니다. 어느 정도 내공이 쌓이더라도 부정적인 강의 평을 대하면 마음이 불편해진다. 하지만 강의를 개선하는 데 도움이 되는 것은 감사의 글이 아니라 문제점을 지적한 글이다.

내가 담당하는 2학점짜리 강의에 대한 학생들의 주된 불평은 과제가 너무 많다는 것이다. 그러나 훌륭한 학급 경영자가 되려면 꼭 필요하다고 생각하여, 불평에도 불구하고 과제를 줄이지는 않고 있다. 내가 생각해도 너무 많은 듯싶고 학생들의 불만도 커서 조금 줄여볼까 하다가도, 많은 과제를 해결하고 한 학기를 성공적으로 마친 학생들이 표하는 감사의 말이 귓가를 맴돌아 늘 망설이게 된다.

때로는 동일한 활동에 대해 상반된 반응이 올라오기도 한다. 강의 시작 부분에서 학생들이 읽었으면 하는 책을 골라 소개하곤 했는데, 크게 도움이 되었다는 반응과 그 시간을 줄여 강의에 더 충실해달라는 반응이 있었다. 그 이후로는 흥미를 불러일으킬 정도로만 짧게 책을 소개하고 있다.

그 외에도 학생들의 평가 내용을 통해 많은 것을 배울 수 있었다. 한번은 우리 대학 교수를 대상으로 교수법 강의를 하면서, 요즈음 학생들도 과거 학생들과 크게 다르지 않다며 학생들이 만들어 종강 날 내게 주었던 영상을 보여준 적이 있다. 그랬더니 다른 교수님들이 그 정도의 보답은 당연히 받아야 하는 것처럼 기대를 하게 되어 힘들다는 글도 올라왔다. 그 평가 내용을 읽고 나서야, 내 의도와 달리 학생에 대한 교수들의 기대만 높인 셈이 되고 말았다는 것을 알게 되었다.

총장 시절 강의 평가가 너무 나빠 재계약을 하기 어려운 교수가 한 명 있었다. 불러서 서술형 강의 평가 내용을 읽고 반영해왔느냐고 물었더니, 아니라고 했다. 그 내용을 출력하여 읽고 강의를 열심히 한 후 승진 심사를 다시 하자며 미루었다. 다행히 다음 학기 강의 평가 결과가 하한선을 넘어 승진을 시킬 수 있었다. 학생들의 비판적인 글을 읽고 화만 내고 말면 미래 학생들과의 관계까지 나빠지게 된다. 돌이켜보면 학생들의 서술형 평가 내용은 어떤 수업 컨설팅보다도 도움이 되었다. 학생들의 평가 내용을 토대로 필요한 보완 장치를 마련하고 필요한 공부를 더하며 자신을 변화시킬 때, 자기 자신과 학생 모두가 만족하는 강의를 할 수 있을 것이다.

간혹 인격적인 모욕감을 안기거나 비방으로 가득 찬 강의 평가 글을 만나는 경우도 있다. 어떤 이유이든 힘들고 화가 난 상태에서도 한 학기 강의를 참고 들어야 하는 고통을 겪었을 그 학생의 마음을 이해하려고 노력할 필요도 있다. 또한 가지각색의 세상 사람들과 마찬가지로 학생들도 저마다의 특성이 있음을 기억하며 흘려보낼 줄도 알아야 한다. 학생들이 격한 감정만 쏟아내는 식의 강의 평가를 하지 않도록 하려면 강의 평가 방법을 조금 교육시킬 필요도 있다. 단순한 화풀이가 아니라 후배들을 위해 더 나은 강의가 되기를 바란다면 어떻게 생각을 펼쳐야 좋은지를 가르치는 것도 학생들이 세상을 살아가는 데 보탬이 될 것이다. 그리고 강의 시작 후 한 달과 두 달 시점에 각각 무기명으로 강의 소감, 진행상의 문제점, 개선 의견 등을 조사할 필요가 있다. 이를 분석하여 그 이후 강의를 개선하는 데 활용한다면 학기 말 학생들의 분노 어린 강의 평가가 크게 줄어들 것이다.

강의는 어떤 기술이 아니라 학생들과 함께 만들어가는 예술이다. 어느 학기에는 학생들과 호흡이 잘 맞아 아주 흡족한 강의가 되었다가도, 다른 학기에는 스스로 돌이켜보아도 불만족스러운 강의가 되기도 한다. 이는 비바람이 몰아치는 날도 있고 밝은 태양이 내리쬐는 날도 있는 것과 비슷하다. 학생들이 한 강의 평가 결과에 너무 무관심한 것이 문제이듯이 너무 민감하게 반응하는 것도 바람직하지 않다. 스스로 돌이켜 강의에, 그리고 학생들과의 만남 및 소통에 최선을 다했다면 그러한 자신에게 박수를 보내며 다음 학기의 제자를 위해 어제처럼 다시 그 길을 묵묵히 걸어가자.

PART 4

가르침의 기술(art)을
향하여

교사가 공부의 기쁨, 즉 학습열을 유지할 때 학생들도 교사를 통해 행복한 배움의 세계로 나아갈 수 있다.
자신은 공부하기를 좋아하지 않으면서 남에게 강요하고 자신의 생계 수단으로 삼는다면 죄를 짓는 것이다.
어쩌면 가장 아름다운 선생님의 모습은 '영원한 학생'인지도 모른다.

·01·

아들러의 '삶의 틀'과
원동연의 '수용성 틀'

2015년 우리나라 심리학계에 아들러 바람이 불었다. 아들러의 심리학이 가르침에 주는 시사점을 찾다 보니, '5차원 전면학습법'을 개발해 20여 년에 걸쳐 발전시키고 '수용성교육'으로 정착시켜온 원동연(공학 박사)의 주장과 유사한 점이 많음을 알 수 있었다. 아들러와 원동연의 교육론에 내재한 가르침의 본질을 헤아려보고자 한다.

아들러의 '삶의 틀'

아들러는 삶의 틀^{life style}을 세 가지 개념으로 정리한다. 첫째는 자기개념(내가 어떤 방식으로 존재하는지 의미 부여를 하는 것), 둘째는 세계상(세상이 나에게 어떤 곳인지 의미 부여를 하는 것), 셋째는 자기 이상(내가 마땅히 그래야 하는 어떤 모습)이다. 아들러의《알프레드 아들러, 교육을 말하다》에서, 역자는 아들러가 부모와 교사에게 던지는 메시지를 다음과 같이 정리하고 있다.

아들러가 아이들을 위한 교육과 관련해 부모와 교사에게 던지는 메시지는 아주 간단하다. 아이에게 용기를 불어넣어주고 사회적 감정을 키우도록 이끌면 문제가 저절로 해결된다는 것이다. 자신만 아니라 남도 의식하며 동시에 어떤 문제든 똑바로 직시할 용기를 갖고 있는 아이는 건전하게 성장하지 않을 수 없다는 견해다. 아들러는 "행동이 바르지 않거나 정상에서 벗어난 아이들은 틀림없이 낙담한 아이"라는 점을 강조한다. 아이들이 낙담하지 않도록 이끄는 최고의 방법은 아이들이 스스로 소중하고, 의미 있고, 능력 있는 존재라고 느낄 수 있도록 도와주는 것이다.

아들러는 삶의 틀이 어려서 결정된다고 한다. 그만큼 어린 시기가 중요하다는 뜻이지만, 청소년기에 그 틀을 전혀 바꿀 수 없다는 의미는 아닐 것이다. 학생 교육과 삶의 틀의 관계는 곡식 기르기와 논밭 지력地力의 관계와 같다. 곡식을 심어 잘 자라도록 하려면 먼저 논밭의 지력을 튼실하게 해주어야 한다. 아무리 좋은 씨앗을 골라 심고 최고의 농법으로 기른다고 하더라도 척박한 땅에서는 풍성하게 수확할 수 없다. 그래서 농부들은 씨앗을 심기 전에 논밭에 퇴비를 주거나 쟁기질을 하는 등의 노력을 먼저 기울인다. 학생 교육도 마찬가지다. 좋은 교육 내용을 선택하고 다양한 교수법을 동원해 학생들을 가르치려고 해도, 삶의 틀이 깨져 있는 학생들은 그 가르침을 제대로 받아들이지 못한다.

우리나라가 선택하고 있는 초등학교 학급담임제는 아들러 교육학의 관점에서도 바람직한 제도이다. 한 선생님이 아침부터 저녁까지, 한 학년 첫날부터 마지막 날까지 학생들과 함께 생활하기 때문에 삶의 틀이 취약한 학생들을 파악하기가 쉽다. 그리고 1년 내내 같이 생활해야 하므로 이를 바로잡는 데 시간과 노력을 투자할 필요성과 의지도 커진다. 이는 1년 동안 한 경작지를 혼자서 가꾸는 농부의 마음 자세와 비슷할 것이다.

하지만 대학 교수나 중등학교 교과 교사는 학생들을 수업 시간에만 만날 뿐이어서 삶의 틀이 깨진 학생이 누구인지 파악하기가 쉽지 않다. 설령 눈에 보인다고 하더라도 초등학교 담임과 달리 하루 종일 함께 생활하는 것이 아니므로 크게 문제가 되지 않는 한 방치하고 싶은 생각이 커질 수 있다. 그런데 삶의 틀이 깨진 학생들의 경우, 누군가가 그 학생에게 애착을 갖고 바로잡아주기 전에는 교육이 이루어지기 어렵다.

기노시타 하루히로는 "냉철한 '상태'에서는 아무리 멋진 '방식'을 실시해도 결국 그 '방식'은 멋지지 않은 결과를 낳는다."《강요하는 초보 감동시키는 프로》)라고 말한다. 여기서 말하는 '냉철한 상태'란 학생 개인의 삶의 틀에 대해, 그리고 학생의 성장과 미래에 대해 무심한 채 자신에게 맡겨진 과목만 일방적으로 전달하면 된다는 생각을 의미한다. 이때에는 어떤 교수법을 동원하더라도 별로 효과를 낼 수 없다. 가르침이 성공하려면 수업 중에 혹시 문제가 있어 보이는 학생은 없는지를 살피고, 그 학생과의 만남을 통해 삶의 틀을 바로잡아주는 노력을 병행해야 한다. 단순히 교수법을 변화시키는 것만으로는 그러한 학생을 배움의 길로 이끌 수 없다.

원동연의 '수용성 틀'

원동연이 창안한 '5차원 전면교육학습법'은 아들러의 심리학과 맥을 같이한다. 아들러가 삶의 틀을 강조하듯, 원동연 박사는 다섯 가지 수용성 요소(틀)를 강조한다. 그가 밝힌 인간의 능력을 구성하는 다섯 가지 수용성 요소는 지력, 심력, 체력, 자기 관리 능력, 인간관계 능력이다. 인간의 능력을 극대화하려면 이 다섯 가지의 본질적 요소들을 골고루 길러줘야 한다는 것이다. 그는 이 다섯 가지 요소를 '수용성 틀'이라는 개념으로 발전시켰다.(KAIST 미래전략대학원,《대한민국 국가미래전략 2016》)

수용성 틀이란 학습과 성장을 위해 갖춰야 할 기본적인 틀을 의미한다. 혀의 미각 수용체가 망가지면 맛을 느낄 수 없는 것처럼, 수용

'최소량의 법칙'

| 유스투스 리비히의 '최소량의 법칙' |

성 요소가 망가지면 학습과 성장이 어려워진다. 그는 리비히의 최소량의 법칙('필수 영양소 중 성장을 좌우하는 것은 넘치는 요소가 아니라 가장 부족한 요소'라고 주장하는 법칙으로, 독일 식물학자 유스투스 리비히 Justus Liebig가 1840년에 주창했다.)에 근거하여 다섯 가지 수용성 요소 중에서 가장 부족한 것이 학생의 학습 성과를 결정한다고 주장한다. 각각의 요소를 간단히 살펴보면 다음과 같다.

첫째, 지성의 틀(지력)이란 전달되는 지식을 재해석하는 가치관과 세계관을 의미한다. 지성의 틀이 왜곡되어 있으면 전달되는 지식에 바르게 반응할 수 없으며, 창조적 지성을 발휘할 수도 없다. 원동연은 우리 교육의 현실을 제대로 이해하기 위해 학교를 자주 찾았다. 그 과정에서 그는 같은 선생님에게 같은 강의를 듣지만 시험에 나오는 중요한 내용을 알아차려 더 잘 기억하는 학생이 있는가 하면, 중요하지 않은 내용이나 선생님의 농담은 잘 기억하면서도 정작 중요한 내용은 잘 기억하지 못하는 학생이 있다는 것을 알게 되었다. 이러한 차이는 그들이 가진 지성의 틀 때문에 발생한다.

학습이란 '외부에서 들어오는 정보를 처리하여 자신의 지식 체계에 연결하여 기억하고 구조화시키는 것'이다. 매순간 우리의 오감이 받아들이는 정보는 1100만 개에 달한다. 그 정보 중에서 교수학습 과정과 가장 관계가 깊은 것은 시각과 청각을 통한 기호 언어 syntactic language 정보이다. 학습자는 입력되는 기호 언어 정보를 자신의 방식으로 재해석하는데, 재해석한 내용은 의미 언어 semantic language로 재구성되어 대뇌에 기억된다. 기호 언어를 의미 언어로 재해석하는 과정은 사물 인식 방식, 즉 개인의 '인식의 틀'에 따라 달라진다. 동일한 내용이라도 사람마다 다르게 이해하고 기억하는 이유가 여기에 있다.(KAIST 미래전략대학원 이광형 원장 제공, 〈인식의 틀과 인성교육〉, 미출간 자료)

인식의 틀은 재해석 방식뿐만 아니라 인식 초점에도 영향을 미친다. 가령 여자와 남자는 인식 틀이 다르므로 같은 드라마를 봐도 기억하는 내용에서 차이를 보인다. 남자는 주로 줄거리를 인식하는 반면, 여자는 의도하지 않아도 등장인물의 옷과 장신구, 배경이 된 공간의 각종 가구와 심지어 그릇의 색깔, 모양, 종류까지 자연스럽게 기억하기도 한다. 수업 시간에 같은 내용을 배웠는데 기억하는 내용이 다른 것은 인식 틀의 차이가 인식 초점, 즉 관심의 차이로 이어지기 때문이다.

지성의 틀은 나머지 다른 틀과도 서로 연결되므로, 다른 틀과의 동시적 회복을 시도해야 한다. 원동연은 일반 교수법 주창자나 심리학자와 달리, 수용성 틀 회복을 위한 프로그램과 교재를 직접 만들어 오랜 기간 실험을 거쳐 발전시켜오고 있다. 그가 주창하는 수용성 교육은 단순한 교수법이 아니라 학생의 수용성 틀을 바꾸는 데 초점을 두고 있다는 점에서 아들러의 주장과 궤를 같이한다.

지성의 틀을 회복시키기 위한 하나의 방법은 삶의 목표를 갖게 하는 것이다. 아들러는 "목표는 절대적인 힘을 지닌다. 목표는 사람의 삶의 라이프스타일을 결정하고 행동의 모든 측면에 반영된다."고 주장한다. "교사가 해야 할 가장 중요한 역할이면서도 수행하기 어려운 것이 아이들에게 삶의 목표를 갖게 하는 것이다. 이를 위해 교사가 할 수 있는 가장 훌륭한 가르침 중의 하나는 학생들이 인생의 목적을 찾아가는 길을 발견하도록 돕는 것이다." 교과를 가르치는 지식 전달자가 아니라 학생이 꿈을 찾아가도록 돕는 스승이라는 생각을 잊지 않고 실천하는 것, 그것이 바로 인간 교사가 해야 할 핵심 역할임을 다시 한 번 확인할 수 있다.(《알프레드 아들러, 교육을 말하다》)

둘째, 심적 틀(심력)이란 어떤 일에 부딪혔을 때 이에 대응하는 마음의 힘이다. 만일 마음으로 포기하고 부정적으로 보기 시작하면 받아들이기가 어려워진다. 교사가 해야 할 역할은 긍정적인 심근을 갖도록 유도하고 강화시켜주는 것이다. 아들러는 "아이가 야망을 품도록 훈련시키는 것보다는 용기를 갖고, 인내심을 발휘하고, 자신감을 갖도록 훈련시키는 것이 훨씬 더 중요하다. 또 아이가 실패 앞에서 낙담하지 말고 실패를 하나의 새로운 문제로 여기며 해결해 나가도록 자극하는 것도 중요하다."(《알프레드 아들러, 교육을 말하다》)고 강조한다. 교사는 가르침을 통해 지식만 전달하는 것이 아니라 가르치고 배우는 과정을 통해 심적 틀을 강화시켜주어야 한다. 한 과목의 성공을 바탕으로 다른 과목을 향상시킬 수 있도록 용기를 불어넣는 것이 중요하다고 아들러는 주장한다.

셋째, 몸의 틀(체력)이란 자신의 몸을 제어하고 통제하는 능력을 의미한다. 원동연에 따르면, 뒤틀린 몸이 뇌파에 영향을 미치는 동시에 지적 능력에도 악영향을 준다. 건강하지 못한 사람, 체력이 부족한 사람은 교육 내용을 제대로 받아들이기 어렵다. 바른 인성이 학생을 이끌어가도록 스스로의 몸을 제어하고 통제할 수 있게 훈련시켜야 한다.

우리나라 중고등학교 수업 중에 자는 학생이 많다는 것은 다른 나라에도 알려져 있다.(아만다 리플리,《무엇이 이 나라 학생들을 똑똑하게 만드는가》) 학교를 방문한 원동연도 이 모습을 보면서, 우리 학생들이 학습 시간 과다로 잠이 부족하고 너무나 피곤해서 그러한 것 같다고 생각했다. 그래서 쉴 수 있는 여유를 주는 것이 해결책이겠다는 생각을 하는 순간, 신기한 일이 눈앞에 전개되었다. 끝 종이 울리자, 자고 있던 학생들 중 상당수는 모두 깨어나 친구들과 이야기하며 신 나게 떠들었다. 그런데 시작종이 울리고 수업이 시작되자 그들은 다시 잠을 잤다. 그중에는 심지어 선생님이 재미있는 이야기를 할 때에는 잠시 깨어 웃다가 공부를 시작하면 다시 자는 학생들도 있었다.

그는 이러한 학생들을 대상으로 뇌파 검사를 한 결과 특이한 점을 발견했다. 뇌파 검사를 바탕으로 내린 결론은 수업 중에 늘 자는 학생, 즉 몸의 틀에 문제가 생긴 학생은 지성의 틀에도 문제가 생긴다는 것이었다. 그러므로 그들이 수업에 참여하도록 유도하려면 몸의 틀뿐만 아니라 지성의 틀을 회복하는 데에도 관심을 가져야 한다. 단순히 수업 방법을 개선함으로써 그들이 수업에 흥미를 갖도록 유도하기 어려운 이유가 여기에 있다.

넷째, 자기 관리 능력이란 원하는 목표를 향해 자신을 통제하여 실행에 옮기는 능력이고, 개인이 가진 시간과 물질 및 적성 등의 에너지를 융합해서 바르게 분포시킬 수 있는 융합적 역량을 의미한다. 아무리 많은 계획을 세우고 목표를 정해도 자기 관리 능력이 결여되면 교육 수용성이 떨어질 수밖에 없다.

다섯째, 인간관계 회복 능력(인간관계 능력)이란 살면서 어쩔 수 없이 생기는 갈등이나 불신 또는 미움을 해결하는 능력을 의미한다. 사람은 자기가 신뢰하고 사랑하는 사람의 말은 쉽게 받아들이지만, 신뢰하지 않는 사람의 말은 잘 받아들이지 않는다. 그런데 학생들은 사랑하는 사람만이 아니라 싫어하는 사람에게서도 가르침을 받아야 한다. 인간관계 회복 능력을 갖추지 않으면 불안정한 청소년기에 제대로 교육을 받기 어렵다.

원동연은 대안학교 등에서 교육을 받는 학생들 가운데 문제가 많은 아이들과의 만남을 통해, 이들이 좋은 말을 듣지 못해서 망가진 것이 아니라 하필이면 좋은 말을 자신들이 가장 미워하는 부모나 선생님에게 들어서 망가진 것을 알게 되었다. 자기가 미워하는 사람들에게 대처하는 방법은 그들의 요구를 무시하거나 오히려 정반대로 하는 것이다. 문제 학생들은 갈등과 미움을 해결하는 능력이 부족했던 것이다. 원동연은 이들의 인간관계 능력이 회복되도록 하는 수용성 틀 회복 기법을 개발하여 적용하고 있다. 원동연의 '인간관계 능력'은 아들러의 '사회적 감정(공동체적 감정)'과 맥을 같이한다. 사회적 감정은 성격이 정상적으로 발달하는 데 중요한 요소이다. 개인 심리학은 이 사회적 감정이라는 원칙을 바탕으로 아이들을 교육시키는 기술을 개발해왔다.《알프레드 아들러, 교육을 말하다》)

학급담임(지도교수)이건 교과목만을 가르치는 교사(교수)이건 학생들을 가르칠 때 잊지 말아야 할 것은, 가르침의 과정에서 교과 내용뿐만 아니라 학생들이 다섯 가지 수용성의 틀도 함께 갖추도록 배려해야 한다는 점이다. 어떤 교수법을 택해 수업을 하든, 교수법과 이 글에서 소개한 삶의 틀 및 수용성 틀은 서로 보완적 관계라는 점도 기억해야 한다.

·02·

밈 전파
행위로서의 교육

교사를 가르치는 교사로서 나는 늘 다음과 같은 고민을 해왔다. 가르친다는 것은 과연 무엇인가, 나의 가르침이 예비 교사가 교사의 직무를 수행하는 데 얼마나 도움이 될 것인가, 예비 교사들은 가르치는 내용보다 가르치는 방법과 모습을 보며 더 많이 배운다고 하는데 과연 나는 그러한 전범典範이 되고 있는가. 이 글에서는 가르침의 본질을 밈meme(문화 유전자)의 전파 행위로 보는 관점을 소개하고자 한다.

가르침의 본질:
밈의 전파

교수 휴게실에서는 다양한 모습의 사람들을 만날 수 있다. 강의에 지쳐 눈을 감고 쉬거나, "교수가 강의만 없으면 참 좋은 직업인데…."라는 식의 농담에 웃음을 터뜨리며 스트레스를 풀거나, 사회적 이슈와 관심사에 대해 담소를 나누기도 한다.

그런데 지쳐 있는 사람들과 달리 상기된 모습으로 얼굴에 기쁨을 가득 담고 있는 이들도 간혹 보인다. 그들은 육체적으로 지쳐 있는지 모르지만 눈빛은 사랑에 빠진 사람처럼 반짝인다.

대학교 1학년 때 고 김종서 교수님에게 교육학개론 강의를 들었던 기억이 지금도 생생하다. 노교수님은 감기 몸살로 몸을 움직이기조차 어렵다가도 분필만 잡으면 팔팔하게 되살아난다고 하시고는, 환한 미소를 지으며 열강을 하셨다. 어느 날은 처음 발령받았을 때 가르쳤던 사범학교 학생이 보내온 것이라며 주머니에서 빛바랜 편지를 꺼내 읽어주시기도 하고, 비 오는 날 갑자기 칠판에 시를 한 편 적어놓고 낭송해주시기도 했다. 이분처럼 강의를 마치고도 희열에 차서 나오는 사람들의 비법은 무엇일까? 나는 그들이 강의를 '일'로 하는 것이 아니라 강의를 수단으로 삼아서 다른 무엇을 하는 사람들이라는 결론에 이르렀다. 다른 그 무엇은 바로 '밈 전파 활동'이다.

한류 열풍 소식, 세계인이 우리의 전통 음식인 김치나 비빔밥 등을 좋아한다는 소식 등은 왜 우리를 기쁘게 할까? 경제적으로 우리 사회에 도움이 되겠다는 생각 때문이기도 하겠지만, 더 깊이 들어가 보면 우리로 하여금 자부심을 느끼게 하기 때문이다. 다른 나라 사람들이 우리의 것을 받아들이며 좋아한다고 했을 때 느끼는 기쁨은 내가 옳다고 생각하는 것, 내가 좋아하는 것을 주위의 다른 사람들이 받아들이며 공감하고 실천으로 옮길 때 느끼는 기쁨과 본질적으로 같다. 이것이 바로 나/우리의 문화 유전자인 밈을 성공적으로 전파시켰을 때 느끼는 기쁨이다. (K팝 열풍은 K드라마 열풍과는 조금 다른 느낌으로 다가왔다. K팝 열풍이 불기 시작하던 초창기의 어느 신문 칼럼 내용처럼, K팝은 우리 문화가 아니라 서양 음악을 조금 변형한 것에 불과하므로 우리 문화가 세계에 전파된다고 볼 수는 없다는 비판적인 느낌을 갖고 있었다. 그러나 시간이 흐르면서 나도 서서히 K팝을 좋아하게 되면서, 이제는 K팝 역시 다른 한류 열풍과 유사하게 자부심과 기쁨으로 다가온다. 이는 시간이 흐르면서 내가 K팝을 우리 문화의 일부로 받아들인 데 따른 것으로 보인다.) 밈을 성공적으로 전파했다고 확신할 때 느끼는 기쁨은 생물학적 유전자^{gene}를 성공적으로 전파했을 때 느끼는 기쁨과 유사하다.

밈 이론에 따르면, 우리는 생물학적 유전자뿐 아니라 문화 유전자도 전파하려는 강한 욕구가 있다. 수전 블랙모어$^{Susan\ Blackmore}$는 《문화를 창조하는 새로운 복제자 밈》이라는 책에서, '사회생물학 최대 미스터리의 하나인 이타성'을 이해하는 방법으로 밈 전파를 들고 있다. 이타성이 미스터리인 이유는, 생명체는 생존과 번식을 최고의 목표로 하는데 남을 위해 자신의 시간과 노력 및 자원을 소비하는 이타적 행위가 그 목표와 상치되는 것으로 보이기 때문이다. 이러한 이타성에 대한 기존의 해석으로는 겉보기에 이타적인 행동이 실제로는 유전자의 이득을 꾀한다는 관점, 인간에게는 특유의 도덕성과 영적인 능력이 있다는 관점 등이 있다. 여기에 블랙모어는 이타적인 사람이 인기 있고, 따라서 모방되고, 결국 그의 밈이 다른 사람의 것보다 더 널리 퍼진다는 밈학적 관점을 추가하고 있다.

밈학적 관점에서 인간은 자신의 밈 전파를 위해 그러한 희생도 감수하는 것이다. 이는 자신의 유전자를 전파하기 위해 남녀 간의 사랑이라는 이름으로 모든 것을 기꺼이 희생하는 모습과도 흡사하다. 곤충 세계에서는 심지어 유전자 전파를 위해 사마귀나 거미처럼 목숨까지 내놓는 경우도 있다. 생명체가 유전자를 전파하기 위해 이렇게 큰 희생을 감수하는 이유는 유전자를 전파하는 행위를 할 때, 그리고 유전자가 성공적으로 전파되었음을 확인할 때 오는 기쁨이 세상 그 어느 기쁨과도 견줄 수 없이 크도록 만들어졌기 때문이다. 밈 전파에서 느끼는 기쁨의 수준도 이와 유사하다. 그래서 사람들은 자신의 밈을 전파하기 위해 시간과 노력, 그리고 돈까지 기꺼이 내놓는 것이다.

그런데 자신의 밈을 전파하기 위해 많은 비용을 지불하는 대신 보상까지 받는 직업이 있다. 다름 아닌 교직이다. 가르치고 배우는 것은 본질적으로 밈을 주고받는 것이다. 가르치는 사람이 희열을 느끼는 이유는 밈이 성공적으로 전파되고 있다고 느끼기 때문이기도 하다. 그때 느끼는 희열은 세상의 다른 어떤 기쁨과도 비교할 수 없을 정도이더라는 어떤 선생님의 말씀을 굳이 빌리지 않더라도, 우리가 가르침의 과정에서 종종 경험했던 희열의 정도를 돌이켜보면 그 크기를 가늠해볼 수 있다. 내 밈을 설령 무료로 전파하고자 하더라도 하나 문제가 되는 것은 바로 전파를 받으려는 사람을 찾기가 어렵다는 점이다. 교사에게는 밈 전파 대상인 학생까지도 국가가 제공해준다. 이는 실로 엄청난 특혜이다.

스승을 정의해놓은 가장 오래된 글 가운데 하나는 한유韓愈의 〈사설師說〉이다. 이 글에서 스승은 '傳道授業解惑 전도수업해혹', 다시 말해 '도를 전하고, 도를 익히는 데 필요한 공부를 시키며, 의혹을 풀어주는 사람'이라고 정리되어 있다. 스승이 하는 핵심 활동의 하나가 바로 도의 전파, 즉 밈의 전파이다. 그리고 공부를 시키는 것도 그 밈을 전파하기 위한 하나의 방편이다. 이처럼 스승에 대한 최초의 기록에도, 스승이란 어느 특정 분야의 지식이나 기능만을 가르치는 사람이 아니라 한 사람이 살아가는 데 필요한 삶의 자세와 함께 필요한 제반 능력을 길러주고 이를 몸으로 실천하는 사람이라고 정의되어 있다. 이는 우리 마음속에 살아 있는 스승의 모습과 크게 다르지 않다. 이 정의는 요새 유행하는 '멘토'라는 의미를 포함하고 있으며, 멘토보다 더 넓고 깊은 뜻을 가진 우리말이 바로 '스승'임을 알려준다.(박남기, 〈스승의 부활을 꿈꾸며〉)

따라서 가르치는 사람이 가르침과 관련하여 가장 먼저 깨달아야 할 것은 가르침의 본질이 특정 지식(교과 내용)의 전수가 아니라 도의 전파, 즉 자신이 믿고 있는 바른 믿음의 전파 활동이라는 점이다. 이를 깨닫고 가르침의 본질에 맞게 가르치는 활동을 할 때에 가르침은 고통스러운 노동이 아니라 커다란 즐거움이 될 것이다. (62세나 65세에 강요에 의해 교단을 떠난 사람들이 고통스러워하는 것은 자신의 문화 유전자를 전파할 수 있는 기회를 박탈당했기 때문이다. 신체적·정신적으로 문화 유전자 전파 역량이 충분하고 자신의 믿음을 전파하고자 하는 의욕도 강한 사람이 갑작스럽게 기회를 잃으면, 아무리 마음의 준비를 해왔더라도 박탈감과 상실감을 경험하게 될 것이다. 이러한 박탈감을 줄이려면 정년 후 자신의 믿음을 전파할 수 있는 기회를 스스로 만들거나, 아니면 사람들이 지속적으로 자신의 믿음을 전달받고 싶어 할 정도로 자신의 역량을 높여야 한다.)

우리는 존경하거나 좋아하는 사람이 생기면 그의 신념 체계나 사고방식뿐만 아니라 그의 말투와 걸음걸이까지도 무의식적으로 흉내내게 된다. 이는 믿음이 전파된 자연스러운 결과이다. 제자들이 나의 무엇인가를 흉내 낸다면, 그 부분에서는 나의 밈이 성공적으로 전파된 것이다. 그러나 일부러 내가 하지 말라는 것만 골라서 하고 있다면 밈 전파는 실패한 것이다. 그렇다면 어떻게 해야 학교 현장에서 밈을 성공적으로 전파할 수 있을까?

밈 전파 성공을 위한
필요충분조건

가르치는 활동이 밈 전파 활동이 되도록 하려면, 그리고 밈을 성공적으로 전파하려면 가르치는 사람이 자신의 밈을 전파하려는 욕구가 강해야 한다. 그러한 욕구를 느끼려면 당연히 전하고 싶은 밈이 많아야 한다. 입에 먹이를 가득 물고 돌아오는 어미 새처럼, 학생들에게 전하고 싶은 자신의 밈이 가득할 때 우리는 설레는 마음으로 학생들을 만나게 될 것이다. 학생들에게 해주고 싶은 말이나 가르쳐주고 싶은 것이 많고, 궁극적으로 학생들을 통해 만들고 싶은 세상이 어느 정도 또렷할 때 우리는 교과 내용을 매개로 한 학생과의 만남에서 밈 전파 활동을 할 수 있다. 그러기 위해서는 끝없이 자신을 새롭게 해야 한다. 그래서 가장 아름다운 스승의 모습은 '영원한 학생'이라는 말이 성립한다.(박남기, 〈초등학급경영의 개념과 범위 그리고 영역 분석: 단행본, 승진규정, 학급교육과정 운영부를 중심으로〉)

5차원 학습법을 주창한 원동연에 따르면, 이른바 문제 아이는 좋은 소리나 좋은 밈을 접하지 못했기 때문이 아니라 좋은 밈을 너무 많이 접했기 때문에 망가졌다. 하필 그 좋은 소리를 자기가 가장 싫어하는 부모나 교사에게 듣다 보니, 그들에게 보복하는 심정으로 일부러 하지 말라는 것만 골라 하다가 문제 아이가 되었다는 것이다. 일반화하기는 어렵지만 일리 있는 주장이다. 부모와 교사가 아무리 열의를 갖고 좋은 밈을 전파하고자 해도 아이가 받아들이지 않는 한 밈 전파는 실패할 수밖에 없다. 실패하는 정도가 아니라, 오히려 원동연의 주장처럼 아이를 망가뜨릴 수도 있다.

자신의 밈을 상대에게 성공적으로 전파하려면 상대가 받아들이도록 하는 데 필요한 능력과 권위, 그리고 기법을 갖춰야 한다. 학교의 학급이라는 조직에서 학생들을 가르칠 때에는 조직의 리더에게 필요한 카리스마적 권위, 전문적 권위, 합법적 권위, 그리고 전통적 권위가 있어야 한다. 잘 알다시피 카리스마적 권위는 생김새, 목소리, 눈빛, 행동 등 개인의 외모와 분위기에서 풍겨 나온다. 이는 타고난 부분이 더 크기 때문에 노력으로 획득하는 데 한계가 있다.

매력은 개인의 특성에 의해 발휘된다는 점에서 일종의 카리스마적 권위라고 할 수 있지만, 위압적이고 수직적인 측면보다는 친근하면서도 수평적인 차원에서 밈 전파를 가능하게 한다는 점에서 차이를 보인다. 매력은 밈 전파의 성공을 위한 필요조건의 하나이다. 사람들은 외적인 것을 넘어서는 내적 매력을 갖춘 사람으로 인정받기 위해, 그리고 상대가 자신에게 매력을 느끼도록 하기 위해 많은 노력을 기울인다. 가르치는 사람도 유사한 노력을 기울여야 한다.

학급이라는 조직은 카리스마적 권위가 결여되었다 해도 다른 권위로 이끌 수 있으므로 크게 문제가 되지 않는다. 특히 우리나라는 선생님을 존경하는 전통이 있기 때문에 카리스마적 권위가 없더라도 다른 나라 선생님들에 비해 학생들에게 밈을 전파하는 것이 용이하다. 과거보다 선생님을 존경하는 전통이 많이 약해지긴 했지만 아직도 다른 나라에 비해서는 아주 높은 편이다.(박남기, 〈'세계 교사 위상 지수' 연구 결과 재해석〉)

전문적 권위는 가르치는 과목에 대한 지식의 정도, 교수법, 학급경영 능력 등 교직을 수행하는 데 필요한 전문적인 지식과 역량을 갖출 때 생기는 권위이다. 학생들은 두세 번만 만나고도 교사의 전문성을 판단하여 전문적 권위를 인정할지 여부를 결정하게 된다. 학생들이 일부러 어려운 질문을 던지거나 난해한 상황을 만들어 교사를 시험하는 이유는 전문성 수준을 판단하기 위한 행동으로 이해할 수 있다. 그 시험에 통과하면 학생들이 교사의 전문성을 인정하지만, 그렇지 못하면 얕잡아보아 가르침을 잘 받아들이지 않게 된다.

전문적 권위는 교과 지식뿐 아니라 교수법 자체에서도 우러나온다. 교과 내용, 학생의 특성, 교실 상황 등에 적합한 교수법을 활용할 수 있는 선생님이 되는 것은 밈을 전파하기 위한 필요조건의 하나이다. 또 하나 필요한 것은 학급이라는 조직을 이끌어갈 수 있는 학급경영 능력이다. 서로 다른 특성의 여러 학생들로 구성된 집합체가 하나의 학습 공동체, 생활 공동체가 되도록 이끌 수 있는 능력을 갖출 때 학생들은 교사의 전문적 권위를 받아들일 것이다.

합법적 권위는 규정(또는 불문법으로서의 조직 문화)을 통해 부여된 권위를 의미한다. 합법적 권위는 관련 법령이나 학칙 등으로 교사에게 부여되는데, 교사가 가진 교육권과 상벌권이 합법적 권위의 요체이다. 최근에는 직접적 체벌이 금지되므로 벌을 줌으로써 밈 전파를 강요하는 것은 현실적으로 거의 불가능해졌다. 합법적 권위를 행사할 수 있는 수단이 별로 없는 상황에서 교사는 결국 전문적 권위에 의존하거나, 아니면 매력에 의존할 수밖에 없게 되었다.

가르침은 의사소통을 통해 이루어지는데, 의사소통이 되려면 상대가 나를 신뢰하며 마음의 문을 열어주어야 한다. 그런데 헤겔의 말처럼 마음의 문고리는 안쪽으로 달려 있어서 밖에서 강제로 문을 열 수가 없다. 따라서 가르침을 가능하게 하려면 학생이 마음의 문을 먼저 열도록 해야 한다. 상담에서는 이러한 노력을 라포르rapport 형성이라고 하고, 일상의 대화에서는 아이스 브레이킹이라고도 한다. 학생들이 좋아하는 교사가 되려면 학생들이 원하는 것을 줄 수 있어야 한다. 학생들은 실력은 기본이고, 이에 더해 자신들의 마음을 헤아리고 함께 호흡하는 교사를 좋아한다.

가르침의 본질이 밈 전파라고 하여 공교육 상황에서 자신의 밈을 마음대로 전파할 수 있는 것은 아니다. 종교 집단에서는 종교적 밈을, 정치집단에서는 특정 정치사상을 전파할 수 있지만 학교라는 조직에서 교육을 행할 때에는 교육을 위임한 국가와 사회가 정한 범위에서 합당한 밈만 전파할 수 있다. 헌법 가치에서 벗어난 정치적 이념 혹은 특정 정당의 강령을 교육하는 것은 금지되어 있다. 또한 특정 종교를 전파하는 행위도 금지된다. 만일 어떤 선생님이 아침마다 자기 반 학생들과 함께 주기도문이나 반야심경으로 하루를 시작한다면, 비록 생활 지도가 목적이었다고 해도 법을 위반한 것이다. 밈을 전파하고자 할 때 법과 사회적 통념에 부합하는지 늘 유의하지 않으면 밈 전파 활동 자체를 금지당할 수 있다.

그러나 이러한 법적 제약 요인보다 더 문제가 되는 것은 교사가 자신의 불완전한 믿에 대해 지나치게 확신하면서 학생들에게 강요하거나, 반대로 학생들이 본받을 만한 모습의 믿을 충분히 갖추지 못한 채 학생들 앞에 서는 것이다. 지금까지 교원 교육기관은 미래 교사들이 교과 내용과 교수법을 비롯한 전문 지식과 역량을 갖추도록 하는 데 주로 집중해왔다. 이와 함께 교원 양성기관이 믿 전파로서의 교육이라는 관점에서 더욱 관심을 기울여야 할 것은, 미래 교사들이 자기 오류의 가능성을 인식하면서 폭넓고 깊이 있는 자신의 믿을 구축해가기 위해 지속적으로 노력하도록 이끄는 것이다.

·03·

상황적 교수법과
변혁적 교수법

학생들이 원하지 않더라도 꼭 배워야 할 내용이라면 재미있게 배울 수 있도록 가르치는 것도 선생님이 해야 할 중요한 역할이다. 1부의 '말이 목마르게 하라', '강요하는 초보, 감동시키는 프로' 등은 그러한 차원에서 한 이야기들이다. 가르치는 사람이라면 누구나 그렇게 해야 하는 것을 알고 있다. 그런데 문제는 재미있게 구성하여 가르치려면 너무 많은 시간과 노력이 요구된다는 것이다. 또한 재미있는 방식으로 수업을 진행하다 보면 주어진 시간 안에 가르쳐야 할 내용을 다 가르칠 수 없다. 이와 함께 때로는 동기를 유발하려는 노력이 오히려 학습을 방해하는 결과를 초래할 수도 있다. 그렇다면 반드시 시간과 노력을 쏟아 재미있게 가르쳐야 하는 상황이란 어떤 경우일까? 반대로 재미있는 구성보다는 내용 자체를 알차게 하는 데 더 시간을 쏟아야 하는 경우는?

교사(교수)는 한 학급 전체를 대상으로 가르치는 일을 한다. 그러므로 학급 전체 학생들의 전반적 특성에 따라 어떠한 방식으로 학생들을 이끌어가는 것이 바람직한지 알아보자.

상황적 교수법

놀이형(관계 지향형) 교수법

학생들이 배워야 할 내용을 이해할 정도의 능력은 있는데 공부에 대한 동기나 의욕 수준이 상대적으로 낮은 경우에 수업 내용을 구성할 때는 놀이적 요소가 가미되도록 신경을 써야 한다. 수업을 진행할 때에도 재미를 느끼도록 하는 데 더 세심한 배려를 하는 '놀이형(관계 지향형) 교수법'이 바람직하다. 바로 '말이 목마르게 하는 강의'가 가장 필요한 경우이다.

나는 초청 특강을 하는 경우 강의 시간이 점심 직후라 졸릴 수밖에 없는 상황이거나, 강의 대상이 남의 강의 듣기를 별로 좋아하지 않을 것 같은 교수나 학교장인데 더구나 자발적 참여가 아니라 집단 연수의 일환으로 강연이 실시되는 상황이라면 강의 내용을 좀 더 재미있게 구성하는 데 초점을 맞춘다. 풍부한 사례와 일화, 유머까지 준비하여 배우고자 하는 의욕을 북돋우는 데 상당한 에너지를 투자하는 접근법은 '관계 지향형 교수법'의 한 예가 될 수 있다.

나의 이러한 노력이 마중물 역할을 하여 드디어 수강생들의 눈동자가 빛나고 반응이 오기 시작하면서 동기가 샘솟는 것처럼 느껴지면, 재미 부분을 조금 줄이고 그날 함께 나누고자 했던 내용을 보다 알차게, 그리고 수강생들이 참여하여 함께 생각하며 답을 찾아가도록 유도하는 '학생 참여형 교수법' 쪽으로 서서히 방향을 바꾼다. 수업에서도 학생들의 배움을 향한 동기 수준이 높다고 판단될 경우 교사는 재미 요소를 가미하려는 시간과 노력은 줄이고 학생 참여형, 나아가 학생 주도형 교수법 쪽으로 바꿔가야 할 것이다.

학생 주도형(위임형) 교수법

학생들이 배워야 할 내용을 소화시킬 능력과 배우고자 하는 강한 동기가 있는 경우, 재미있게 하기 위해 교사의 시간과 노력을 쏟는 것은 낭비이며 오히려 역효과를 가져올 수도 있다. 이때는 가르치는 사람이 교재의 내용보다 심화된 내용, 그리고 교재의 내용과 관련된 지식을 폭넓게 소개하는 정도의 역할을 하면서 학생들 스스로 고민하며 토의 주제를 잡고 답을 찾아가도록 유도하는 '학생 주도형 교수법'이 더 바람직할 것이다. 만일 이때에 교재 내용을 친절하게 설명하거나, 아니면 재미있는 요소를 더한다고 설명을 덧붙이면 오히려 학생들이 지루해할 것이다.

교사 주도형(지도형) 교수법

학생들이 배우려는 열의는 있는 것 같은데 배워야 할 내용을 이해할 만한 기본 능력을 갖추지 못한 경우라면, 학생들이 소화할 만한 수준으로 내용을 재해석해 쉽게 가르치는 동시에 재미까지 곁들여주는 '교사 주도형 교수법'이 타당하다.

학생들의 전반적 특성을 제대로 파악하지 못해 적합한 교수법을 채택하지 못한다면 강의는 실패로 돌아간다. 어떤 초청 강연 강사에게서, 자신은 열심히 하는데 도대체 듣는 사람들이 들을 자세가 안되어 있다며 불평하는 말을 들은 적이 있다. 이러한 문제가 발생하는 이유는 연수생들이 배우려는 열의가 있다고 가정하고 곧바로 당일 강연에서 전달하고자 한 내용으로 들어가는 '과업 중심 교수법'을 사용했기 때문이다. 앞에서 이야기했듯이, 연수생들의 눈에서 배움의 열기를 찾기 어려웠다면 놀이형 교수법으로 먼저 교감을 형성한 후에 목표를 향해 나아가야 했을 것이다.

의욕과 능력이 낮은 학생을 위한
변혁적 교수법

허시Hersey와 블랜차드Blanchard에 따르면, 구성원의 능력과 의욕이 모두 낮은 경우에는 지도자가 관계 중심형 지도성을 발휘한다고 하여 구성원이 목표 달성을 향해 나아갈 수 있는 상황도 아니므로, 과업 중심으로 구성원들을 강하게 이끌어가야 조금이라도 성과를 낼 수 있다.(윤정일·송기창 등, 《교육행정학원론》에서 재인용) 실제로 교실에서 수업을 할 때 교사가 가장 힘든 경우가 바로 학생들의 기초 학력이 부족하고 의욕마저 낮은 상황이다. 과거 우리나라 선생님들은 체벌을 통해서라도 학생들이 해야 할 공부를 조금이나마 하도록 이끌었다. 허시와 블랜차드의 이론에 비추어 보면 '지시형 지도성'을 발휘했던 것이다.(이 글 맨 뒤에 있는 그래프를 참고하라.) 그런데 이제는 직간접 체벌이 거의 금지되므로 강압적 방식으로 학생들을 이끄는 것은 불가능해졌다. 그렇다고 해서 가르치는 사람으로서 학생들이 엎드려 잠을 자든 딴짓을 하든 신경 쓰지 않고 혼자서 수업하다가 나올 수는 없을 것이다.

이러한 상황에서 가장 바람직한 방법은 무엇일까? 리더십 이론 가운데, 지도자가 구성원의 동기 수준을 높이고 지적 자극을 제공하는 등의 구성원 변화를 통해 기대 이상의 성과를 이끌어내는 리더십을 '변혁적 리더십transformational leadership'이라고 부른다.(제임스 번즈, 《리더십 강의》) 변혁적 지도자가 보이는 특성으로는 카리스마(비전과 사명감 제공, 자부심 주입, 존경과 신뢰 획득), 감화(높은 기대감 전달, 노력 자체에 초점), 지적 자극(지식과 문제 해결력 중시), 개인에 대한 관심과 애착 등이 있다.(이한검,《경영학원론》)

변혁적 리더십을 적용해볼 때 학생들의 의욕과 능력이 낮을 경우 교사가 먼저 해야 할 일은 관계 지향형 교수법으로 학생들의 호감을 얻고, 비전과 사명감을 제공하며, 스스로 자부심을 가질 수 있도록 학생들의 강점을 찾아내어 강화시켜야 한다. 학생들이 교사를 신뢰하고 존경하는 상황이 만들어지고 비전과 사명감을 느끼면, 이를 바탕으로 학생들의 마음속 깊은 곳에서 잠자고 있는 지적 호기심의 싹이 트도록 지적 자극을 제공할 필요가 있다. 능력과 의욕이 모두 낮은 상태의 학생 집단이라고 해도 자신들이 공부라는 것을 하기 위해 교실이라는 공간에 앉아 있음은 인식하고 있을 테니, 이러한 관계 지향형 교수법을 먼저 시도하는 것이 타당하다.

이런 과정을 통해 학생들이 공부에 대한 전반적인 의욕이나 배우고 싶어 하는 호기심이 어느 정도 생겼다고 판단될 때, 비로소 앞에서 말한 의욕은 있으되 준비도가 부족한 학생을 대상으로 하는 교사 주도형(지도형) 교수법을 사용하는 것이 타당하다. 즉 교사는 학급 학생들의 전반적인 특성 자체를 주어진 것으로 보고 그에 맞춰 교육적 리더십을 발휘할 것이 아니라, 학생들이 배움과 관련하여 배우고자 하는 의욕과 배울 수 있는 기본 실력 등의 바람직한 특성을 갖추도록 먼저 노력해야 한다. 그리하여 바람직한 특성을 어느 정도 갖추었을 때 비로소 그에 상응하는 교수법을 활용하는 것을 '변혁적 교수법'이라고 일컬을 수 있다.

교사들이 좋은 학교를 선호하는 이유

교사들이 가정환경이 좋은 지역의 학교나 공부 잘하는 학생들이 많은 학교를 선호하는 이유는, 그러한 지역의 학생들 대부분은 이미 의욕과 실력이 높아서 변혁적 교수법에서 말하는 전 단계를 위한 노력을 적게 기울여도 되기 때문일지도 모른다. 대학의 경우도 마찬가지다. 교수 하기 가장 힘든 대학은 학생들의 실력과 자부심 모두 부족한 대학이다. 잘 알다시피 우리나라의 대학 진학률은 세계 최고 수준이다. 다른 나라 사람들은 부러워하지만 우리는 문제라고 생각한다. 다른 나라가 부러워하는 우리의 높은 대학 진학률을 우리가 부끄러워하는 이유는 수학능력이 없는 학생도 대학에서 받아들이고, 해당 학과를 졸업할 실력이 충분히 안 돼도 졸업시키며, 졸업 후 세계 어디에서든 실력을 발휘하며 자아를 실현할 수 있도록 길러주지 못하기 때문이다.

앞서 공대 2학년생들에게 강의를 하는 한 교수가 중간고사에서 빵점을 받은 학생이 70% 이상이나 된다며 힘들어하던 이야기를 한 적이 있다. 그 교수의 입장에서는 공대 2학년이면 그 정도는 알아야 한다고 생각했기에 문제를 냈는데 학생들은 그 수준이 되지 못했던 것이다. 대학의 윤리에 비추어 볼 때, 대학에서 공부할 수준이 되지 않는다면 받지 않는 것이 타당하다. 그러나 받아들였다면 대학에서 수학할 수 있도록 기초 학력을 갖추어주는 것부터 했어야 한다. 그리고 교수는 강의 시작 전에 해당 과목을 수학할 만한 기초 학력을 갖추었는지 조사부터 해야 한다. 그러고 나서 기초 학력을 갖춘 학생들에게는 원래 계획했던 강의를 진행해도 되지만, 그렇지 못한 학생들을 위해서는 보충 강의를 따로 하거나 다른 방식으로라도 기초 학력을 보충할 수 있는 기회를 만들어주기 위해 노력해야 한다. 만일 대부분 학생들이 원래 계획한 강의를 따라올 수준이 되지 못한다면, 학생들이 최소한의 수준에 이를 때까지 기초 학력을 보강하는 데 시간을 할애하는 것이 더 바람직한 접근일지도 모른다.

아울러 학생들이 열등의식에서 벗어나 자부심을 갖고 미래로 나아가고자 하는 강한 동기를 부여하는 역할도 강의 중에 함께 해야 할 것이다. 이러다 보니 교수 못해먹겠다는 이야기가 나올 법도 하다. 하지만 가르치는 사람으로서 학생들을 변화시키는 역할을 해야만 스승이라는 이야기를 듣고 자신 또한 보람을 느낄 것이다.

우수한 학생들이 모여 있는 교육대학교에서도 학생들의 배경 특성 때문에 개인차가 커서 때로 문제가 발생하기도 한다. 문과 출신 학생들에게는 과학이나 수학 교양과목이 너무 어렵고, 예체능 분야 소질이 없는 학생들에게는 해당 분야 예체능 과목이 너무 어렵게 느껴진다. 이러한 상황에서 기초가 없는 학생들을 감안하지 않고 교수가 세운 교육 목표와 내용만을 바탕으로 강의를 진행한다면 강의를 제대로 따라가기 어려웠던 학생들, 그리고 출발점이 다른데 노력은 보지 않고 결과만 보기 때문에 성적이 좋게 나오기 힘든 학생들은 그 강의에 대해 좋게 평가하지 않는다. 강의 평가가 좋지 않은 것에 대해 자기 탓이 아니라 실력이 부족한 학생들 탓이라고 이야기하는 교수가 있는데, 실은 구분하여 보충할 수 있는 기회나 학기 시작 전에 미리 알려서 준비할 기회를 주는 등의 노력을 하는 것도 가르치는 사람의 몫이라 할 수 있다.

　이번 장에서는 학생 개인보다 학생 집단의 전반적 특성에 초점을 맞춰 바람직한 교수법에 대해 알아보았다. 동시에 전반적인 특성에서 벗어나는 소수 학생들의 특성도 고려해야 함을 언급했다. 학급 또는 강좌 단위로 교육을 하는 교사나 교수의 입장에서는 학생 개개인의 상황적 특성을 고려하기 어렵기 때문에 전반적인 상황을 염두에 두고 수업을 진행할 수밖에 없지만, 예외적인 학생들에 대해서는 '길 잃은 양을 찾아' 떠난 목자와 같은 심정으로 특별한 배려를 할 필요가 있다.

[참고]
허시와 블랜차드의 상황적 지도성 모델

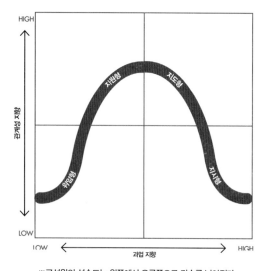

※구성원의 성숙도는 왼쪽에서 오른쪽으로 갈수록 낮아진다.

·04·

선생님 강의가 싫어요
교사 주도 강의법에 대한 오해와 개선 방향

미래에 필요한 역량을 길러주려면 학생 주도적, 학생 참여적 수업을 해야 한다는 공감대가 널리 형성되고 있다. 그런데 교사 주도의 강의식 수업마저 주입식으로 매도되면서, 주로 이 방법에 의존해온 교사들은 큰 혼란을 겪고 있다. 강의법에 대한 오해를 극복하지 못하면, 자칫 빈대 잡으려다 초가삼간 태우는 식의 우를 범할 가능성이 있다.

1990년대 열린교육이 우리나라를 강타했을 때 일본의 열린교육 대가를 우리 대학에 초청하여 강연을 들은 적이 있다. 나는 한 시간 반에 걸친 그의 강연을 다 듣고 나서 질문을 던졌다. 열린교육을 설명하면서 사용한 교수법은 그가 비판하는 전통적 교수법인지, 아니면 그가 소개한 열린교육법인지 물었다. 그러자 그는 당황해하면서 선뜻 답하지 못했다.

최근 유행하는 학생 중심 교수법은 존 듀이John Dewey의 교육철학에 뿌리를 두고 있다고 한다. 듀이 교육철학의 대가인 서울대 이돈희 교수에게서 유학 시절 듀이의 강의를 직접 수강한 이야기를 들은 적이 있다. 이돈희 교수에 따르면, 듀이가 워낙 유명했기 때문에 그의 강의실은 언제나 학생들로 넘쳐났단다. 그런데 명성과 달리 아동 흥미 중심, 경험 중심 교육이 되어야 한다는 그의 강의가 어찌나 재미없던지 조는 학생들이 많았다고 한다.

열린교육의 대가이든 경험 중심 또는 아동 흥미 중심 교육철학의 대가이든, 아니면 학생 참여 중심 교육 주창자이든 간에 아직까지는 기존의 교수자 중심의 강의법이 문제 있다고 비판하면서도 새로운 교수법과 원리 및 철학을 소개할 때에는 전통적인 설명 방식의 강의법에 의존하고 있다. 그렇다고 해서 주입식이라고 비판받는 전통적 형태의 강의를 옹호하려는 것은 아니다. 그러한 형태의 강의법은 스마트 세대들에게 잘 통하지 않는다. 여기서 강조하고자 하는 것은 교사 주도의 강의법도 그 나름의 용도가 있으니 무조건 주입식이라고 몰아붙이지 말자는 점이다. 물론 교사 주도의 강의법이 그 효과를 인정받으려면 현재와 미래에 적합한 새로운 형태로 변화되어야 할 것이다.

많은 학생들을 대상으로 주어진 짧은 시간 안에 새로운 사실적 지식이나 원리 등을 전달 및 이해시키려고 할 때에는 설명식의 강의법이 더 효과적일 수 있다. 이러한 상황에서 발견학습법 같은 학생 주도적 교수법 위주로 수업을 구성하는 것은 타당하지 않다. 교수법은 수업의 내용과 목표, 가르치는 사람의 특성, 학생의 특성, 그리고 수업 환경에 따라 달라져야 한다. 가령 시험이 코앞이어서 학생들의 교감신경이 이미 활성화되고 몰입도도 높은 상황에서는 심지어 질의응답이 없는 일방적인 강의 형태의 수업이라도 효과가 있을 수 있다. 그러나 학생들의 공부 흥미도와 관심도가 낮은 평소 상황에서 이를 제고하기 위한 활동이나 내용을 포함시키지 않은 채 교사 혼자서 열심히 수업을 할 경우, 의욕적인 일부 학생을 제외한 대부분 학생들은 수업 내용을 기억하지 못하게 될 것이다.

이 장에는 먼저 강의와 강의법의 의미를 파악하고, 강의법의 효과를 오해하게 하는 한 연구 결과를 재해석함으로써 오해의 소지를 줄이고자 한다. 나아가 강의법을 매도할 때 사용하는 용어인 주입식 교육의 의미를 살펴본 후, 강의법과 주입식 교육의 관계를 분석함으로써 강의법이 나아가야 할 방향을 간략히 제시하고자 한다.

강의와
강의법의 의미

'강의'와 '수업'은 보통 구분하지 않고 필요에 따라 혼용한다. 일반적으로 대학에서 가르치는 행위를 강의라 하고, 초중등학교에서는 수업이라는 용어를 사용한다. 여기서는 독자의 이해를 돕기 위해 '강의'라는 말의 뜻과, 교수법의 한 형태로서의 '강의법'의 의미를 밝혀보고자 한다.

1950년대, 때로는 1960년대까지도 교수가 강의록을 가져와서 읽어주면 학생들은 부지런히 받아쓰던 것이 강의 시간이었다는 이야기를 대학원 시절에 들은 적이 있다. 당시 명강사로 이름을 날리던 분들이 수업 중에 하는 말만 그대로 받아 적으면 전혀 수정할 필요도 없이 그 자체가 한 권의 책이 된다는 이야기도 있었다. 오늘날에는 강의록을 그대로 읽어주는 강의가 학생들에게 명강의로 다가가기가 상당히 어려울 것 같다.

강의講義는 영어 'lecture'를 번역한 말로, 서당·서원·향교·성균관 등 조선 시대의 교육기관에서 시행한 강講의 진행 방식인 강의講儀와는 다르다. 강의講儀는 강식講式이라고도 하며, 배운 글을 크게 읽고 글의 자세한 뜻을 묻고 답하는 문대問對식 교수 방법을 일컫는다. 'lecture'는 라틴어 'lectus(읽다)'에서 유래한 말로 14세기에 등장했고, 16세기 들어서는 '가르치기 위해 청중 앞에서 하는 이야기'라는 뜻이 되었다. 중세 대학에서 교수가 가르치기 위해 하던 강의 활동은 원 자료를 학생들 앞에서 읽어주는 것이었는데, 그 후 점차 발전하여 교재나 교수의 강의록을 읽는 것으로 뜻이 확대되었다. 서양의 대학 제도가 도입되면서 우리의 전통적인 강의講儀기법은 잊히고, 서양식 대학 강의講義 전통이 우리나라에도 그대로 이어진 듯하다.

강의는 넓은 의미로 가르침과 같은 뜻이고, 좁은 의미로는 강의법이라는 가르침의 한 형태를 뜻한다. 대학에서 보통 강의하러 간다고 하거나 강의실이 어디냐고 할 때에는 전자에 해당한다. 고등학교 때까지는 강의실을 교실이라고 하고 강의를 수업이라고 하는데, 대학은 초중등학교와 구분하기 위해서인지 다른 용어를 쓰고 있다. 효과적인 강의와 그렇지 않은 강의가 있다고 할 때에는 후자, 즉 강의법이라는 가르침의 한 형태를 의미한다. 과거 교수법의 한 형태로서의 강의는 교수가 원 자료를 읽으며 학생들의 이해를 돕기 위해 설명을 추가하는 특정한 방식을 뜻했다. 이제는 교수가 중심이 되어 진행하는 형태의 교수법을 일컬으며, 학생 활동 중심 교수법과 상대되는 용어로 쓰인다. 교수법은 직접교수법과 간접교수법으로 나눌 수 있는데, 강의법은 그중 직접교수법에 해당한다. 간접교수법은 학생 활동 중심의 교수법으로 탐구 활동, 문제 해결, 발견 학습 등이 그 예이다. 이 방법은 개념, 패턴, 추상화를 가르치는 데 적합하다. (게리 보리크, 《효과적인 교수법》)

교사 주도의 직접교수법은 사실, 규칙, 행동 계열을 가르칠 때 가장 효과적이며, 이 목적을 달성하기 위해 교수가 주요한 정보를 직접적이고 주도적인 방식으로 학생들에게 전해주는 방법이다. 강의법은 교사 설명과 발문 위주의 수업 진행, 상세하고 충분한 연습 기회 제공 등을 특징으로 한다.(게리 보리크, 《효과적인 교수법》) 따라서 강의법은 설명뿐 아니라 질의응답을 받고, 복습과 연습을 시키며, 오류를 수정해주는 등의 교사와 학생 간 상호작용도 함께하는 것을 의미한다. 교사 주도적 직접교수법은 넓은 의미에서 모두 강의법이라고 할 수 있다. 강의법은 일제一齊 학습을 특징으로 하므로 대형 강의에 더 적합한 기법이다.

이처럼 강의법이 시종일관 교수 혼자서 이야기하는 것만을 의미하지는 않는데, 이를 오해하여 그러한 방식으로 강의를 진행하면 아무리 화술과 설명력이 뛰어난 교수라도 수업 시작 후 10분 정도 지나면 졸기 시작하는 학생을 보게 된다. 특히 스마트 기기의 빠른 변화와 지속적인 자극에 길들여진 스마트 세대 학생들은 교수의 일방적인 설명만 들어야 하면 5분 이상 집중하지 못한다. 강의법을 사용하더라도 제대로 된 강의법, 가능하면 다양한 교수법을 동시에 활용하며 강의를 진행해야 한다. 학생들의 의견 교환이 필요한 주제에

대해서는 다수를 대상으로 강의를 진행하는 경우에도 3~5인의 소
집단 토의를 실시하고, 이어서 전체 토의를 실시하는 등의 기법을
혼용하면서 진행할 필요가 있다.

　최근에는 추론 능력, 문제 해결력, 창의력이나 비판적 사고력 등
고급 사고력이 강조되다 보니 그 바탕이 되는 사실이나 원리를 배우
고 이해하며 암기하는 것의 중요성이 간과되는 경우가 있다. 정보는
검색하면 되므로 암기할 필요가 없다는 믿음이 지배적이다. 물론 교
육의 목표는 단순히 학생들 머릿속에 지식을 많이 집어넣는 것이 아
니라, 효과적으로 사고하는 능력을 길러주고 이에 필요한 지식을 갖
게 하는 것이다. 하지만 인지과학자인 대니얼 윌링햄이 주장하듯이
'생각은 정보를 새로운 방식으로 결합하는 작업'이다. '추론이나 문
제 해결 같은 비판적 사고 과정은 환경에서 들어오는 정보만이 아
니라 장기 기억에 저장된 사실적 지식'을 토대로 이루어진다. 따라
서 '생각을 잘하려면 사실을 알아야(기억해야)' 한다. "정보(사실적 지
식)를 써먹을 수 있는 사고 기술을 갖추지 못하면 정보가 아무 소용
이 없듯이 정보를 머릿속에 갖고 있지 못하면 사고 기술을 제대로
써먹을 수 없다."(대니얼 T. 윌링햄, 《왜 학생들은 학교를 좋아하지 않을
까?》) 는 윌링햄의 말을 교사는 기억할 필요가 있다. 듀몬트Dumont 등
이 OECD 교육연구혁신센터CERI에서 펴낸 〈학습의 본질The Nature of
Learning〉도 지식 습득 학습과 참여와 체험을 통한 역량 강화 학습이
균형을 이루어야 한다고 강조하고 있다. 역량을 강조하면서 지식 교
육을 폄하하는 교육 관계자들이 너무 많은데, 역량의 핵심은 지식의
활용 능력이므로 지식이 없는 역량은 생각할 수도 없고 존재할 수도

없다는 이찬승의 주장도 이와 같은 맥락이다.(이찬승, 〈학교교육 혁신 (8): 2035년 학교교육은 어떤 모습일까?〉), 물론 학교와 교사는 미래 사회를 살아가는 데 필요한 핵심 지식을 선별하고 구조화하여 학생들에게 제시해야 할 것이다.

앞서 이야기한 것처럼, 강의법은 다수에게 사실적 지식이나 원리 등을 효율적이고 효과적으로 가르칠 수 있는 교수법이다. 이해시키지 못한 채 무작정 외우게 하는 주입식 형태의 잘못된 예를 들어 강의법이 좋지 않은 교육법인 양 폄하하는 것은 부당하다. 이는 잘못된 발견학습법 활용의 예를 들어 폄하하는 것과 마찬가지다. 간접교수법, 혹은 학생 주도적 교수법인 발견학습도 상황에 맞지 않으면 역효과가 커진다. 발견학습(발견학습은 학생들 스스로 주제를 탐색하고, 문제를 토론하며, 실험을 설계하면서 교사의 설명이 아니라 학생들이 주도적으로 질문하도록 유도하는 수업 방식을 의미한다. 여기서 교사는 수업 지도자가 아니라 수업의 자원 역할을 한다.)을 통해 학생들 스스로 학습 주제를 결정하게 하면 학생들이 관심을 갖고 진지하게 참여하도록 유도할 수 있지만, 학생들이 어떤 주제를 택할지 예측하기 어렵고 엉뚱한 길에 들어서서 잘못된 발견을 할 수도 있다. 컴퓨터 관련 수업처럼 '그야말로 발견하면서 배울' 수 있고, '즉각 피드백을 주어 아무거나 헤집고 다녀도 나름의 보상을 얻을 수 있는' 조건에서 신중하게 활용해야 한다.(《왜 학생들은 학교를 좋아하지 않을까?》)

강의법 효과에 대한
오해의 근거를 해부하다

이혜정의 《서울대에서는 누가 A+를 받는가》에 나오는 '어느 하버드대 교수의 고백'은, 하버드대 물리학과 에릭 마주르Eric Mazur 교수에게서 들은 강연을 토대로 기존의 강의법이 얼마나 문제가 많은지, 따라서 어떻게 변화시켜야 하는지 보여주고 있다. 그런데 그의 강연은 '클리커'라는 실시간 응답 버튼을 사용한 것 말고는 거의 전통적인 강의법 그대로 하고 있다. 뿐만 아니라 새로운 교수법을 소개하는 대부분의 강연자는 강의법을 비판하면서도 대부분 전통적인 강의법을 사용하고 있다.

마주르 교수가 강의법이 학생들을 전혀 자극하지 못함을 보여주기 위해 소개한 것은 MIT 공대 미디어랩의 니콜라스 스웬슨Nicholas Swenson과 동료들의 연구(Ming-Zher Poh, Nicholas C. Swenson, Rosalind W. Picard, "A Wearable Sensor for Unobtrusive, Long-term Assessment of Electrodermal Activity")이다. 연구는 몸(팔목)에 부착하는 기기로 교감신경계sympathetic nerve의 변화를 정확히 측정할 수 있다는 것을 보여주기 위해 실시되었는데, 19세의 한 건강한 대학생의 팔목에 이 기기를 부착한 채 교감신경계의 변화를 일주일에 걸쳐 기록하는 실험도 포함되었다. 이 연구를 통해 혼자 공부를 할 때, 숙제를 할 때, 실험을 할 때, 혹은 시험을 볼 때 교감신경이 지속적으로 활성화되는 것을 확인할 수 있었다. 이러한 활동을 할 때에는 인지적 스트레스cognitive stress가 증가하기 때문에 교감신경이 활성화되는 것으로 추정되었다. 수면 중 교감신경이 극도로 활성화되는 것은 서파 수면(잠은 크게 렘^{REM} 수면과 비렘$^{non-REM}$ 수면으로 나뉜다. 깊은 수면을 의미하는 비렘 수면 중에는 느린 뇌파 수면, 일명 '서파 수면$^{slow-wave}$ ^{sleep}'이라는 단계가 있다. 서파 수면 기간 동안 뇌가 기억을 편집하고 저장하는 것으로 알려져 있다.)과 관계있는 것 같다고 덧붙이고 있다. 텔레비전을 보거나 일상의 허드렛일을 할 때, 그리고 수업을 들을 때에는 교감신경이 주로 비활성화 상태에 있는 것으로 나타났다.

이혜정은 "교감신경계가 활성화된다는 것은 집중, 각성, 흥분, 깨어 있음, 긴장 등이 증가된다는 것을 의미"하는데 "교감신경이 가장 활발하게 활동하는 때는 숙제하고 공부하고 시험을 볼 때"라고 주장한다. 텔레비전을 볼 때와 강의를 들을 때 우리 교감신경계가 거의 활동을 안 한다는 것을 토대로 그는 "뇌가 적극적으로 집중하지 않고 있는 상태"라고 해석한다. 이어 "심지어 수면 중일 때보다도 더 불활성화되어 있는 것은 참 웃지 못할 결과이다."라는 의견을 덧붙인다.("심지어 잠을 자는 시간에도 특히 초반부에는 교감신경계가 활성화된다. 초반에 잠을 잘 못 이루거나 중간에 뒤척이면서 잠이 잘 안 올 때에 해당되지 않을까 싶다."라는 그의 해석에 따르면, 잠을 자려고 가만히 누워 있어도, 아니면 중간에 뒤척이기만 해도 교감신경은 활성화된다. 그렇다면 수업 중에 강의가 아닌 다른 생각을 해도, 아니면 몸만 움직여도 교감신경은 활성화될 것이라고 해석해볼 수도 있다.)

여기서 궁금해지는 것이 있다. 교감신경 활성화와 뇌의 집중 상태 및 학습과의 관계이다. 교감신경 비활성화 상태는 뇌가 집중하지 않는 상태일까? 학습 상황에서 교감신경이 활성화되면 학습이 일어나는 것이고, 활성화되지 않으면 학습이 일어나지 않는 것일까? 이를 이해하려면 먼저 자율신경계인 교감신경계에 대해 알아야 한다.

자율신경계는 무의식적 감정에 반응하며, 대뇌를 거치지 않고 이루어지는 충동적이고 반사적인 신경 시스템이다. 자율신경계는 교감신경계와 부교감신경계로 구분된다. 교감신경계는 '몸의 무의식적 주의력이 외부로 향한 상태에서 활성화'되는 기능으로, 일과 대인관계 등 일상의 스트레스와 관련이 있다. 외부의 자극으로 감정 상태가 변화되면 아드레날린이 분비되어 교감신경계가 활성화된다. 즉 교감신경이 활성화되었다는 말은 감정의 변화가 일어났다는 뜻이다. 인지적 스트레스나 지적 흥분 상태를 경험할 경우 교감신경이 활성화될 것이다. 따라서 수업 중에 학생의 교감신경이 전혀 활성화되지 않는다면 지적 스트레스나 흥분을 느끼지 못한 것으로 해석할 수도 있다. 하지만 몰입 상태에서는 교감신경이 활성화되지 않기 때문에 꼭 그렇지만도 않다.

교감신경은 심장박동 수를 증가시키고, 동공을 확대시켜 외부의 상황 변화에 빠르게 대처하도록 돕는 역할을 한다. 교감신경계가 활성화되면 신속하게 정보를 수집하기 위해 뇌와 몸의 감각기관도 긴장하게 된다. 교감신경과 관련된 감정은 주로 두려움, 불안, 슬픔, 절망감, 자존감 상실, 분노 등이다. 수업 중에 교사에게 체벌을 받거나 꾸중을 들을 때, 그리고 다른 학생이 당하는 것을 볼 때에도 학생들의 교감신경은 극도로 활성화될 것이다. 가르치는 사람이 체벌과 꾸중의 유혹을 받는 이유는, 이러한 긴장과 놀람 상황이 연출되면 교감신경이 활성화되어 초점을 잃었던 학생들의 눈빛이 살아나는 모습을 보기 때문일 것이다. 하지만 이러한 부정적 자극은 교감신경 활성화에 기여할지언정 학습에 역효과를 가져올 수 있다. 교감신경 활성화 상태에서 스트레스가 장기화되면 교감신경은 피로하고 예민해져 뇌가 한 가지 생각에 집착하는 경향을 보인다. 그 결과 유연한 사고 능력, 창조적 사고 능력도 제한을 받는다. 따라서 교감신경 활성화 정도만 가지고 학습이 이루어지고 있는지 아닌지를 판단하기는 어렵다.

부교감신경계는 '몸의 무의식적 주의력이 우리의 내부로 향하는 상황에서 활성화'되는 기능으로, 심리적 긴장의 이완과 관계가 있다. 좋아하는 음악을 듣거나 좋아하는 사람을 만날 때, 그에게서 격려와 칭찬을 받을 때, 조건 없는 배려를 받을 때, 일이 잘되리라는 확신을 얻을 때처럼 위협적이지 않고 긍정적인 상황에서 활성화된다. 이때에는 몸의 경계 태세가 해제되고, 근육의 긴장도가 풀어지며, 호흡도 부드러워진다. 부교감신경과 관련된 감정은 기쁨, 감사, 행복감 등이다. 이처럼 교감신경이 비활성화된 순간에는 학습이 일어나지 않는 것일까? 앞에서 언급한 것처럼, 교감신경이 비활성화 상태라고 해서 뇌가 집중하지 않은 상태라고 결론짓기는 어렵다. 이혜정이 스웬슨의 연구를 예로 든 것은 '생각은 못 하고 오직 듣기만 하면 진정한 학습이 일어나지 않는다는 것'을 보여주기 위함이었다.

> 책을 읽다가 생각을 하기 위해 잠시 읽기를 멈추기도 하고 (…) 요리를 하다가 생각에 잠기면 냄비를 태우기도 하고 뉴턴처럼 냄비에 계란 대신 시계를 넣고 삶기도 한다. (…) 그런데 교실에서는 생각할 시간이 없다. (…) 생각은 못 하고 오직 듣기만

한다. 진정한 학습이 일어나지 않는다.

— 《서울대에서는 누가 A+를 받는가》

그런데 이러한 깊은 생각, 즉 몰입 상태에서는 오히려 교감신경이 비활성화된다. 칙센트미하이는 《몰입》에서 다음과 같이 서술하고 있다.

> 최적 경험이란, 의식이 질서 있게 구성되고 또한 자아를 방어해야 하는 외적 위협이 없기 때문에 우리의 주의가 목표만을 위해서 자유롭게 사용될 때를 말한다. 이러한 상태를 바로 플로우flow 경험이라고 이름 붙였다. 이런 이름을 갖게 된 것은 우리가 인터뷰했던 많은 사람들이 최적 경험을 묘사할 때, '마치 하늘을 자유롭게 날아가는 느낌' 또는 '물 흐르는 것처럼 편안한 느낌'이라고 했기 때문이다.

몰입된 상태란 교감신경은 비활성화되고 오히려 부교감신경이 활성화되는 상태임을 알 수 있다. 교감신경계 활성화 상태와 학습 상태의 관계는 추후 더 많은 연구가 필요해 보인다. 뇌파 측정 전문가 김용기 사장에게 이혜정의 글을 읽게 한 후 의견을 물었더니, "안정되고 이완된 상태에 있을 때 기억력이 향상된다. 이완 상태, 편안한 상태, 집중할 때나 창의적인 사고를 할 때 뇌에서는 알파파가 발생한다. 따라서 교감신경이 활성화되지 않는 상태라고 하여 학습이 일어나지 않는다고 이야기하기는 힘들다."라는 취지의 답변을 해주었다. 아울러 교감신경과 뇌파를 동시에 측정해봐야 어떤 결론을 내릴 수 있을 것 같다는 말도 덧붙였다. 뇌 기반 학습 전문가인 서울교대 조주연 교수도 교감신경이 활성화되었다고 해서 적극적인 학습 활동이 일어나고 있다고 해석하기는 어렵다고 말했다. 너무 단순화된 해석이라는 것이다.

19세 대학생 한 명의 일상생활에 따른 교감신경 활성화 측정 기록만 가지고는 쉽사리 결론을 내리기 어려울 것 같다. 하지만 텔레비전을 볼 때와 수업을 들을 때 교감신경이 비활성화 상태라는 사실은 흥미롭게 다가온다. 김용기 사장은 피실험자가 MIT 공대생이라면 이미 뇌파가 안정된 아주 뛰어난 학생일 가능성이 높고, 그러한 학생은 수업을 받을 때 차분한 상태이므로 흥분하기 어렵다고 해석할 수도 있다고 했다.

마주르 교수는 강의법이 효과가 없음을 입증하기 위해 카펜터 연구팀의 연구도 소개한다. 이 실험은 대학생들을 두 집단으로 나누어 과학 개념을 설명하는 비디오를 시청하게 했다. 한 집단은 아주 유창한 강의를, 다른 집단은 아주 어눌한 강의를 보여준 결과, 유창한 강의를 들은 집단이 더 많이 배웠다고 응답했고 강의 평가 점수도 압도적으로 높았다. 하지만 강의 내용을 기억하는 시험 결과는 두 집단 사이에 차이가 없었다. 이를 근거로 그는 "교수가 말을 잘하면 학생들이 주의를 집중해서 많은 것을 배우는 듯이 보이지만, 그것은 환상이요 착각이다."라는 결론을 내린다. 이러한 결론은 타당한가? 교감신경 활성화 실험에서 텔레비전을 시청할 때에는 교감신경이 비활성화되는 것으로 나타났으므로 녹화된 강의를 시청하게 하는 것은 강의의 질에 관계없이 학생들의 적극적인 참여나 주의를 끌기 어렵다고 결론짓는 것이 더 타당해 보인다. 즉 이 실험은 인터넷 강의에서 강사의 언어 유창성과 학습(암기)의 관계를 측정하는 정도의 의미를 지닌다고 볼 수 있다. 만일 인터넷 강의라고 하더라도 강사가 '학생들이 생각을 많이 할 수 있도록 활동을 설계하고 진행'한다면 수동적으로만 임하기는 어려울 것이기 때문이다. 그런데 이를 가지고 유창한 강의라도 효과가 없는 것처럼 결론을 내리는 것은 타당하지 않다.

우리는 무언가를 비판하고자 할 때 그 대상의 약점에 초점을 맞추어 스스로 어떤 이미지를 만들고, 그것이 실체인 양 이야기하는 경우가 있다. 일방적 인터넷 강의와 별반 다름없는 식으로 강의를 진행하는 교수가 있을 수는 있다. 하지만 이처럼 잘못된 강의의 예를 들어 그것이 전부인 양 일반화하는 것은 타당하지 않다. 대면 강의를 하면서 학생들과 상호작용을 하지 않는 강의는 인터넷 강의와 다를 바 없다. 우리가 관심을 가져야 할 것은 대면 강의에서 학생들과의 상호작용을 활성화하고, 학생들의 적극적 참여를 유도하며, 학생들이 많은 생각을 하도록 강의를 설계하는 것이다.

마주르 교수가 기존의 강의 기법을 탈피한 '전향한 교수'로서 제시한 방법은 학생들이 서로에게 토론하며 가르치게 하는 '동료 티칭'이다. 동료 티칭 절차는 다음과 같다. ① 수업 전 온라인 강의(혹은 교과서 등) 숙지, ② 개념 묻는 질문 2개와 모르는 부분이 무엇인지 묻는 온라인 과제, ③ 답안 사전 검토 후 학생들 모르는 부분 설명, ④ 짧은 개념 시험, ⑤ 정답자 70% 이하일 경우 학생들끼리 토론(서로 다른 답을 한 학생들로 모둠 구성), ⑥ 토론 후 2차 시험, ⑦ 정답자가 30% 이하이면 개념 설명부터 다시.(이혜정,《서울대에서는 누가 A+를 받는가》참고) 이는 예습을 유도하는 프로그램, 강의 전에 먼저 시험을 보는 사전 인출, 강의 후에 배운 내용에 대해 시험을 보는 사후 인출, 학생들끼리 하는 상호 토론 등으로 구성되어 있다. 그는 새로운 교수법을 적용해 학생들이 예습을 해 오도록 유도하는 데 성공했다. 또한 강의를 여러 개의 연결된 프로그램으로 구성해 진행함으로써 학생들이 지루함에서 벗어날 뿐만 아니라 적극적으로 동참하도록 유도했다. 이 정도의 노력을 기울이면 당연히 학생들의 학습 수준은 향상될 것이다. 하지만 그가 제시한 교수법이 아주 새로운 것은 아니다. 또한 강의법을 전혀 사용하지 않는 것도 아니다. 여기서 우리가 배워야 할 것은 두 가지이다. 하나는 강의를 진행할 때 어떠한 방식으로든 학생들의 적극적이고 자발적인 참여를 유도해야 한다는 점, 다른 하나는 구체적 기법이 아니라 마주르 교수가 기존의 교수법에 대한 반성을 토대로 자신에 적합한 교수법을 찾아 실행에 옮긴 노력이다. 교수법에 대한 책을 읽거나 남의 강의를 듣는 것만으로 교수법이 개선되는 것은 아니다. 마주르 교수처럼 개선을 위해 적극적으로 노력할 때 자기 스스로도 만족하는 수업을 할 수 있다.

강의법과 주입식 교육의
관계에 대한 오해

강의법에 대한 잘못된 관점 가운데 하나는 강의법이 주입식 교육이라고 생각하는 것이다. 강연을 다니다 보면,

교사 주도의 강의식 수업은 모두 주입식 교육이라고 오해하는 사람들이 의외로 많음을 알 수 있다. 이러한 오해 때문에 그동안 교사 주도형 수업을 해오던 교사들은 고민에 빠지곤 한다. 내 강연 도중 연수생들에게 종종 지금 내가 하고 있는 강의가 '주입식 교육'인지 아닌지를 물어보면 대부분 머뭇거린다. 주입식 교육이라고 답을 하자니 내 강의에 문제가 있다고 이야기하는 것 같고, 아니라고 하자니 자신들이 막연히 생각하는 개념, 곧 강의식은 주입식이라는 개념에 비추어 볼 때 주입식 교육인 것 같기 때문이다.(이러한 혼동은 연구자들도 겪고 있다. "문제중심학습이 강의 유형의 전통적인 주입식 교육방법보다 학습자의 비판적 사고성향, 문제해결능력, 학업성취도, 자율학습능력을 향상시키는 데 효과가 있어 간호교육방법의 중요한 수단으로 보고되고 있다."는 김상돌(〈혼합학습 프로그램이 간호대학생의 윤리적 가치관에 미치는 효과〉)의 주장이 한 예이다.)

그러면 한 발 더 나아간 질문을 던진다. 대부분의 연수는 강사 주도의 강의식으로 진행되고, 강의식은 주입식이고 주입식은 나쁜 교육이라면 여러분이 받고 있는 연수는 대부분 나쁜 것이 되는데 이에 동의하는지, 그리고 동의한다면 연수를 주관하는 사람들은 왜 나쁜 교육 프로그램을 만들어 연수를 시킨다고 생각하는지 묻는 것이다. 이 질문을 받는다면 여러분은 뭐라고 답하겠는가?

주입식 교육이란?

우리 사회는 주입식 교육은 나쁜 교육이라고 규정하는 동시에 우리가 지금까지 받아온 교육은 주입식 교육이었다고 몰아붙이고 있다. 한 교실에 50명 이상의 학생이 앉아 있고 모둠 활동을 할 만한 공간도 없는 여건에서도 나름 다양한 방법을 구사하며 최선을 다해 가르쳐온 선생님들로서는 억울하기 그지없을 것이다. 주입식 교육을 하면 학생들이 배울 내용을 제대로 배우지 못하고, 학습에 대한 흥미를 잃게 되며, 나아가 비판적이고 창의적인 사고력을 갖기 어렵고, 이는 민주 시민을 양성하는 데 적합하지 않다는 것이 주입식 교육에 대한 일반적인 비판의 요지이다. 도대체 어떻게 하는 것이 주입식이기에 이러한 비판을 받을까? 주입식에 대한 비판은 타당한 것일까? 이러한 비판을 받으면서도 많은 교사(교수)들이 이른바 주입식 교육을 계속하는 이유는 무엇일까?

주입식 교육법에 대한 비판은 많지만 이를 명확히 정의해놓은 개념은 찾기 어렵다. 중세 가톨릭교회에서 개인차를 고려하지 않고 교리를 주입indoctrination한 데서 유래되었다는 주장이 있기는 하지만 근거를 찾기 어렵고, 이때의 경우 주입은 교화 또는 세뇌를 의미한다. 이는 우리 사회에서 비판의 대상이 되는, 일방적 지식 전달에 초점이 맞춰진 주입식 교육과는 조금 다른 개념이다.

교육 과정 전문가인 광주교대 황윤한 교수의 설명에 따르면, 주입식 교육repository education은 지식이 인간의 외부에 독립적으로 존재한다고 보고 학습은 지식(체)을 인간 내부에 저장(장기 기억)하는 것으로 보는 객관주의 교육에서 그 근간을 찾아볼 수 있다. 그래서 주입식 교육은 주로 반복을 통한 암기를 강조하는 형식을 띠게 된다. 주입식注入式을 한자 그대로 풀면, 논이나 물병에 물을 넣듯이 일방적으로 부어 넣어주는 방식을 의미한다. 타이어에 공기를 주입한다고 할 때도 같은 단어이다. 국어사전은 주입식을 교육 용어로서 '기억과 암기를 주로 하여 가르치는 방식'이라고 정의하고 있다. 사전적 개념 정의에 따르면 전혀 나쁜 교수법이 아니다. 특히 어린 학생들의 경우 응용, 분석, 평가 등 고급 사고를 하려면 필요한 기초 지식을 암기하고 있어야 하기 때문에, 만일 암기를 잘할 수 있도록 가르치는 것을 의미한다면 이는 결코 잘못된 교수법이라고 할 수 없다.(이 경우 주입식 교수법과 대칭을 이루는 교수법은 학생들의 속에 있는 것을 끄집어내준다는 의미를 가진 '산파술'이라고 할 수 있다. 산파술에서 아이를 낳는 것은 산모이고 산파는 단지 옆에서 도움을 주는 사람일 뿐이다.) 그런데도 주입식이 가장 나쁜 교수법의 대명사처럼 사용되는 이유는 무엇일까?

주입식 교육의 의미에 대한 다른 관점이 있다. 교수법 전문가인 광주교대 이미자 교수에 따르면, 주입식 교육은 특정 교수법을 지칭하는 전문 학술 용어가 아니라 가르치는 사람 중심의 강의식 또는 설명식 수업이 가져오는 폐단을 지적하기 위해 우리 사회가 만들어 사용하고 있는 용어이다. 그렇기 때문에 주입식 교수법에 대한 용어 정의가 따로 없다는 것이다. 한영사전은 주입식 교육을 'cramming method of teaching'이라고 설명한 것으로 보아, 서구에는 우리 사회에서 사용하는 의미의 주입식 교육이라는 용어가 따로 없는 것으로 짐작된다.('cramming'은 '억지로 욱여넣다', '강제로 살찌우다' 등의 의미이다. 타당한 번역은 아닌 것 같지만, 학원은 영어로 'cram school'이라고 한다. 단기간에 많은 지식을 욱여넣어주는 곳이라는 의미일 것이다.)

이미자 교수의 관점을 받아들일 경우 우리가 답해야 할 것은 어떻게 할 때 교사 중심의 강의법이 주입식 교육이라는 비판을 받게 되는가이다. 여기에 답하려면 주입식 교육의 문제점이라고 지적되는 점들을 하나하나 따져볼 필요가 있다. 주입식에 대한 비판 가운데 하나는 일방적(때로는 강제적)인 방법이라 교육 효과가 없다는 것이다. 하지만 바람을 필요로 하는 타이어에 공기를 주입하거나 물을 기다리는 마른 논에 일방적으로 물을 대는 일이 나쁜 것이 아니듯이, 배움에 대한 심한 갈증, 즉 강한 지적 호기심과 학습 동기로 충만한 학생들에게 사실이나 기본 원리를 교사 주도의 일방적 설명 방식으로 교육하는 것이 나쁜 교수법이라고 할 수는 없다. 배우고자 하는 욕구로 충만한 학생들, 시험이 코앞이라 보다 많은 지식을 효과적으로 암기하고 기억해내야 하는 학생들에게는 동기부여를 하겠다며 시간을 보내는 교수법이 오히려 비효율적이고 비효과적이다.

주입식에 대한 비판의 하나인 '강제적'이라는 말은 상대의 동의를 얻지 않고, 혹은 상대가 거부하더라도 억지로 시키는 것을 의미한다. 교육 상황에서는 지적 갈증을 못 느끼는 학생들에게 지적 호기심을 유발하지 않은 채 억지로 지식을 넣어주려는 시도가 강제적 주입에 해당한다. 이러한 시도는 성공하기 어렵다. 만약 교사에게 강제력이 주어지고 학생들이 순응적이라면 체벌 등을 통해 어느 정도 원하는 목적을 달성할 수도 있겠지만, 체벌권이 없는 교사는 강제적 주입을 하기가 대단히 어렵다. 그리고 더 이상 강제적 주입은 허용되지 않는다. 강제적 주입법이 최근 들어 더욱 비판을 받는 까닭은 이러한 상황 변화에도 기인한다.

따라서 문제의 핵심은 교사가 주도하는 일방적·강제적 방식에 있는 것이 아니라, 학습에 흥미를 갖지 못한 학생들을 대상으로 상황에 맞지 않게 이러한 방식을 사용하는 데 있다. 타이어에 공기를 주입하거나 논에 물을 대는 것과 달리 강한 학습 동기가 없는 학생들에게는 일방적인 방식이 효과를 거두기 어렵다. 교사 주도의 가르침이 주입식이라 비판받지 않으려면, 학생들의 학습 동기 수준과 주어진 상황을 파악하고 그에 맞게 강의를 진행해야 한다.

주입식 교육에 대한 또 다른 비판은 암기 위주의 교육이라는 것이다. 그런데 앞에서도 이야기했다시피, 단어를 외우지 않고는 독해나 글쓰기가 불가능하다. 따라서 외워야 할 것을 잘 외우도록 가르치는 것 자체가 비판받을 일은 아니다. 비판을 받는 근본적 이유는 암기를 시켜서가 아니라 주입식으로 교육을 하면 학생들이 배울 내용을 이해하고 기억하는 데 별로 도움이 되지 않기 때문이다.

이때 비판을 받는 주입식 교육은 '학생들이 배울 내용을 이해했는지 여부를 확인하지도 않은 채, 때로는 학생을 이해시키지 못한 채 무작정 암기하도록 강요하는 교육'을 의미한다. 인간 뇌 특성상 배울 내용을 이해하지 못할 경우 암기하기가 어려울 뿐만 아니라, 암기했다고 하더라도 금방 잊어버릴 가능성이 높다. 따라서 가르치는 사람이 배우는 학생의 특성을 감안해 어려운 지식이나 원리 등을 이해할 수 있도록 학생 수준에 맞게 설명하고, 이해 정도를 확인하며, 이를 위해 질의응답 기회를 갖고, 이해 및 암기 결과를 평가하며 진행하는 강의는 비판을 받는 주입식 교육이 아니다.

주입식 교육법에 주어지는 또 다른 비판은 창의적 사고를 비롯한 고급 사고력을 길러주지 못한다는 것이다. 주입식을 이렇게 비판하는 것은, 토론식 수업법은 서로 수준이 다른 많은 학생들을 대상으로 하는 짧은 수업 시간에 어려운 핵심 원리를 제대로 이해시키기 어렵다고 비판하는 것과 비슷하다. 나무를 자르려면 톱이 필요하고 못을 박으려면 망치가 필요하듯이, 수업 목적에 적합한 교수법은 서로 다를 수 있다. 교사 주도형의 설명식 교수법은 학생들에게 정보를 제공하고 원리를 이해시켜야 하는 수업에 타당한 교수법이지, 고급 사고력을 기르는 데 적합한 교수법은 아니다. 즉 고등 사고력을 길러주고자 한다면 그에 적합한 다른 교수법을 적절히 혼합하면서 수업을 진행해야 한다.

강의법과 주입식 교육의 관계

이상의 논의를 바탕으로 주입식 교육의 의미를 재정의하면 다음과 같다. 즉 주입식 교육이란 학생과의 교감을 형성하지 않고, 학습 의욕이 낮은 학생에게 학습 흥미와 동기를 부여하지 못하며, 학습 목표(내용)와 여건에도 적합하지 않은 상황에서, 일방적인 설명 위주로 수업을 진행함으로써 학생의 이해도 끌어내지 못하는 방식의 교수법이다. 온라인 강의용 녹화가 아닌 실제 수업 상황에서 만일 이렇게 수업을 진행하는 교사(교수)가 있다면, 말 그대로 주입식 교육을 하고 있다는 비난을 피하기 어려울 것이다. 주입식과 주입식이 아닌 교육을 구분 짓는 가장 중요한 기준은 다음 다섯 가지이다. 첫째, 학생들의 사전 지식 습득 정도를 파악하고 다양한 수준 차에 맞는 수업 설계를 했는가. 둘째, 가르침의 과정과 결과에서 학생들에게 충분한 학습 동기를 부여했는가. 셋째, 수업 도중에 학생들에게 필요한 질문을 던지고 질문을 받으면서 학생들 스스로 생각할 기회를 주고, 적극적으로 사고하도록 유도했는가. 넷째, 배워야 할 내용을 재미있게 배우도록 유도했는가. 다섯째, 원하는 학습이 이루어졌는지 여부를 확인했는가. 이러한 점들을 고려했는데도 원하는 학습 목표를 달성하지 못했다면, 나무를 자르고자 하면서 망치를 사용했을 가능성이 높다.

강의법을 사용하면 주입식이고, 학생 참여적 또는 학생 주도적 수업 기법을 사용하면 주입식이 아닌 것은 아니다. 학생 참여적·주도적 수업을 한다면서 예습을 해 오도록 하지 못하고, 수업에 흥미를 느끼도록 이끌지 못하며, 과정에 억지로 참여시켜 오히려 수업에 대한 흥미를 떨어뜨려 배울 것을 제대로 배우지 못하게 하는 것도 넓은 의미에서는 주입식 교육이라고 할 수 있다. 강의법이 일방적으로 설명만 하는 기법을 의미하는 것도 아니다. 제대로 된 강의법은 앞에서 언급한 다섯 가지 기준을 모두 고려하며 진행하는 수업을 의미한다.

《1만 시간의 재발견》의 저자 안데르스 에릭슨Anders Ericsson은 최고의 선생을 찾아서 배워야만 '노력이 우리를 배신'하지 않는다며, 뛰어난 스승의 중요성을 다시 한 번 강조한다. 가르치는 길목에 서 있는 우리가 고민해야 할 것은 '최고의 선생이 되기 위해 매일 노력하고 있는가?'이다. '내 교수법이 주입식은 아닐까?' 하는 걱정으로 움츠러드는 대신 다양한 교수법을 지속적으로 배우고 익히면서 의식적으로 자신의 교수법을 개선해가는 것, 그 자체가 주입식 교육에 대한 비판의 함정에서 벗어나는 왕도이다.

강의법 사용 시 유의점과 개선 방향

한번은 교사 대상 연수를 하는데, 쉬는 시간에 어떤 선생님이 다가오더니 내 강의가 싫다는 말을 했다. 좋다는 말은 많이 들었지만 싫다는 말은 처음이었고, 더구나 어지간해서는 강사 면전에서 싫다는 이야기를 하지 않을 텐데 싶어 놀란 눈으로 쳐다보았다. 그랬더니 웃으면서 하는 말인즉, 계속 앉아서 듣기만 하는 연수가 힘들어서 조금 쉴 요량으로 뒤에 앉아 정신 스위치를 끄고 수면 자세로 앉아 있는데 자기도 모르게 자꾸 강의에 빨려 들어가 잠을 잘 수가 없었다는 것이다. 그래서 숙면을 방해한 내 강의가 싫다는 농담이라고 했다.

최근에도 교장 자격 연수 중간에 어떤 분이 내 블로그에 안부 글을 남겼다는 알림이 떴기에 열어보니 "좀 피곤해서 뒷자리에 앉았는데 쉴 수가 없네요."라고 적혀 있었다. 강연을 마치고 나올 때면 연수 주관자들이 강사에게 고마움을 표하면서, 다른 강연과 달리 이번 강연에는 조는 사람이 거의 없었다는 말을 해주곤 한다. 외부의 일회성 강연이든 지속적으로 진행하는 대학 강의나 초중등학교 수업이든 보통은 자는 사람이 있게 마련이고, 학생들이 수업에 집중하게 하는 것은 상당한 능력과 노력을 필요로 한다.

가장 엉터리 연수는 내로라하는 강사가 원맨쇼 하듯이 혼자서 떠드는 식의 강의를 하도록 짜인 연수라는 말이 있다. 물론 강사가 누구이고 어떤 방식으로 강의를 진행하느냐에 따라 이 말은 사실일 수도 있고 아닐 수도 있다. 다수를 대상으로 혼자서 하는 연수는 대개 일방적 강연 방식으로 진행할 수밖에 없다. 그래서 스티브 잡스는 매 10분마다 짧은 동영상을 포함시키거나 게스트를 초청하는 등 강연 세팅을 바꿔가며 청중의 집중도를 유지시켜갔다. 그렇지 않을 경우 강의가 10분 정도 진행되면 청중이 서서히 졸게 된다. 졸음에서 벗어나보려고 연수생 스스로 눈을 크게 뜨고 심호흡을 하거나 허벅지를 살짝 꼬집어보기도 하지만, 의식적인 노력과 무관하게 많은 연수생의 신체는 수면 상태로 빠져든다. 수업 시간에 학생들도 졸음을 쫓으려고 나름 노력하지만 계속해서 졸거나 잠에 빠져드는 것과 비슷하다.

강의법을 활용하더라도 듣는 사람들이 잠들지 않고 배워야 할 내용을 신 나게 배우도록 고려해야 한다. 강한 자극에 지속적으로 노출되어온 스마트 세대를 대상으로 한다면, 단순 강의법에만 의존해 집중도를 유지시키기란 거의 불가능하다. 일종의 주입식인 공연을 보러 가는 청중은 공연자의 숨결을 느끼며 더욱 생동감 있게 즐기기 위해 더 많은 돈을 지불하면서라도 앞자리 표를 구입한다. 혹시라도 앞자리가 빈 것을 보면 관리 요원이 제지하지 않을 경우 공연 시작과 동시에 다투어 앞자리로 이동해 간다. 주입을 받기 위해 가는 것이 아니라 공연자와 함께 즐기기 위해 공연장에 가고, 공연자와 진행자는 청중이 참여할 수 있도록 충분히 배려하면서 공연을 이끌어간다. 이와 달리 강연을 듣는 청중은 뒷자리부터 채운다. 억지로 참석한 경우에는 이러한 현상이 더욱 심해진다.

수업이 공연처럼 학생들(청중)의 폭발적 관심을 끌지는 못하더라도, 학생들이 최소한 졸지는 않으면서 배워야 할 내용을 배우도록 유도하기 위해 사용할 수 있는 기법을 몇 가지만 소개한다. 이 책에 소개되는 여러 기법들은 모두 이러한 목적을 갖는다. 학생들이 깨어 있도록 하는 수업 기법은 다양하며, 강의를 시작할 때와 강의 중간에 학생들이 서서히 졸음에 빠져들 때 사용하는 기법이 서로 다르다. 수업을 시작할 때 국민의례와 비슷한 의식을 거행하는 선생님도 있다. 미국 최고의 교사로 뽑힌 해리 왕(중학교 과학 교사)은 먼저 미소를 교환하며 출석을 부르고, 학생들이 수업에 임하는 '우리의 선서'를 제창하면 이어서 선생님이 수업에 임하는 '나의 선서'를 한 뒤, 과학의 노래를 제창하고 수업을 시작한다. 이는 수업 시작 시점에 학생들이 깨어 있도록 할 뿐만 아니라 그 상태를 한 시간 동안 이어 갈 수 있게 동기화하기 위한 것으로 해석할 수 있다. 나도 교대 강의에서 학생들로 하여금 '예비 교사 선서'를 만들도록 하고, 강의 시작 전에 이를 제창하게 하는 등 해리 왕 선생님과 유사한 의식을 진행하기 시작했다. 초등학교라면 매일 아침 첫 시간에 이 의식을 거행하면 될 것이다. 이때 유념할 것이 있다. 학생들이 이러한 의식의 필요성에 공감하고 마음으로부터 받아들이도록 하는 것이 선행되어야 한다. 그렇지 않은 상태에서 강요한다면 오히려 역효과가 날 것이다. 학생들이 선생님을 좋아하게 하고 공부하는 이유에 대해 스스로 깨닫도록 이끌면서 이러한 의식까지 곁들일 때에만 원하는 효과를 얻을 것이다.

또 하나 중요한 점은 듣는 사람들이 생각할 기회를 갖도록 강의를 진행하는 것이다. 강사의 설명을 들으면서 학생들이 이해를 시도하는 것도 생각하는 활동이다. 학생들이 수업 중에 적극적으로 사고 활동을 하도록 유도하기 위한 기법은 다양하다. 이를테면 교재 내용의 핵심을 미리 예측하여 적게 한 후 이를 실제 내용과 비교하도록 하는 생성 활동, 가르친 내용을 제대로 이해했는지를 묻고 답하는 질의응답, 배운 내용을 회상하며 적거나 말로 이야기하도록 하는 인출 활동, 배운 내용과 관련된 주제를 함께 토론하는 소집단 활동, 영화와 같은 수업 기법 등이다. 미국 육군사관학교는 수업을 시작하기 전에 그날 배울 내용에 대해 먼저 시험을 보는 사전 인출 제도를 실시하는 것으로 유명하다. 성적이 나쁘면 퇴출시킬 수 있는 사관학교가 아닌 경우 다양한 기법이 성공하기 위한 전제 조건은 배울 내용에 대한 흥미를 유발하는 것, 즉 지적 호기심을 갖게 하는 것이다.

칙센트미하이에 따르면, 미치도록 행복한 사람이 되기 위한 방법은 몰입flow을 경험하는 것이다.《몰입》 학습 활동이 몰입 활동과 최대로 비슷해지도록 재설계할 때 학생들은 학습에 대한 몰입을 통해 행복감을 느끼게 된다. 그러려면 다음 세 가지 조건이 필요하다. 첫째, 주어진 학습 과제가 학생의 주의를 완전히 잡아끄는 도전적인 것이어야 하고, 둘째, 학습 과제가 학생이 감당할 만한 수준의 것이어야 하며, 셋째, 각 단계마다 학생이 어떻게 하고 있는지에 대한 즉각적인 피드백을 주어야 한다.

지적 호기심 유발은 학생들로 하여금 배움의 기쁨을 맛보게 하기 위한 첫 번째 조건에 해당한다. 강의 도입 부분에서 배울 내용이 얼마나 중요한 것인지 공감하게 하는 것, 그날 배울 내용에 대한 호기심을 이끌 만한 도입부를 마련하는 것, 강의 도중에 해결할 문제를 제시할 때 학생들의 도전 의식을 불러일으키는 것이 첫 번째 조건을 충족시키기 위한 활동이다. 다음으로 주어진 과제가 학생들이 감당할 만한 수준의 것이 되게 하려면 학생들의 수준을 파악할 필요가 있다. 힘에 부치는 어려운 내용이라면, 높은 곳에 오르기 힘들 때 계단을 만들어주듯이 과제를 잘게 나누고 단계별로 해결해갈 수 있도록 제시하는 것도 하나의 방법이다. 마지막으로 과제 수행 결과에 대해 즉석에서 반응을 보여주는 것이 필요하다.

·05·

미래 교사가
갖춰야 할 역량

미래 교사는 오늘의 교육자에게 필요한 역량과 더불어 미래 인재 육
성에 적합한 역량까지 함께 갖춰야 한다. 이 장에서는 미래 교사에
게 요구되는 역량을 교사의 업무, 2015 교육과정이 추구하는 인간상
과 핵심 역량, 그리고 미래 인재 육성에 필요한 역량으로 나누어 살
펴보고자 한다. 이어서 이러한 역량을 기르기 위한 교원 양성 프로
그램, 교원 연수의 방향, 그리고 교원의 자기 계발에 대해서 간략히
살펴보겠다.

미래 교사에게
요구되는 역량

교사의 업무

역량은 어떤 일을 해나갈 수 있는 힘과 능
력을 의미한다. 교사에게 필요한 역량은 교사 업무에 달려 있다.(각
업무를 수행하기 위해 필요한 역량을 간략히 정리한 표를 참고하라.) 대학교

수(교사)의 역할은 교육, 연구, 봉사라는 세 가지로 구분된다. 초중등 학교 교사의 역할도 크게 세 가지로 나눌 수 있다. 하나는 생산 활동인 교육 및 학급경영자(수업과 학급경영 업무)로서의 역할이고, 다른 하나는 학교 경영(지원)자로서의 역할이며, 마지막은 자기 계발 및 연구자로서의 역할이다. 일부 교사들은 학교 경영자와 경영 지원자로서의 역할을 잡무로 생각하는 경향이 있으나, 지금보다 행정 직원수가 크게 늘어나지 않는 한 교사들이 학교 경영(지원) 활동에서 완전히 자유로울 수는 없다. 마지막 자기 계발 및 연구자로서의 역할도 교사들에게 주어진 중요한 역할이다. 교수와 달리 지금까지는 봉

역할 구분	업무	내용	필요한 역량(예)
수업 담당자 및 학급경영자	수업	담당 교과 지도	교과 전문성, 학습자 이해, 교수법, 수업 경영 능력, 평가 등
	학급 경영	학급경영 목표 및 연간 계획 수립, 규칙과 수칙 경영, 행동 경영, 조직화, 교실 환경, 수업 경영, 행사 활동을 포함한 시기별 학급경영, 학부모 경영, 사무 경영, 경영 평가 등	통합적 교육관, 학급경영 제반 영역 경영 역량(예: 배움 공동체 형성, 교실 환경 조성, 행동 경영, 학부모 경영, 사무 경영 역량 등)
학교 경영 및 경영 지원자	담당 업무	부장 업무, 담당 사무	담당 업무 처리 능력, 동료 교사와의 협력 및 소통
자기 계발 및 연구자	자기 계발	연수, 자기 연찬(대학원 진학 등)	학습열(學習悅) 유지력, 건강 및 시간 관리를 포함한 자기 관리 능력
	연구	현장 연구를 포함한 연구 수행	연구 역량

| 교사의 역할(업무)과 필요한 역량 |

출처: 박남기, 〈초등학급경영의 개념과 범위 그리고 영역 분석: 단행본, 승진규정, 학급교육과정 운영부를 중심으로〉, 《초등교육연구》, 211, 2008 내용을 토대로 재구성.

사라는 역할이 중시되지 않았으나 미래에는 점차 중요시될 것으로 예상된다. 하지만 지금처럼 과중한 업무를 수행해야 하는 상황에서 봉사가 별도의 중요한 역할로 독립되기는 어려울 것이다.

다양한 역할과 그에 따른 역량은 교사가 꼭 갖춰야 할 것들이다. 이 모든 것을 한마디로 축약하면 '스승으로서의 역량'이라고 할 수 있다. 자신이 담당한 교과나 기능만을 전달하는 것이 아니라, 제자에 대한 진한 사랑을 가지고 제자가 꿈을 이루어가도록 도우며, 진실한 삶을 살아가도록 이끌고 스스로도 그러한 삶을 살아가는 사람이 스승이다. 교사를 지식 전달자가 아니라 스승으로 정의하는 것, 그것이 교원 역량을 제대로 이해하는 바른 접근이다.(박남기, 〈스승의 부활을 꿈꾸며〉)

2015 개정 교육과정이 추구하는 인간상과 핵심 역량

미래 교육에서 교사에게 요구되는 역량을 파악하기 위한 하나의 방법은 교사가 길러줘야 할 학생들의 역량이 무엇인지를 알아보는 것이다. 2015 개정 교육과정이 추구하는 인간상은 자주적인 사람, 창의적인 사람, 교양 있는 사람, 더불어 사는 사람 등 네 가지이다. 핵심 역량은 자기 관리 역량, 지식 정보 처리 역량, 창의적 사고 역량, 심미적 감성 역량, 의사소통 역량, 그리고 공동체 역량의 여섯 가지로 제시되었다. 인간상과 핵심 역량의 관계를 정리하면 아래 표와 같다. 정권이 바뀌어 다시 교육 과정이 바뀐다고 하더라도 추구하는 인간상 자체가 근본적으로 바뀌지는 않을 것이다.

교사는 학생들이 학교 교육을 통해 갖춰야 할 역량이 무엇인지를 알아야 할 뿐만 아니라 자신들도 그러한 역량을 당연히 가지고 있어야 한다. 그래야만 학생들에게 그러한 인간상과 역량을 길러줄 수 있을 것이다.

추구하는 인간상	의미	핵심 역량
자주적인 사람	전인적 성장을 바탕으로 자아 정체성을 확립하고 자신의 진로와 삶을 개척하는 자주적인 사람	자기 관리 역량, 지식 정보 처리 역량
창의적인 사람	기초 능력의 바탕 위에 다양한 발상과 도전으로 새로운 것을 창출하는 창의적인 사람	지식 정보 처리 역량, 창의융합 사고 역량
교양 있는 사람	문화적 소양과 다원적 가치에 대한 이해를 바탕으로 인류문화를 향유하고 발전시키는 교양 있는 사람	심미적 감성 역량
더불어 사는 사람	공동체 의식을 가진 세계 시민으로서 배려와 나눔을 실천하는 더불어 사는 사람	의사소통 역량, 공동체 역량

| 2015 개정 교육과정이 추구하는 인간상과 핵심 역량 |

출처: 교육부, 〈2015 개정 교육과정 총론〉, 2015, 7~8쪽을 토대로 재구성

미래 사회 변화와 교사의 역량

앞에서 언급한 역량 이외에 미래 사회에 적합한 미래 교육을 위해 교사가 갖춰야 할 역량을 추가로 생각해볼 필요가 있다. 향후 우리 교사들이 직면하게 될 가장 큰 문제는 경제 수준 향상 및 빈부 격차 심화에 따른 학생들의 무기력감 및 학습 의욕 급감, 이기심 증가, 분노조절장애 등의 정신 질환 비율 증가 등이 될 것이다. 그리고 도시 인구 비율의 증가로 좁은 공간에서 더 많은 사람이 함께 살아가야 하므로 충돌 가능성이 증가하고, 불안 요인도 증가하며, 갈등도 증가할 것이다. 교사는 학생들이 이러한 문제를 극복하면서 미래 인재가

되도록 이끌려면 학습 동기 부여 역량, 갈등 해결 역량, 상담 등의 학생 지도 역량 등을 갖춰야 할 것이다.

또한 혼인율 저하와 저출산에 따른 인구 감소 및 고령화 시대에 대비하기 위해서 교사는 고독한 개인을 공동체의 일원으로 성장시키는 역량, 고급 인력 부족을 대비하여 모든 아이에 적합한 개별화 교육을 시키는 역량, 100세 시대에 대비할 수 있도록 경제 교육과 건강 교육을 시키는 역량 등을 갖춰야 한다.

미래 사회의 특징 중 하나는 민주주의의 위협 및 피로감 증가이다. 에드워드 루카스는 《메가 체인지 2050》에서 현재의 민주주의는 정신을 좀먹는 돈의 힘, 유권자들의 무관심, 끝없이 이어지는 의사 결정 과정(예컨대 처리해야 할 법안을 제때에 처리하지 못한 채 세월을 보내고 있는 우리나라 국회), 특별한 이해집단들의 승리 같은 한계를 보이고 있다고 분석한다. 이러한 상황에서 향후 우리나라 민주주의의 향방은 학교 교육에서 시민 정신 함양을 중요한 목표의 하나로 설정하고 학생들을 잘 훈련시켜 훌륭한 민주 시민으로 길러낼 수 있는지에 달려 있을 것이다.

정치적 변화와 관련하여 교육에 가장 큰 영향을 미칠 요소로는 남북통일이나 북한과의 교류 활성화, 국제 교류 활성화 및 다문화 인구 증가를 들 수 있다. 이러한 상황에서는 차이를 인내하고 다양성을 존중하는 인재를 길러낼 수 있는 역량을 갖춘 교사가 요구된다.

과학 기술의 발달로 기계가 많은 부분에서 인간 노동을 대체해가겠지만 감정 근로자라고 일컬어지는, 사람을 상대로 하는 일자리는 증가할 것으로 예상된다. 따라서 학교에서는 기계성에 대비되는 인성(기계로 대체하기 어려운 인간의 능력)을 기르는 교육에도 초점을 맞춰야 한다. 아울러 스마트 시대에 부응하는 스마로그 교육과 학급경영 역량(박남기·임수진, 〈스마트 학급경영의 개념과 방향 탐색〉), 뇌 기반 학습 이론 활용 역량도 갖춰야 할 것이다.

미래 사회의 교육은 교실에서뿐만 아니라 지역사회의 다양한 센터를 통해 이루어질 텐데, 이 상황에서 교사에게 필요한 역량은 지역사회의 다양한 기관 및 자원 인사와 네트워킹을 만들고 유지하는 능력이 될 것이다.

교사 역량
제고 방안

교원 양성 교육 과정 초점 변화

초중등학교 현장에 역량 중심 교육 과정이 도입되고 있다. 교원 양성 프로그램에도 이러한 변화가 반영될 뿐만 아니라, 미래 교사가 필요로 하는 기본 역량을 제고할 수 있도록 교원 양성기관도 역량 중심 교육 과정의 도입을 서둘러야 할 것으로 보인다. 역량 중심 교육 과정에서 의미하는 역량은 지식을 아는 상태에서 더 나아가 이를 적용하여 사회에서 성공적으로 살아나가기 위한 능력을 의미한다.(백남진·온정덕, 〈역량 기반 교과 교육과정에서 기준과 수행의 의미〉) 역량 중심 교육 과정 개념을 교원 양성에 적용해보면, 교사가 '학교 현장에서 살아나가기 위한 능력'을 길러주는 데 더 초점을 맞추는 교육 과정이 되어야 한다.

그러기 위해 가장 필요한 것은 교육 기간 연장이다. 전통적 전문

직인 의사, 변호사, 신부가 되려면 최소한 6년 이상의 교육을 받아야 한다. 이 기간에는 실습 기회도 상당히 포함되어 있으므로 졸업하면 실무를 담당할 역량을 갖추게 된다. 그러나 교사는 4년이라는 기간 안에 이론과 실습을 동시에 하려다 보니 역량의 기본이 되는 지식을 습득하는 데도 벅찬 것이 현실이다.

또 하나 중요한 것은 현장 밀착형 교원 양성이다. 역량 중심 교육 과정을 운영하려면 법학전문대학원에 법관과 검찰을 파견하듯이, 박사 학위를 가진 현장 교원을 교원 양성기관(우선 교육대학교 시범 적용)에 파견해 교육을 담당하게 해야 한다. 그리고 실습 학교나 협력 학교를 크게 늘려 양성 교육 기간 내내 실습 학교와 대학을 오가며 동시에 학습할 수 있게 해야 한다. 또한 실습 학교 교사들이 미래 교사들의 멘토가 되게 해야 한다. 이렇게 하여 미래 교사가 지도교수와 멘토 교사에게서 동시에 지도를 받게 될 때 미래 교육에 필요한 역량과 현장에서 생존하는 데 필요한 역량을 두루 갖추게 될 것이다.

교원 연수 및 자기 연찬, 그리고 연구

루이스 캐럴의 소설 《거울나라의 앨리스》에서 붉은 여왕은 앨리스에게 "제자리에 있고 싶으면 죽어라 뛰어야 한다."라고 말한다. 붉은 여왕의 나라에서는 어떤 물체가 움직일 때 주변 세계도 따라서 함께 움직이기 때문에 주인공이 끊임없이 달려야 겨우 한 발 한 발 앞으로 내딛을 수 있는 것이다. 가르치는 교사가 공부의 기쁨, 즉 학습열學習悅을 유지할 때 학생들도 교사를 통해 행복한 배움의 세계로 나아갈 수 있다. 자신은 공부하기를 좋아하지 않으면서 남에게 강요하고 그를 자신의 생계 수단으로 삼는다면 죄를 짓는 것이다. 어쩌면 가장 아름다운 선생님의 모습은 '영원한 학생'인지도 모른다.

마지막으로 미래 사회에서 교사는 이론 소비자로 머무는 것이 아니라 이론 생산자로서의 역량도 갖춰야 한다. 이를 위해서는 이론 생산 자격증에 해당하는 박사 학위를 취득할 필요도 있다. 아니면 적어도 석사 학위를 취득해 현장 연구 수행 역량을 갖춰야 한다.

이상으로 미래의 사회 변화에 따라 교사에게 필요한 역량과, 이러한 역량을 제고하기 위한 방안을 간략히 살펴보았다. 미래 교사에게 필요한 복잡한 역량을 함축적으로 정의한다면 '스승으로서의 역량'이라고 할 수 있다. 교사가 단순한 지식 전달자가 아니라 개별 학생에 적합한 학습·건강·인성 역량을 길러주는 인생의 스승 역할을 한다면, 교직은 미래 사회에 없어질 직업이 아니라 없어서는 안 될 직업으로 남게 될 것이다.

참고 문헌

책

KAIST 미래전략대학원 미래전략연구센터, 《대한민국 국가미래전략 2016》, 이콘, 2015.

게리 보리크, 박승배·부재율 외 4인 공역, 《효과적인 교수법》, 아카데미프레스, 2011.

교육부, 〈2015 개정 교육과정 총론〉, 2015.

기노시타 하루히로, 안소현 옮김, 《강요하는 초보 감동시키는 프로》, 나무한그루, 2004.

김영수, 《현자들의 평생 공부법》, 역사의아침, 2011.

대니얼 T. 윌링햄, 문희경 옮김, 《왜 학생들은 학교를 좋아하지 않을까?》, 부키, 2011.

댄 히스·칩 히스, 안진환 옮김, 《스위치》, 웅진지식하우스, 2010.

리처드 바크, 공경희 옮김, 《갈매기의 꿈》, 현문미디어, 2015.

미하이 칙센트미하이, 최인수 옮김, 《몰입 flow: 미치도록 행복한 나를 만난다》, 한울림, 2004.

박경수·박상준, 《로빈슨 크루소 따라잡기》, 뜨인돌, 2007.

박남기, 《초등교원 양성교육의 현주소》, 교육과학사, 1997.

_____, 《초등학교 교실에는 지금》, 학지사, 1997.

박남기·박점숙·문지현, 《교사는 어떻게 성장하는가》, 우리교육, 2008.

박진균, 《기질별 육아혁명》, 파인앤굿, 2009.

벤저민 프랭클린, 정혜정 옮김, 《덕의 기술》, 21세기북스, 2004.

서산, 법정 옮김,《깨달음의 거울》, 동쪽나라, 2003.

수전 블랙모어, 김명남 옮김,《문화를 창조하는 새로운 복제자 밈》, 바다출판사, 2010.

신영복 홈페이지 '더불어숲',《나무가 나무에게》, 이후, 2001.

신영복,《강의》, 돌베개, 2004.

실비아 브라운, 강정민 옮김,《대예언 2008-2080》, 한언, 2004.

아만다 리플리, 김희정 옮김,《무엇이 이 나라 학생들을 똑똑하게 만드는가》, 부키, 2014.

아서 칼리안드로·배리 렌슨, 이기문 옮김,《행복한 삶을 사는 10가지 작은 원칙》, 기아출판사, 2002.

안데르스 에릭슨·로버트 풀, 강혜정 옮김,《1만 시간의 재발견: 노력은 왜 우리를 배신하는가》, 비즈니스북스, 2016.

알프레드 아들러, 김문성 옮김,《아들러 심리학 활용》, 스타북스, 2015.

알프레드 아들러, 김세영 옮김,《알프레드 아들러, 교육을 말하다》, 부글북스, 2015.

엄기호,《교사도 학교가 두렵다》, 따비, 2013.

에릭 브린욜프슨·앤드루 매카피, 정지훈·류현정 옮김,《기계와의 경쟁》, 틔움, 2013.

에버레트 라이머 , 김석원 옮김,《학교는 죽었다》, 1987.

요한 하위징아, 이종인 옮김,《호모루덴스》, 연암서가, 2010.

원동연,《5차원 전면교육학습법》, 김영사, 2000.

윤정일·송기창 등,《교육행정학원론》, 학지사, 2002.

이코노미스트 편집부, 김소연·김인항 옮김,《메가체인지 2050》, 한스미디어, 2012.

이한검,《경영학원론》, 형설출판사, 1994.

이혜정,《서울대에서는 누가 A+를 받는가》, 다산에듀, 2014.

장 디디에 뱅상, 이세진 옮김,《뇌 한복판으로 떠나는 여행》, 해나무, 2010.

장회익,《공부도둑》, 생각의나무, 2008.

제임스 M. 배너 주니어·해럴드 C. 캐넌, 이창신 옮김,《훌륭한 교사는 이렇게 가르친다》, 풀빛, 2003.

제임스 M. 번즈, 한국리더십연구회 옮김,《리더십 강의》, 생각의나무, 2000.

조너선 하이트, 권오열 옮김,《행복의 가설》, 물푸레, 2010.

진희정,《하루키 스타일》, 중앙북스, 2013.

켄 베인, 안진환·허형은 옮김,《미국 최고의 교수들은 어떻게 가르치는가》, 뜨인돌, 2006.

토드 휘태커, 송형호 옮김,《훌륭한 교사는 무엇이 다른가》, 지식의날개, 2009.

티모시 윌슨, 진성록 옮김,《나는 내가 낯설다》, 부글북스, 2007.

한강,《채식주의자》, 창비, 2007.

해리 왕·로즈매리 왕, 김기오 옮김,《좋은 교사 되기》, 글로벌콘텐츠, 2013.

헨리 뢰디거·마크 맥대니얼·피터 브라운, 김아영 옮김,《어떻게 공부할 것인가》, 와이즈베리, 2015.

Bernard M. Bass, *Leadership and Performance Beyond Expectations*, Free Press, 1985.

기사와 논문

구본권,〈말을 배운 원숭이가 흉내 못낸 사람만의 능력은?〉,《한겨레》, 2015. 9. 7.

김상돌,〈혼합학습 프로그램이 간호대학생의 윤리적 가치관에 미치는 효과〉,《간호행정학회》20(5), 2014.

박남기,〈'세계 교사 위상 지수' 연구 결과 재해석〉,《교원교육소식》68호, 한국교원교육학회, 2013. 12.

_____,〈교육 갈등에서 교육자가 지켜야 할 자리〉,《한국교육신문》, 2011. 3. 3.

_____,〈동양 치맛바람 1호 맹자 어머니〉,《사랑방신문》, 2015. 10. 2.

_____, 〈마음의 문과 '혀'라는 칼날〉, 《사랑방신문》, 2014. 7. 29.

_____, 〈스승의 부활을 꿈꾸며〉, 《한국교육신문》, 2011. 5. 3.

_____, 〈시대의 스승으로 거듭나자〉, 《한국교육신문》, 2013. 1. 6.

_____, 〈아이들에게 친구와 날밤 새우는 추억을…〉, 《한국교육신문》, 2011. 4. 4.

_____, 〈이혼가정 학부모와 자녀 이해 및 지원을 위한 초등 학급 경영〉, 《초등교육연구》, 16(2), 2003.

_____, 〈젊은 교육자와 함께 나누고픈 세밑 소망〉, 《한국교육신문》, 2011. 12. 8.

_____, 〈지난 스승의 날을 되돌아보며〉, 《한국교육신문》, 2013. 6. 10.

_____, 〈창의력은 엉덩이에서〉, 《사랑방신문》, 2013. 12. 11.

_____, 〈초등학급경영의 개념과 범위 그리고 영역 분석: 단행본, 승진규정, 학급 교육과정 운영부를 중심으로〉, 《초등교육연구》 21(1), 2008. 2.

_____, 〈새로운 교육 개혁 패러다임과 방향탐색〉, 《5.31 교육 개혁 20주년 연속 세미나(3) 자료집》, 2015.

박남기·임수진, 〈스마트 학급경영의 개념과 방향 탐색〉, 《한국교원교육연구》 32(1), 한국교원교육학회, 2015.

박진균, 〈까다로운 아이 계속 까다로울까〉, 《베이비트리》, 2012. 3. 16.

백남진·온정덕, 〈역량 기반 교과 교육과정에서 기준과 수행의 의미〉, 《교육과정 연구》, 32(4), 2014.

성정현·송다영·한정원, 〈한부모가족 아동에 대한 교사의 인식과 관련요인에 관한 연구〉, 《한국사회복지학》 52, 한국사회복지학회, 2003.

이강태, 〈경영자는 요리사다〉, 《전자신문》, 2015. 7. 12.

이찬승, 〈학교교육 혁신(8): 2035년 학교교육은 어떤 모습일까?〉, 교육을 바꾸는 사람들, 공교육 희망, 2016. 2. 17.

천세영, 〈스마트 교육의 이해〉, 《DIGIECO》, KT경제경영연구소, 2012년 2월.

〈'해를 품은 달' 4가지 인기 비결〉, 《오마이뉴스》, 2012. 1. 12

〈'해를 품은 달' 폭발적 인기 비결은〉, 《미디어오늘》, 2012. 2. 12

〈'해품달', 이렇게 비슷할 줄은 몰랐다〉, 《오마이뉴스》, 2012. 3. 16

〈"아이팟을 함께 묻어주세요." 14살 다훈이의 마지막〉,《경향신문》, 2011. 12. 15.

〈당신이 굳게 믿는 그것이 진리일까?〉,《한겨레》, 2012. 12. 14.

Amato, P., "The 'child of divorce' as a person prototype: Bias in the recall of information about children in divorced families", *Journal of Marriage and the Family*, 53, 1991.

Cohen, C. "Person categories and social perception: Testing some boundaries of the processing effects of prior knowledge", *Journal of Personality and Social Psychology*, 40, 1981.

Dudley Herschbach, "Teaching Chemistry as a Liberal Art", *Liberal Education* Vol. 82, No. 4, Fall 1996.

Dumont, H., Istance, D., and Benavides, F.(eds.), "The nature of learning: Using research to inspire practice", OECD Centre for Educational Research and Innovation, 2010.

Eble, Kenneth, *The craft of teaching: A guide to mastering the professor's art*, San Francisco: Jossy-Bass, 1994.

Marc Prensky, "Digital Natives, Digital Immigrants," *On the Horizon* Vol. 9 No. 5, MCB University Press, 2001.

Mike O'Connell, "The Sage for the Ages," *The Chronicle of Higher Education*, April 20, 2007. B5.

OECD, "Education: Korea tops new OECD PISA survey of digital literacy."

Poh, M., and Swenson, N, and Picard, R., "A Wearable Sensor for Unobtrusive, Long-term Assessment of Electrodermal Activity", *IEEE Transactions on Biomedical Engineering* 57(5), 2010.

Susan Rickey Hatfield, "The Seven Principles in Action: Improving Undergraduate Education" *Journal of General Education* Vol. 46, 1995.

저자 **박남기**

가슴으로 가르치는 교수. 세계가 인정한 교육자이자 교사들의 영원한 스승. 서울대학교 사범대학 국어과를 졸업하고 미국 피츠버그 대학교에서 교육행정학 박사학위를 취득했다. 광주교육대학교 교육학과 교수, 피츠버그 대학교 국제교육연구소 객원교수를 거쳐 2008년부터 2012년까지 광주교육대학교 총장을 지냈다. 당시 국립대 최연소 총장으로 선출되어 큰 화제를 모았으며, 재임 기간 동안 교육대학교 발전을 위한 새로운 모델을 제시하여 성공적인 변화를 이끌어냈다.

총장 역임 후 다시 강단으로 돌아와 후학 양성에 힘쓰는 한편 전국 교사·교수들에게 새로운 시대의 교육 철학과 가르침의 본질 등을 주제로 강연을 이어나가고 있다. 교육과학기술부 초등교육발전위원회 위원장, 전국교육대학교 교수협의회연합회 의장, 세계비교교육학회(WCCES) 부회장 등을 지냈으며, 2017년 현재 광주교대 학급경영연구소 소장, 대한교육법학회 수석부회장(차기회장), 한국교원교육학회 수석부회장(차기회장), 광주교육나눔본부 이사장을 맡고 있다.

지은 책으로 《교사는 어떻게 성장하는가》(공저), 《학급경영 마이더스》(공저), 《교육전쟁론》, 《박남기 교수의 미국 초등학교 깊이 읽기》 등 다수가 있으며, 블로그 '그들이 말하지 않은 우리교육 이야기'(ngpark60.blog.me)를 운영하면서 교수법뿐 아니라 교육 전반에 관한 이야기를 세상과 나누고 있다.

이 책 《최고의 교수법》에는 교육계를 이끌어나가는 지도자로 손꼽히는 박남기 교수의 풍부한 경험과 웅숭깊은 지혜가 집약되어 있다. 가르치고 배운다는 것이 과연 무엇인지, 어떻게 하면 학생들이 기쁨 속에서 배움의 길을 스스로 걷도록 이끌 수 있을지, 가르치는 사람은 어떤 사람이어야 하는지 고민하는 사람이라면 반드시 읽고 참고해야 할 교수법의 교본과 같은 책이다.